本报告的出版得到
国家重点文物保护专项补助经费资助

宁夏文物考古研究所丛刊之十二

固原南塬汉唐墓地

宁夏文物考古研究所　编著

文物出版社

封面设计　张希广

责任印制　王少华

责任编辑　秦　彧

图书在版编目（CIP）数据

固原南塬汉唐墓地 / 宁夏文物考古研究所编. —北京：

文物出版社，2009.1

ISBN 978-7-5010-2541-1

Ⅰ.固… Ⅱ.宁… Ⅲ.①汉墓－发掘报告－固原地区

②唐墓－发掘报告－固原地区　Ⅳ.K878.85

中国版本图书馆CIP数据核字（2008）第121669号

固原南塬汉唐墓地

宁夏文物考古研究所　编著

*

文 物 出 版 社 出 版 发 行

北京市东直门内北小街 2 号楼

邮政编码：100007

http：//www.wenwu.com

E-mail：web@wenwu.com

北京燕泰美术制版印刷有限责任公司　印制

新 华 书 店 经 销

889 × 1194　1/16　印张：13.25　插页：4

2009 年 1 月第 1 版　　2009 年 1 月第 1 次印刷

ISBN　978-7-5010-2541-1　定价：180.00 元

HAN AND TANG TOMBS AT NANYUAN OF GUYUAN

(WITH AN ENGLISH ABSTRACT)

by

The Institute of Cultural Relics and Archaeology of Ningxia Hui Autonomous Region

Cultural Relics Press

目　录

插图目录

彩版目录

第一章　绪　言

一　历史沿革

固原地处宁夏回族自治区南部，东连庆阳、南接平凉、西与陇西相毗邻。固原的自然环境接近陕西西部、甘肃东部，属典型的黄土高原地貌，地貌基本由黄土丘陵和六盘山地两部分组成，海拔1500～2000米。境内主要山脉有六盘山、月亮山、云雾山、南华山等，其中以六盘山最为著名。六盘山大致呈南北走向，跨陕（西）、甘（肃）、宁（夏）三省区，绵延240公里，海拔2000米左右，在固原境内的主峰米缸山2924米。六盘山是清水河、泾河、渭河的主要发源地。黄土高原由于受河流的切割、侵蚀、冲击，形成许多川、塬、台、梁、峁等特有地貌，其中冲积平原上的台地是先民活动的地方。清水河、葫芦河、茹河流域是固原人口居住密集地带。固原处中纬度内陆，属大陆性温带半湿润与半干旱气候环境，冬季漫长寒冷，夏季短暂凉爽，年平均降雨量450毫升[①]，降水由南向北呈逐渐减少趋势。雨量分布不均，主要集中在7、8、9月份，且以暴雨为主。六盘山是该地区的集中降水地，年降水量在600毫米以上，最多年份曾达1117.3毫米，有黄土高原"湿岛"之称[②]。该地区以旱作农业为主。农作物主要有小麦、燕麦、糜子、谷子、玉米、高粱、荞麦等作物，豌豆、扁豆、蚕豆等豆类以及胡麻、向日葵、马铃薯等。

固原地区目前已发现的最早的人类活动遗迹可追溯到旧石器时代晚期[③]。新石器时代仰韶文化、马家窑文化的石岭下类型、马家窑类型以及代之而起的土著文化——"菜园文化"先后在当地发展壮大[④]。西周时期，固原属雍州之地，一度曾是猃狁等北方游牧民族聚集之地，其中周代北方地区的一个地名"大原"，被认为在今宁夏固原、甘肃平凉、庆阳一带[⑤]。《诗经》中出现有关"大原"战事的诗篇，《诗·小雅·六月》："薄伐猃狁，至于大原"，《诗·采薇》曰："靡室靡家，猃狁之故，

---

① 宁夏回族自治区气象局：《宁夏气象志》，69～114页，气象出版社，1995年。

② 原州联合考古队编：《唐史道洛墓——原州联合考古队发掘调查报告1》"第一章 位置与环境"，东京勉诚出版社，2000年。

③ 杨宁国：《宁夏彭阳发现旧石器时代遗址》，《中国文物报》2003年6月13日1版。高星、裴树文、王惠民、钟侃：《宁夏旧石器考古调查报告》，《人类学学报》，307～324页，2004年第23卷第4期。吉笃学、陈发虎、R.L.Bettinger等：《末次盛冰期环境恶化对中国北方旧石器文化的影响》，《人类学学报》2005年第24卷第4期。高星、王惠民、裴树文、钟侃：《宁夏的旧石器遗址》，《旧石器时代论集——纪念水洞沟遗址发现八十周年》，文物出版社，2006年。

④ 许成、李进增：《菜园遗存的多维剖析》，《宁夏社会科学》1988年6期。宁夏文物考古研究所、中国历史博物馆考古部编著：《宁夏菜园——新石器时代遗址、墓葬发掘报告》，科学出版社，2003年。

⑤ 顾炎武：《日知録》卷三"大原"条。顾氏云：求大原，"必先求泾阳所在"，"周人之禦猃狁，必在泾、原之间"。秦克诚点校，黄汝成：《日知録集释》卷三94页。岳麓书社，1994年。

不遑启居，猃狁之故"①。当地的考古发现也证明，至迟在成、康之际，周人势力已越过陇山以西②，对这一带进行了有效的控制与管理。春秋战国时期，王室东迁，影响力日渐式微，义渠、乌氏等游牧民族纷纷移居这里，《史记·匈奴列传》称："自陇以西有绵诸、绲戎、翟、獂之戎"，"各分散居谿谷，自有君长，往往聚者百有余戎，然莫能相一"③。这些少数民族，被秦国占领后都变为秦的属县，名为"义渠"、"大荔"、"乌氏"、"朐衍"等。

西汉武帝元鼎三年（前 114 年），析北地郡的西北另置安定郡，郡治在高平（今固原城），其中另有乌氏、朝那、三水及月氏全部或部分在固原境内。东汉安帝时，安定一带羌族暴动迫使安定等三郡内迁今陕西武功等地。汉顺帝永建四年（129 年）羌人起义被镇压后，安定郡以临泾（今甘肃镇原县）为郡治。三国时，固原属安定郡，属魏雍州辖，后沦为匈奴余部所据。十六国时政区变化纷乱，属前后赵、秦、赫连夏诸国统领。北魏太延二年（436 年）置高平镇，正光五年（524 年）以高平镇改为原州，治高平城。原州下辖高平、长城二郡。西魏恭帝年间，改高平为平高④。北周因之。

隋开皇三年（583 年）废郡置州，炀帝时又复州为郡，大业三年（607 年）改原州为平凉郡，辖今固原大部，属县有高平、百泉、平凉等。唐武德元年（618 年）改平凉郡为原州。天宝元年（742 年）又改原州为平凉郡。乾元元年（758 年）又复原州。五代宋初，固原为北宋与西夏交接处。宋至道三年（997 年）在唐原州地置镇戎军，初为陕西秦风路，后改泾原路。庆历三年（1043 年）置德顺军（今宁夏隆德县城）。金时升镇戎、德顺、怀德三军为州。元至元九年（1272 年）封皇子忙哥剌为安西王，置开成路、府、州（今固原开城）。明成化四年（1468 年）置固原卫。成化十年（1474 年）置延绥、甘肃、宁夏三边总制府于固原。弘治十四年（1501 年）设固原镇，次年置固原州。固原之名，始于明代，因"北魏以此置原州，以其地险固因名"，"是为固原"⑤。清初置固原州，属陕西省平凉府辖。民国三年（1913 年）废固原州，改为县。

1953 年成立西海固回族自治区，1955 年改称固原回族自治州，隶甘肃省，1958 年宁夏回族自治区成立后，划归宁夏，成为固原地区行政公署，下辖西吉、海原、固原、隆德、泾源、彭阳六县。2002 年撤地为市，下辖原州区、西吉、隆德、泾源、彭阳等县区。

二　发掘概况

固原市城区东、北、南三面环山。市区东侧由北而南是希家大山、东岳山、太白山，西侧为东北——西南向的古雁岭，东南面有九龙山、墩墩梁。清水河绕其东流。在市区西南的白马山与固原城之间有一片开阔平坦的塬地，其东南侧为清水河支流马饮河谷切割，西北有中河环绕。塬地东西长约 9 公里、南北宽约 6 公里，这一带古墓分布很多。固原南塬汉唐墓地就位于这片塬地

---

① 朱熹：《诗集传》卷九 105 页、卷十 115 页，上海古籍出版社，1980 年。
② 固原县文物工作站：《宁夏固原县西周墓清理简报》，《考古》1983 年 11 期。
③ 《史记·匈奴列传》卷一百一十，2883 页，中华书局点校本。
④ 《周书·于翼传附李穆传》卷三十载：西魏恭帝中，李穆为原州刺史，李远子为高平令，高平改称平高当在此时。
⑤ 那彦成：《重修固原城碑记》，现碑已无存，拓本藏固原博物馆。

的东北侧(图一)。本报告介绍的这批墓分布在固原市农校及武警固原支队等单位西南200~300米处的黄土塬地，北为"烧人沟"(现已部分回填)、南有"鸦儿沟"。墓葬区的地理坐标北纬35°59.758′~35°59.550′、东经106°15.352′~106°15.680′，海拔1780米左右。墓地地势北高南低，高差10米左右，北部隆起呈丘状，其间有一低洼蚀沟，南部渐低平。墓区地表早年经平田整地、后因修高速公路而推出宽60米的路基地界，现地表皆无封土迹象。所发掘的墓葬均处在高速公路路基范围之内。在该墓区西南方即王涝坝村、小马庄至羊坊村由西向东依次分布有已发掘的隋唐史氏粟特人家族墓地及梁氏墓①，在西面的深沟村至大堡村之间有早年发掘过的北周李贤墓、宇文猛墓、

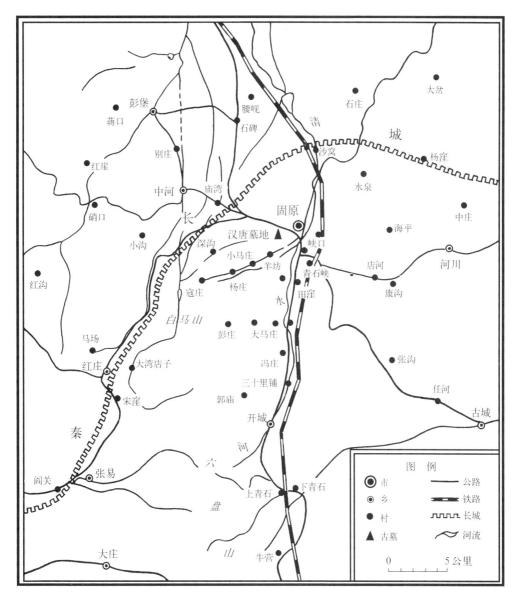

图一　固原南塬汉唐墓地位置示意图

① 宁夏固原博物馆：《宁夏固原唐史道德墓清理简报》，《文物》1985年11期。罗丰编著：《固原南郊隋唐墓地》，文物出版社，1996年。原州联合考古队编：《唐史道洛墓——原州联合考古队发掘调查报告1》，东京勉诚出版社，2000年。

田弘墓[①]。

2003 年，宁夏文物考古研究所在银（川）—武（汉）高速公路同（心）—沿（川子）段一线开展考古调查钻探。在途经固原市原州区南塬（开发区）一带的公路路基上进行的勘探是此项工作的一部分。通过考古钻探，发现该地段墓葬分布比较密集。发掘工作自 2003 年底与 2004 年初延续工作两个阶段，共勘探墓葬 49 座，发掘墓葬 43 座，其中汉墓 3 座、隋唐墓 40 座。部分近代小墓仅在墓葬分布图中予以标示，未作编号与发掘。两个年度的考古钻探、发掘区域局限在公路路基西南—东北向宽 60 米、西北—东南向长 560 米，即西北自路基中心桩标号"146+560"始向东南至标桩号"147+120"一段的范围内（图二）。普探布孔沿路基面以南北间隔 1 米、东西间隔 2 米由西北向东南排列，探孔东西间隔相错。墓葬清理随考古钻探同步进行。墓葬大体依发掘的先后顺序由西北向东南编号。

2003 年 11 月 2 日～2004 年 1 月 3 日，探查出墓葬 34 座、扰乱坑 3 处，扰坑编号为 K1、K2、K3。同时在墓地勘探中发现沟壑两条，分别编号为 G1、G2，其中 G1 处于发掘区北部，为自然沟堑，呈东北－西南走向，现宽 25、深 2 米左右，此沟的北侧发掘墓葬 2 座。G2 处于发掘区的中部，因近代平田整地，现地表已不见迹象，经勘探了解，仍属自然冲沟，大体呈东西向，南北宽 8～16、深 2～4 米，沟内填土较为纯净。该沟的北面与 G1 南侧之间地势比较高亢，墓葬分布相对密集，共发现墓葬 34 座，其中 M2、M13、M18、M22、M23、M27 因盗扰残毁或为清墓，又工期紧迫而未发掘外，实际清理墓葬 28 座。所清理墓葬中，M26 为由斜坡墓道、甬道、前室、后室构成的汉代砖室墓；M31 为汉代洞室墓；M3、M4、M5、M11、M19、M24、M25 为隋代斜坡墓道洞室墓；M1、M6、M7、M8、M9、M10、M12、M14、M15、M16、M17、M20、M21、M28、M29、M30、M32、M33 为唐代斜坡墓道洞室墓；M34 为唐代斜坡墓道两天井的穹隆顶砖室墓（彩版一，1）。

2004 年 3 月 18 日～4 月 29 日，在墓地南部。勘探并清理墓葬 15 座，编号为 M35～M49。其中 M37 为斜坡墓道、甬道、前室、后室、北侧室构成的汉代砖室墓；M35 为隋代斜坡墓道洞室墓；M36、M39、M40、M41、M42、M43、M44、M45、M46、M47、M48、M49 为唐代斜坡墓道洞室墓；M38 为唐代斜坡墓道五天井的四面坡攒尖顶砖室墓（彩版一，2）。

墓地考古钻探、清理工作由余军领队负责。2003 年度参加墓葬发掘的人员有宁夏回族自治区文物考古研究所陈晓桦、杜李平、张莉、余军，固原原州区文物管理所马东海、王金铎、胡永祥，宁夏回族自治区文物考古研究所技工王建斌、陈安位及陕西省考古研究所技工刘云仓、屈学芳、张建峰、吕建平，陕西咸阳探工王勇、杨建刚、佘友学、侯新让等。2004 年度参加墓葬发掘的人员有陈晓桦、马东海、杜李平、王仁芳、车建华、钟雅玲、余军及考古钻探技术人员吕建平、王勇、杨建刚、佘友学、侯新让、张建峰等。盐池县博物馆孙海涛同志参加了 2004 年度墓葬发掘的野外绘图工作。

墓葬清理按所探出的墓葬形制布方发掘，即对墓室周壁、墓道两壁铲探卡边划线后，布方时相

① 宁夏回族自治区博物馆等：《宁夏固原北周李贤夫妇墓发掘简报》，《文物》1985 年 11 期。宁夏文物考古所固原工作站：《固原北周宇文猛墓发掘简报》，《宁夏考古文集》，宁夏人民出版社，1996 年。原州联合考古队编：《北周田弘墓——原州联合考古队发掘调查报告 2》，东京勉诚出版社，2000 年。

图二 固原南塬汉唐墓地墓葬平面分布图

应外扩,依所探查墓葬的深度不一,外扩范围亦有大有小,布方时一般从墓道两侧壁面的位置向两边外扩2～3米,从墓室周壁位置向四边外扩3～5米。发掘墓葬由上及下进行揭露,依据土质土色的堆积变化情况划分地层。按单元墓葬分别记录整理。

墓区所处为湿陷性黄土地带,地势呈东北高、西南低的坡状,有些地方经平田整地改造为梯田,南部地势相对平坦。现地表为耕地。发掘区域的地层堆积由上而下大体分三层:

第①层:深灰色黄土耕土层,厚0.20～0.35米。土色驳杂,土质比较松散,内含较多植物根系,个别墓葬的地表层内散见一些明清时期的青花瓷片以及砖块等。

第②层:棕褐色黄土层,厚0.35～1.25米。土质较松软,内含少许植物根系,包含物较少,仅在个别墓葬的该层中见有少量的宋代瓷片。

第③层:黄土生土层,距现地表深0.60～1.6米不等。土色呈浅黄色,土质较软,纯净细腻,略显潮湿,伴有零星螺丝壳等物。墓葬墓道的开口处在该层位上。

报告的编写,以冲沟G2为界,划为南北两区,北区墓地主要界域在冲沟G1与G2之间,南区墓地指在冲沟G2以南所清理的墓葬。为了便于叙述,对墓地中的三座汉墓单列一章;隋唐墓葬按南北两区分两章对各墓葬进行介绍。墓葬时代分期、墓地发掘意义等在最后一章结语中集中讨论。

墓地发掘工作结束后,曾选择若干座墓葬在《考古与文物》上予以简报介绍[①];M15出土的一枚波斯萨珊卑路斯银币、M16出土的一枚錾花开元通宝铜钱先后在《中国钱币》上刊文介绍[②]。有关简报及文章中的相关数据、图文内容等与本报告不符者,以本报告为准。

---

① 宁夏文物考古研究所、固原市原州区文管所:《宁夏固原市南塬唐墓发掘简报》,《考古与文物》2007年5期。

② 余军、陈晓桦:《宁夏固原唐墓出土一枚萨珊卑路斯银币》,《中国钱币》2005年1期。余军:《介绍一枚鎏金刻花开元通宝钱》,《中国钱币》2005年3期。

第二章　汉　墓

汉墓发掘M26、M31、M37三座。M26与M31处在墓地北区南部，M37处于墓地南区北部。M26、M37为砖室墓，M31是洞室墓。

一　M26

M26位于墓地北区西南部，墓道南端距冲沟G2北侧边约17米，东南11～19米处有扰坑K2。墓室西偏北与M20墓室间距约28米，北与M21墓室间距约21米。

（一）墓葬形制

该墓为坐北朝南的砖砌双室墓，平面呈"中"字形。由斜坡墓道、甬道、封门、墓室（前室、后室）四部分组成。墓向175°。墓葬全长19.74米（图三A；彩版二，1）。

1.**墓道**　在墓室及甬道南侧。开口距现地表深0.92～1.05米，开口平面长方形。墓道底部为斜坡状，坡度13°。墓道开口南北长11.7、南端宽1、深0.38米，北端宽1.09、深4.02米。墓道边壁修整平齐，填土为五花土，包含少许砖块等。

2.**甬道**　在墓道与墓室前室之间，平面长方形。甬道东壁北端距前室东壁1.09、西壁北端距前室西壁0.98米。甬道东西两壁用条形砖纵向错缝平砌，顶部为双层券顶。两端券门上下券层分别由35块、27块楔形砖纵向立砌而成。甬道南北进深1.06、宽0.88、高1.27米，起拱高度0.91米。甬道内积满细腻的黄色淤土，底部夹杂有陶器残片。地面用长条形青砖纵向平铺。

3.**封门**　在甬道南端，保存比较完好，系用楔形砖纵向立呈人字纹单排封砌，共有12层，每层砖数10～14块不等，顶部用碎砖封严。封门墙宽1.04、厚0.35、高1.52米。楔形砖长27～35、宽16、厚6厘米左右（彩版二，2）。

4.**墓室**　分前室和后室。前室为方形穹隆顶结构，平面边长2.85米，墓室底距现地表深5.2米。四壁用长条形砖错缝平砌而成，从距墓底高0.9米处开始逐层叠涩内收成穹隆顶。顶部大部已塌毁。东壁残高0.7～2.1米，南壁残高1.6～1.7米，西壁残高1.6～2.1米，北壁残高1.6～2.08米。四隅起拱处砌置有四个砖凿灯台，下距墓室底面0.9米。灯台形状前端为圆弧形，悬于空中，后端斜向砌入墓室砖壁拐角处。灯台未有使用迹象。墓室底面铺砖，南部东侧1～7排、西侧1～10排为条砖东西横向错缝平铺，其余部分为条砖南北纵向平铺。铺地砖尺寸与砌墙砖相同，砖长35～36、宽16～17、

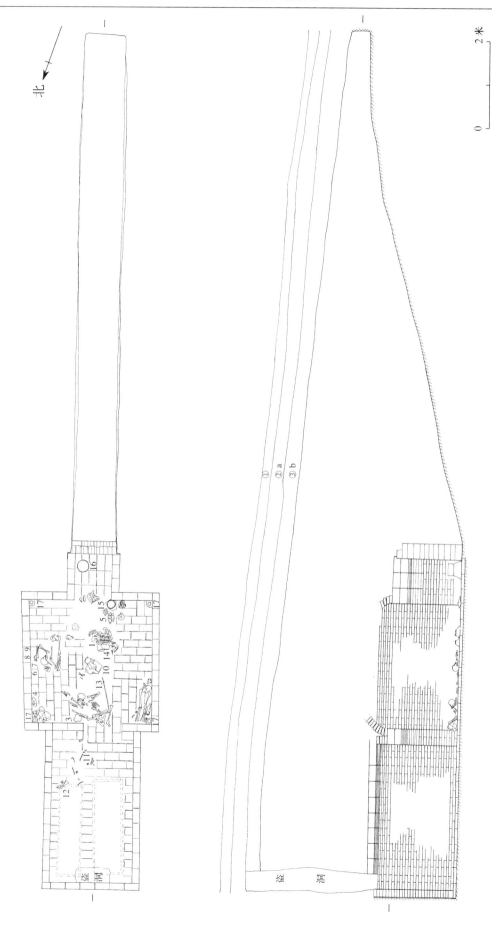

北

2 米

0

① ② a ③ b

盗洞

盗洞

图三 A　M26 平、剖面图

1. 瓮　2~5. 罐　6~9. 铜指环　10. 铁釜　11、12. 耳珰　13. 铁剑　14. 铁棺钉　15、16. 漆盒　17. 灯台砖

厚6~7厘米。室内积满淤土，上部淤土包含较多碎砖块，在距地表4.3米以下主要为细腻的灰白色淤土，残砖较少，出现较多的扰乱骨骼及随葬陶器的灰陶片。后室为南北向拱顶洞室，平面稍呈梯形，南北长3.3、南壁宽1.9、北壁宽1.96米，墓室高1.84米。四壁均以单砖纵向错缝平砌，东西两壁从距墓室底1.06米处开始起拱，起拱以上部分用楔形砖纵向排砌箍券，前后共有9排。墓室顶部北端有一盗洞。室内淤土厚0.8米左右，底面有一层厚2~4厘米的石灰。前后室之间以拱券门洞相通，门洞介于前室北壁（后室南壁）中偏西处，双层拱券顶。南北长0.37、东西宽0.92、高1.34米，其东壁距前室东壁0.73、西壁距前室西壁0.26米，起券高度0.97米。

（二）葬式葬具

前室共发现三具人骨架，均扰乱。第一具骨架在前室中部偏北与通向后室的券门之间，头东面北，右臂平展，左臂上翘，呈侧身屈肢状。此骨架经鉴定为女性，年龄18~25岁。第二具骨架散乱分布在前室西北部，头南面北，骨架高出室底部0.46米，此骨架经鉴定为男性，年龄35~45岁。第三具骨架分布在前室中部偏东，骨骼保存较差，性别、年龄不详（彩版二，3）。后室发现两具浅褐色木棺残迹，呈南北向并列放置，平面呈梯形。东侧木棺稍斜置，距后室东壁0.10~0.16米，棺痕长2.1、北端宽0.58、南端宽0.56米，板痕厚约4、残高7厘米。棺内骨架严重扰乱。西侧木棺棺痕长2.2、北端宽0.75、南端宽0.68米，板痕厚5、残高3厘米。棺内有少许人骨，棺底有厚1厘米左右灰烬层。两具木棺均放置于白灰层上，白灰厚2~4厘米，两棺间距0.29米。

（三）出土遗物

有陶瓮、陶罐、铜指环、银指环、铁釜、铁剑、耳珰、漆盒等。瓮、罐、铁釜、铁剑出土于前室，指环出土于前室骨架指骨处，耳珰出于后室木棺南部。

1. **陶器** 有陶瓮1件、陶罐4件。

瓮 1件。标本M26：1，出土于墓室前室南部至甬道口处。瓮内有部分猪和鸡的骨骼。泥质灰陶。侈口，尖唇，矮束颈，广肩，鼓腹，平底。腹部有三周凹弦纹及细密绳纹。口径16.4、最大腹径40.6、底径22.4、高41厘米（图三B，彩版三，1）。

罐 4件。均为泥质灰陶。标本M26：2，出土于前室东北角。侈口，窄沿外翻，尖圆唇，短直颈，广肩，鼓腹，下腹斜收，平底。腹部饰绳纹，肩部压印一周弦纹。下腹粗糙。口径10.5、最大腹径19.8、底径13.5、高16.8厘米（图三B；彩版三，2）。标本M26：3，出土于前室北部近券门处的东侧。侈口，窄平沿，方唇，矮直领，广肩，鼓腹，下腹弧收，平底。口沿面刻有两圈凹弦纹，腹部斜饰细绳纹，底面有窝点。口径11、最大腹径20.2、底径14.2、高18.1厘米（图三B；彩版三，3）。标本M26：4，出土于前室东北角。口沿残失。圆肩，鼓腹，平底，底面微内凹。腹部斜饰细密绳纹，腹中部压印一周弦纹。残口径10.7、最大腹径20.6、底径14.5、残高13.5厘米（图三B；彩版三，4）。标本M26：5，出土于前室甬道口南侧。口沿及底部残。广肩，圆腹，下腹斜收，近底部有一穿孔，平底。肩部压印两周弦纹，腹部拍印斜绳纹，下腹部绳纹抹光。口径约15.8、底径约17.2、残高22厘米。下腹近底部穿孔径0.5厘米。

2. **铜器** 有铜指环2枚。

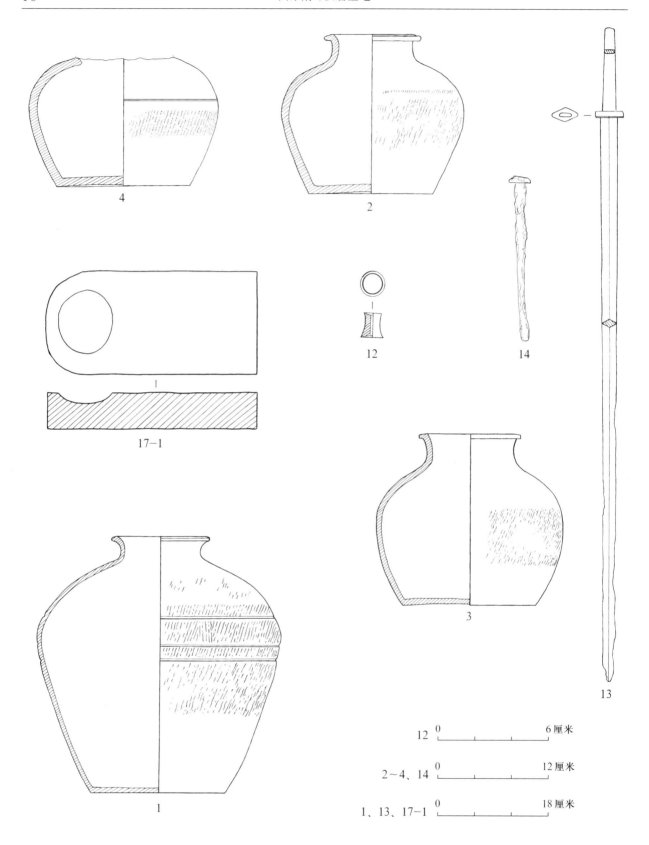

图三 B　M26 出土遗物

1.瓮　2~4.罐　12.耳珰　13.铁剑　14.铁棺钉　17-1.灯台砖

铜指环 2枚。出土于前室第二具骨架右指骨。铜丝绕制,内缘素平,外缘有中脊,断面呈三角形。标本 M26:6,形制较大。径2、断面径0.2厘米,重0.9克。标本 M26:7,形制较小。径1.8、断面径0.18厘米,重0.5克。

3.**金银器** 有银指环 2 枚。

银指环 2枚。出土于前室第三具骨架右指骨。银丝绕制。银灰色,形制相似。内缘较平,外缘呈弧形。标本 M26:8,径2、缘宽0.15厘米,重1.1克。标本 M26:9,径1.95、缘宽0.2厘米,重0.8克。

4.**铁器** 有铁釜 1 件、铁剑 1 件、铁棺钉 15 枚。

铁釜 1件。标本 M26:10,出土于前室中部。为朽蚀残块。

铁剑 1柄。标本 M26:13,出土于前室中偏北部。剑身窄长,脊部较厚,刃部朽残严重。剑格铜质,呈菱形。通长104、刃宽2~2.8厘米,茎扁圆形,长13.4、宽1.6~2.2、厚0.6厘米（图三B;彩版三,5）。

铁棺钉 15枚。出土于前室北部。锈蚀残断者居多。钉帽作伞状,钉身四棱形尖首。标本 M26:14,残长17.5、帽径2.4、钉身径1厘米左右（图三B;彩版三,6）。

5.**料器** 有耳珰 2 件。

耳珰 2件。形制大小相同,蓝色琉璃质,边缘呈透明状,束腰柱形,两端圆面内凹,中间有穿孔。标本 M26:11,出土于后室西侧木棺南部。上径0.9、下径1.2、高1.3、中心孔径0.15厘米。标本 M26:12,出土于后室东侧木棺南部。上径0.9、下径1.2、高1.3、中心孔径0.15厘米（图三B）。

6.**漆器** 有漆盒 2 件。

漆盒 2件。均残,器形均呈圆盘形。标本 M26:15,出土于甬道西北角。漆皮呈红色。径约18厘米。标本 M26:16,出土于甬道东南部距甬道东壁5厘米处,高出甬道底部18厘米。漆皮呈黯红色。径约29厘米。

7.**灯台砖** 4 块。

灯台砖 4块。形制相同。分别砌置于墓葬前室四隅起拱处,系利用整块条砖打凿加工而成。砖的后端砌入墓室砖壁墙内,前端四角打磨成圆弧形悬于空中,外露的砖上面中部凿有一圆形平底浅坑,作为灯台。标本 M26:17-1,砌置于墓葬前室西南角。通长36、宽17、厚6厘米,砖面坑径9.2~10.4、深1.5厘米（图三B）。

二 M31

M31 位于墓地北区东南部,墓室西距 M26 墓室约 29 米,北距 M28 墓室约 14 米,南距 M32 墓室近 2 米。

（一）墓葬形制

该墓为坐西向东的单室土洞墓,平面形状呈"甲"字形。由长斜坡墓道、甬道、封门、墓室四部分组成。墓向80°。墓葬全长16.7米（图四A；彩版四，1）。

　　1. **墓道**　在墓室甬道东侧。开口在第②层下，距现地表深1.3～1.5米，开口平面呈长方形，西段稍宽，口略小底稍大。墓道开口东西水平长11.6、东端上口宽1.1、深0.3、底宽1.2米，西端上口宽1.2、深4.3、底宽1.45米。底呈斜坡状，前半部坡度较缓为14°，后半部坡度渐陡为30°，底部斜坡长约14米。墓道填土比较松软。

　　2. **甬道**　在墓道与墓室之间，平面形状呈梯形，土洞拱形顶。底东部为斜坡状，西部与墓室底面持平。甬道宽1.45（东端）～1.75（西端）、进深2.65、残高约1.85～2米。

　　3. **封门**　在甬道东部斜坡处。封门墙混用青砖和土坯，单排顺向平砌，封门墙不太规整，所用多为残砖，较少完整者，且砖坯之间用土垫塞。墙向外倾斜，可能是由于墓室和甬道顶部坍塌挤压所致。封门墙宽1.4米左右，厚0.2～0.38、高1.85米。封门砖完整者长38、宽21、厚8～10厘米；土坯残长25、宽20、厚7～9厘米（彩版四，2）。

　　4. **墓室**　平面形状呈方形的洞室。南北两壁东西长2.7、西壁南北宽3.15、东壁南北宽2.9米，四壁残高0.2～1.6米。墓门开在东壁中部，门宽1.75米，由此将东壁分为南、北两段，东壁南段0.55、北段0.6米。墓室四壁较直，壁面平整。墓顶已塌落，高度不明，据墓室现存状况推测，顶部似为穹窿形。墓室底面与甬道底在一个平面上，底距现地表深6.35米。

（二）葬式葬具

　　墓室靠近西壁一侧南北向并列放置两具棺木，东侧木棺向东南斜出。木棺平面为梯形，均已朽残。东侧木棺长1.95、南端宽0.72、北端宽0.43米，棺板厚约2厘米。棺内人骨架一具，朽蚀残碎，然尚可辨出骨架为头南足北、仰身直肢葬。性别、年龄不详。西侧为双重木棺，距墓室西壁0.04～0.1、距南壁0.8、距北壁0.3米。外棺长2.05、南端宽0.95、北端宽0.75米，棺板厚约6厘米。为了方便结绳扶柩，外棺东西两侧及南侧棺头钉有铁环，两侧各有两枚，铁环间距1.13米。内棺长1.68、南端宽0.58、北端宽0.45米，棺板厚约2厘米。棺内人骨架一具，大部残破朽残，股骨保存尚好，大体可辨为头南足北、仰身直肢葬。经鉴定可能为男性（彩版四，3）。

（三）出土遗物

　　有陶罐、陶钵、陶瓶、铜钗、铜钱、铁镞、铁棺环。

　　1. **陶器**　有陶罐2件、陶钵1件、陶瓶1件。

　　罐　2件。泥质红陶。标本M31：6，出土在墓室内西侧木棺西南部。敞口，平沿，方唇，粗短颈，溜肩，鼓腹，平底。肩部有二道凹弦纹。口径14.8、最大腹径20、底径9.1、高24.9厘米（彩版五，1）。标本M31：4，出土在墓室内东侧木棺西南部。侈口，斜平沿，方唇，短颈，溜肩，腹稍折，平底。器底有制坯留下的弧形刮痕。口径7.5、最大腹径12.7、底径6.9、高13.4厘米（图四，B；彩版五，2）。

　　钵　1件。标本M31：3，出土在墓室内西侧木棺南部。泥质灰陶。敛口，鼓腹，平底。肩颈与腹部有三道的凹弦纹。口径5、腹径5.9、底径3.8、高2.9厘米（图四B；彩版五，3）。

　　瓶　1件。标本M31：2，出土在墓室内西侧木棺东南部。泥质灰陶。喇叭口，宽平沿，细长颈，

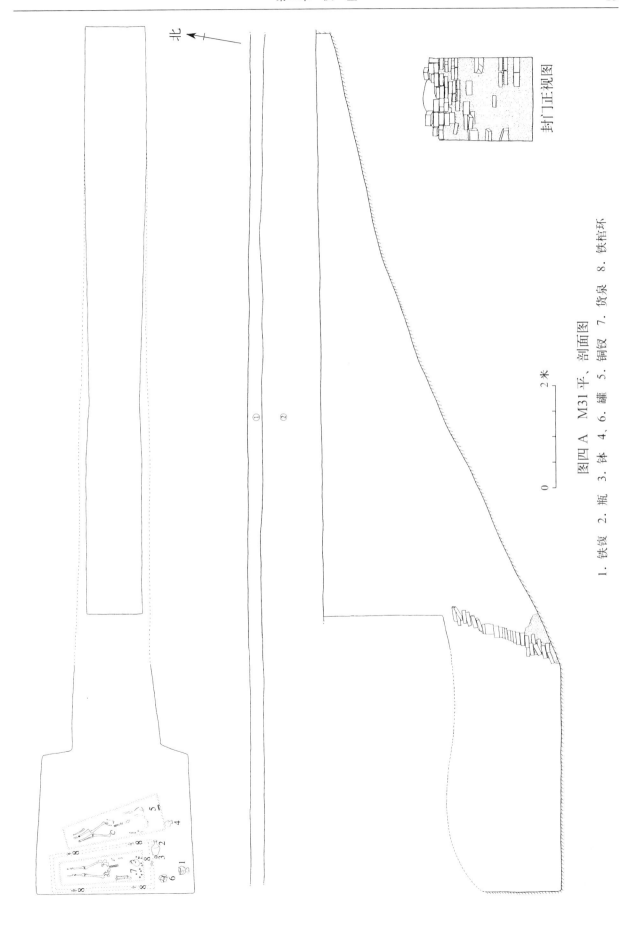

封门正视图

图四A M31平、剖面图

1. 铁铰 2. 瓶 3. 钵 4、6. 罐 5. 铜钗 7. 货泉 8. 铁棺环

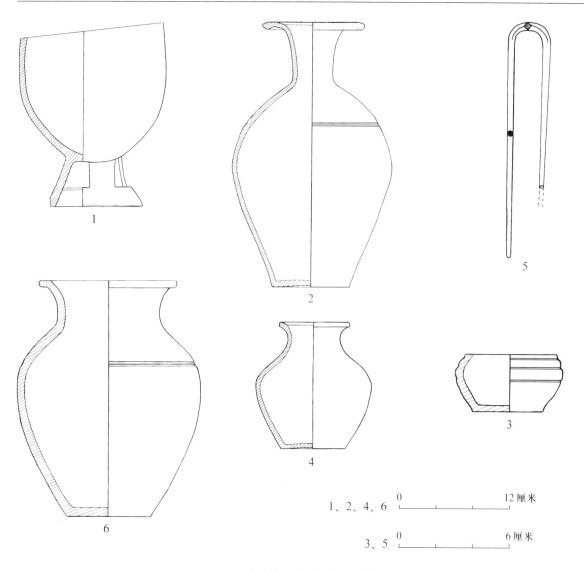

图四 B　M31 出土遗物
1. 铁镟　2. 瓶　3. 钵　4、6.罐　5. 铜钗　8. 铁棺环

溜肩，鼓腹，下腹斜收，平底。肩部有三道凹弦纹，颈肩相接处有捏接痕，器底有制坯时形成的椭圆形纹络。口径 11.2、最大腹径 17.5、底径 8.5、高 28 厘米（图四 B；彩版五，5）。

2. **铜器**　有铜钗 1 件、货泉 11 枚。

铜钗　1 件。标本 M31：5，出土在墓室东侧木棺骨架头部南。以铜丝制成，呈"U"形，顶端断面呈四棱状。长 12.5、径 0.3 厘米（图四 B；彩版五，4）。

"货泉"　11 枚。出土于墓室西侧木棺骨架南部。钱文篆书。其中磨边货泉 2 枚，传形货泉 1 枚。标本 M31：7－1，郭稍宽，字迹清晰，"泉"字悬针。直径 2.2、穿径 0.7、郭宽 0.18 厘米，重 2.8 克（图四 C）。标本 M31：7－2，钱样规整，字体清楚，笔画纤细，"泉"字悬针中断。直径 2.3、穿径 0.8、郭宽 0.19 厘米，重 3.4 克（图四 C）。标本 M31：7－3，钱文悬针篆，"泉"字直竖中断。直径 2.3、穿径 0.7、郭宽 0.2 厘米，重 2.6 克（图四 C）。标本 M31：7－4，字迹清晰，"泉"字悬针篆。直径 2.3、穿径 0.7、郭宽 0.2 厘米，重 2.7 克（图四 C）。标本 M31：7－5，钱样规范，字迹清晰，

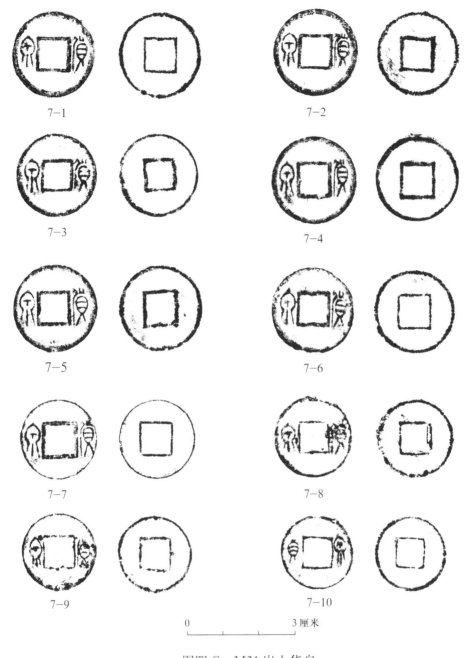

7-1

7-2

7-3

7-4

7-5

7-6

7-7

7-8

7-9

7-10

0　　　　　3厘米

图四 C　M31 出土货泉

"泉"字悬针中断。直径 2.3、穿径 0.7、郭宽 0.2 厘米，重 3.2 克（图四 B）。标本 M31：7-6，郭稍宽，字迹清晰，"泉"字悬针中断。直径 2.2、穿径 0.7、郭宽 0.2 厘米，重 2.3 克（图四 C）。标本 M31：7-7，磨边。字迹清晰，"泉"字悬针中断。直径 2.1、穿径 0.8、郭宽 0.2 厘米，重 2.3 克（图四 C）。标本 M31：7-8，磨边。字迹模糊，"泉"字悬针中断。直径 2.1、穿径 0.7、郭宽 0.1~0.18 厘米，重 1.9 克（图四 C）。标本 M31：7-9，磨边。字迹模糊，"泉"字悬针。直径 2.1、穿径 0.8、郭宽 0.16 厘米，重 1.6 克（图四 C）。标本 M31：7-10，传形货泉。郭细窄。直径 2.0、穿径 0.8、郭宽 0.11 厘米，重 1.4 克（图四 C）。标本 M31：7-11，残破。字迹模糊，"泉"字悬针。直径约 2.1、穿径 0.7、郭宽 0.16 厘米，重 1.6 克。

3. 铁器　有铁镶1件、铁棺环5件。

铁镶　1件。标本 M31：1，出土在墓室西南部。双耳残缺，口腹歪斜。直口，平沿，深腹，圜底，高足镂空。口径15.5、腹深13.5、通高17.9～19.4厘米（图四 B；彩版五，6）。

铁棺环　5件。与铁环首钉环相套，固定在外棺两侧及棺头中部。圆环形，形制相同，锈蚀严重。标本 M31：8－1，出土于棺头中部。环径约10、截面径约1厘米。

三　M37

M37位于墓地南区北部，墓室西偏北距 M34墓室约38米，墓道东邻为 M36墓室，墓室西南约3米处为 M38墓室。

（一）墓葬形制

该墓为坐西朝东的砖砌三室墓。由斜坡墓道、封门、甬道、墓室（前室、后室及北侧室）四部分构成。墓向95°。墓葬全长约22.8米（图五 A；彩版六，1）。

1. 墓道　在墓室甬道东侧。长斜坡式。开口在第②层下，平面长方形。现地势西高东低，东端开口距现地表0.86、西端开口距现地表1、底距现地表深5.42米。开口水平长15.4、宽1.4（西端）～1.45（东端）米。底部为斜坡状，坡度25°，斜坡长15.7、宽1.1米。墓道南北两侧壁在距开口平面0.35米处向内缩进0.15～0.2米，形成生土二层台。墓道边壁修整平齐，西端近于甬道部分边壁有坍塌现象。墓道填土为五花土，底部有淤土层。

2. 甬道　连通墓道和穹隆顶前室。砖券拱顶，平面呈长方形。进深0.8、南北宽1.24、高1.48米。两壁单砖顺向错缝平砌，砖间抹有草拌泥，底面用长条形青砖纵向平铺。甬道内填满黄色淤土，底部淤土中夹杂有陶片。

3. 封门　在甬道处。用两排砖顺向侧立砌筑，前排砖向外突出甬道口约0.1米。砖封门共有7层，上部未封严。封门砖墙厚0.7、宽1.04、高0.94米（彩版六，2）。

4. 墓室　分前室、后室、侧室。前室穹隆顶，平面呈方形，边长2.9、残高2.7米。除顶部中间有一径约1.4米的盗洞外，保存基本完整。四壁用长条形青砖错缝平砌，东壁、南壁为单砖顺向错缝平砌，北壁、西壁为双排砖顺向错缝平砌，并在其中部砌筑券门，分别通向侧室和后室。四壁从距墓底高1.54米处开始起券，渐次向内收分成穹窿顶结构。四隅相接处用楔形砖砌筑，在缝隙中夹以碎砖残瓦，使四周墓顶逐渐收聚呈穹隆状，内外壁面平整。四隅起拱处置有四个砖制灯台，系将一整块砖前端四角打磨成弧形，砖面凿一圆形圜底浅坑，后端斜削成楔形砌入墓壁砖墙内，前端灯台悬于空中，距墓底高1.52～1.55米。其中西南、西北隅两灯台边沿内收1厘米，形成二层折沿，形制稍有变化。灯台均未见使用迹象。室地面铺砖两层，上面一层采用斜向"人"字形铺法，下面一层多用残砖纵横乱铺，间隙较大，其下为生土面。墓室地面低于后室和侧室有一砖厚。室内积满淤土，上部约1.4米厚为五花扰土，下部约1.3米厚为粉状灰白色淤土，有明显的淤层现象，部分随葬品混杂其间。后室在前室西侧，拱券顶，平面呈长方形，东西长2.88、南北宽1.96、高1.76

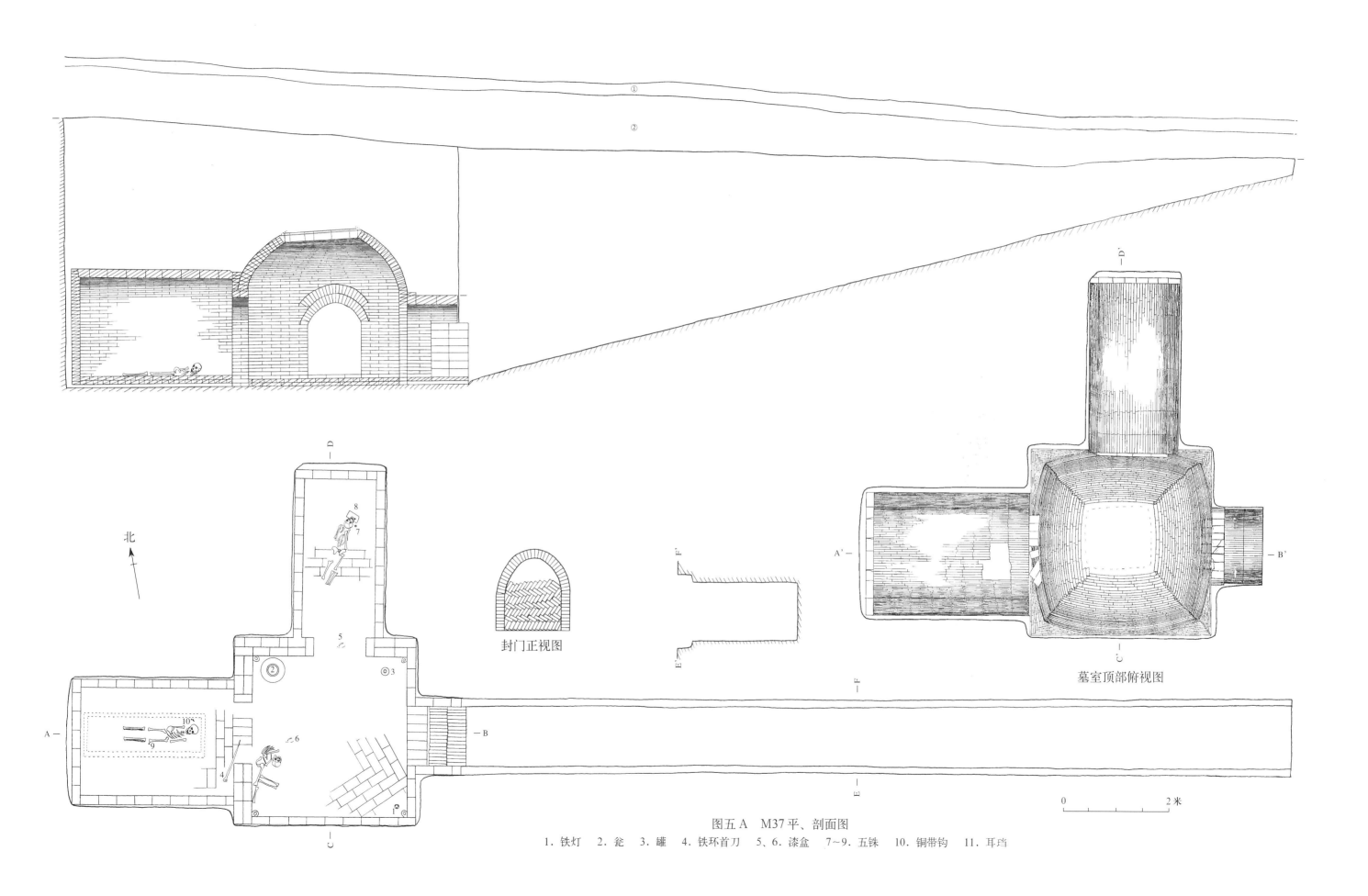

封门正视图

墓室顶部俯视图

北

图五 A　M37 平、剖面图
1. 铁灯　2. 瓮　3. 罐　4. 铁环首刀　5、6. 漆盒　7~9. 五铢　10. 铜带钩　11. 耳珰

米，四壁除与前室相通的东壁外，均为单砖纵向错缝平砌，壁厚0.16、起券高度0.82米。连通前后室间的券门宽1.1、进深0.34、高1.15米，顶部为双层拱券。券门两侧墙体采用双排砖"丁"字形砌筑，壁厚0.34米。拱顶东部有一近长方形盗洞，洞径0.34～0.68米。墓室地面铺砖亦有两层，上层铺地砖南北向错缝顺向平铺；下层铺砖"人"字形，铺砖间距也较宽，南北两侧有0.1～0.3宽的隙地未铺。东部发现铁剑等随葬品，西南部有棺木痕迹。室内积满淤土。侧室位于前室北侧，拱券顶，平面呈长方形，与前室有券门相通，形制基本同于后室。南北长2.88、东西宽1.38、高1.72米，起券高度0.64米。南壁券门宽1.01、进深0.34、高1.5米。墓室底铺地砖亦有两层，上层砖东西错缝横向平铺，下层以残砖随意平铺，空隙较大。墓室内积满淤土。墓室所有用砖规格基本一致，均为长条形青砖，砖长33.5～35、宽16～17、厚6.5～7.5厘米。

（二）葬式葬具

墓室内共清理出人骨架三具，前、后、侧室各有一具。前室骨架完整，发现于室内西南角盗洞下方，头朝东北、面向上、仰首屈肢，经鉴定此骨架为女性，年龄35～45岁。骨架下发现琉璃耳珰1枚，在头骨旁有断砖三块，可能系盗墓者从后室拖移于此。后室中部有一具棺木遗迹。棺痕长2.3、宽0.8、残高0.7米，棺板厚约7厘米。棺板间用铁钉钉合。棺内人骨架略偏北侧，头东脚西、面稍偏北，仰身直肢，骨架下铺有一层5～8厘米厚的生石灰。后室盗洞正对头骨上方，部分骨架已遭扰动。头骨外侧出土铜带钩1个，在右膑骨外侧出土五铢铜钱1枚。经鉴定该骨架为男性，年龄5岁左右。侧室骨架斜置，保存完整，俯卧直肢，下颌支垫于半块残砖上，头朝东北、足向西南，与侧室中轴线呈约40°。经鉴定该骨架为男性，年龄20～30岁。

（三）出土遗物

有陶器、铜带钩、铜钱、铁器、料器、漆器。

1. **陶器** 有陶瓮1件、陶罐1件。

瓮 1件。标本M37：2，出土时残片分布于墓室前室西北角。泥质灰陶。大口，平沿，尖唇，束颈，丰肩，鼓腹，下腹斜收，平底。沿面有一道凹弦纹，腹部有一周凹弦纹，腹面拍印细密的隐绳纹且有一椭圆形穿孔。口径23.2、最大腹径45.2、底径20.8、高40.8厘米。下腹穿孔边缘磨光，孔径2～4.4厘米（图五B；彩版七，1）。

罐 1件。标本M37：3，出土于前室东北角。泥质灰陶。敞口，平沿，方唇，沿面微凹，束颈，溜肩，圆腹，平底。口径10.4、最大腹径15.1、底径11.7、高13.6厘米（图五B；彩版七，2）。

2. **铜器** 有铜带钩1件、五铢铜钱10枚。

铜带钩 1件。标本M37：10，出土于后室骨架头部。钩首作蛇头形。器体扁平略呈"S"形，中部有一伞状扣纽，素面。长11.3、宽0.8、厚0.4～0.6厘米（图五B；彩版七，3）。

五铢 10枚。1枚出土于后室人骨架左膝处，锈蚀严重；9枚出土于侧室人骨下颌下南侧，7枚保存较好。以其钱文特征参照洛阳烧沟汉墓出土五铢的分类①，分两型。

---

① 中国科学院考古研究所：《洛阳烧沟汉墓》，215～228页，科学出版社，1959年。

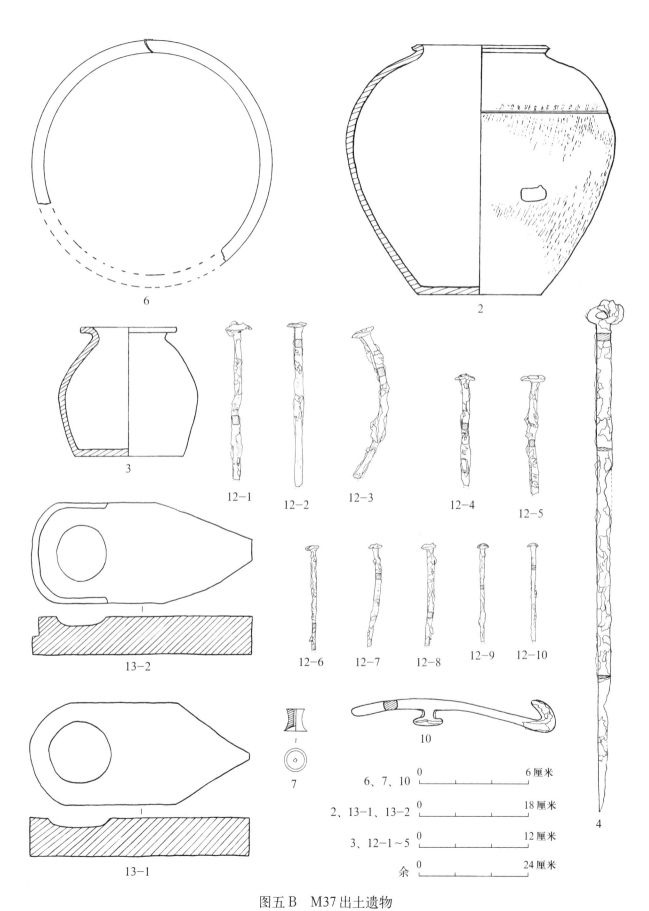

图五 B　M37 出土遗物

2. 瓮　3. 罐　4. 铁环首刀　6. 漆盒　7. 耳珰　10. 铜带钩　12-1～10. 铁棺钉　13-1、13-2. 灯台砖

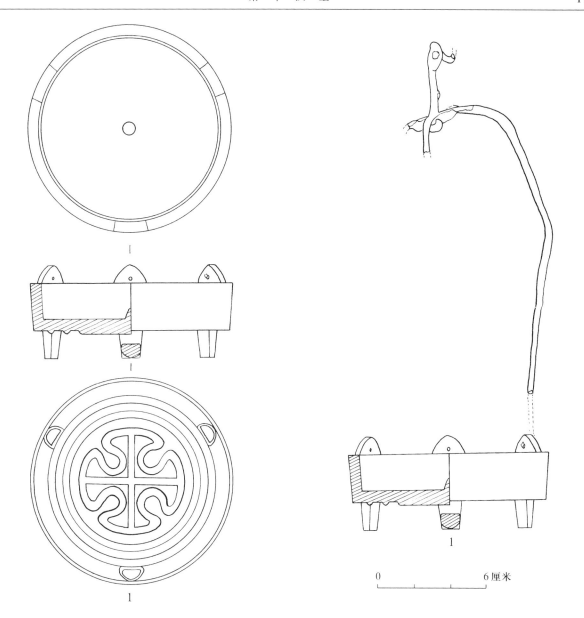

图五C M37出土铁灯

A型 3枚。"五"字交股两笔屈曲,"铢"字朱字头方折。钱文字体瘦长、笔画纤细。同于烧沟汉墓Ⅱ型五铢。标本M37:8-1,周郭宽平。"五"字上横笔两端出头。直径2.68、穿径1、郭宽0.2厘米,重3.7克(图五D)。标本M37:8-2,周郭较规整。"铢"字的朱字旁上下均方折。直径2.6、穿径0.9、郭宽0.1厘米,重3.3克(图五D)。标本M37:8-3,"五"字上下横笔出头,"铢"字的金字旁中间四点较短小。直径2.55、穿径0.9、郭宽0.1厘米,重2.5克(图五D)。

B型 4枚。"五"字字体比较宽大,"铢"字金字头作三角形,朱字上下笔画弧曲。同于烧沟汉墓Ⅲ型五铢。标本M37:8-4,"铢"字金字旁中间四点较长。直径2.58、穿径0.9、郭宽0.1厘米,重3.7克(图五D)。标本M37:8-5,"铢"字金字头略高。直径2.58、穿径1、郭宽0.1厘米,重2.7克(图五D)。标本M37:8-6,钱文字体较大,肉面粗糙。直径2.58、穿径1、郭宽0.1厘米,重3.1克(图五D)。标本M37:9,"五"字交股两笔略向外撇,"铢"字金字旁中间四点略长,

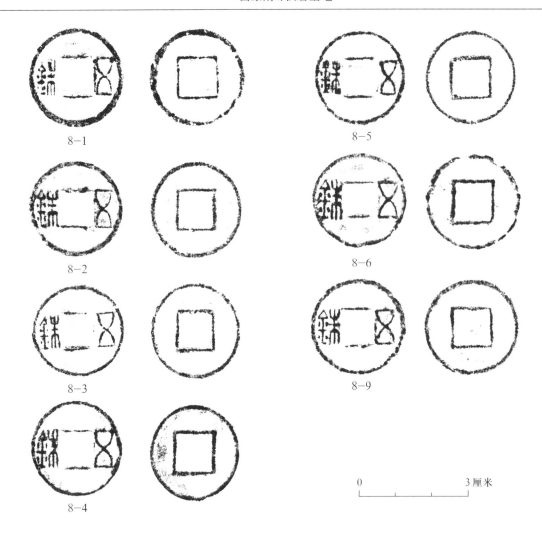

8-1　　　　　　　　　　　　　　8-5

8-2　　　　　　　　　　　　　　8-6

8-3　　　　　　　　　　　　　　8-9

8-4

0　　　　　　　　3厘米

图五D　M37出土五铢

三角形金字头较大。直径2.63、穿径0.9、郭宽0.15厘米，重3.1克（图五D）。

3. **铁器**　有铁灯1件、铁环首刀1柄、铁棺钉19枚。

铁灯　1件。标本M37：1，出土于前室东南角。灯盘圆形，窄平沿，浅直腹，平底，内底中心突起一组，外底面有三周凸弦纹，中心十字四分，分格中为对称布局的云纹图案。底沿边有三个短柱足，其正对上沿有三个舌状立耳，立耳中间有一圆孔，一孔内残留提梁铁钩，上连三爪式铁丝提梁，出土时已锈断。灯盘口径11、底径10.7、沿宽0.6、高5厘米，铁丝提梁残长18.6、径0.3～0.6厘米。此灯形制与洛阳烧沟汉墓所出铁灯1035：61[①]相类似（图五C；彩版七，5、6）。

铁环首刀　1柄。标本M37：4，出土于后室券门东南角。锈蚀略残。扁圆形环首，长条形扁平二把手，窄长直刃，平背，尖刃头。通长108、环首径约4、柄把宽3.2、刀身宽3.2、背厚0.8厘米（图五B；彩版七，4）。

铁棺钉　19枚。出土于后室棺痕周围。钉帽伞状，钉身截面近方形。多锈蚀残断。保存比较完好的有10枚，根据它们的长短尺寸，基本可分为两种。一种钉身较小，5枚（彩版七，7）。标本

---

① 中国科学院考古研究所：《洛阳烧沟汉墓》，196～197页，科学出版社，1959年。

M37：12－1，钉身略折弯。残长16.6、钉身径0.7~1厘米（图五 B）。标本 M37：12－2，钉身直。残长17.3、钉身径0.7~0.9厘米（图五 B）。标本 M37：12－3，钉身弧曲。残长16、钉身径0.7~1厘米（图五 B）。标本 M37：12－4，残长11.8、钉身径0.7厘米左右（图五 B）。标本 M37：12－5，残长12.5、钉身径0.6~0.8厘米（图五 B）。一种钉身较长，5枚。标本 M37：12－6，残长22、钉身径0.8~1厘米（图五 B）。标本 M37：12－7，钉身略弯曲。残长21.6、钉身径1.2厘米左右（图五 B）。标本 M37：12－8，残长21.6、钉身径1.2厘米左右（图五 B）。标本 M347：12－9，残长20.6、帽径2.6、钉身径0.8厘米（图五 B）。标本 M37：12－10，残长20.6、帽径2.6、钉身径1厘米左右（图五 B）。

4．**料器** 有耳珰1件。

耳珰 1件。标本 M37：11，出土于前室西部人骨下。深蓝色琉璃质，边缘呈透明状，束腰柱形，两端圆面内凹，中间有穿孔。上径1、下径1.3、高1.2、中心孔径0.15厘米（图五 B）。

5．**漆器** 有漆盒2件。

漆盒 2件。出土时均已朽残，存红色漆皮。根据残迹，器形大体为圆盒形。标本 M37：5，出土于侧室券门口。口径约19.4、残高6厘米。标本 M37：6，出土于前室中部。仅存口沿箍圈残。铜片制成。圆环形，外缘略鼓，内缘扁平，断面呈三角形，嵌于漆器口沿上，出土时表面附着红色漆皮。箍径13.1、断面宽0.7、铜片厚0.1厘米（图五 B；彩版七，8）。

6．**灯台砖** 4块。

灯台砖 4块。形制略有变化。分别砌置于墓葬前室四隅起拱处，系利用整块长条形青砖打凿加工而成。砖的后端两侧斜削呈楔状砌入墓室砖壁墙内，砖的前端四角打磨成圆弧形悬于空中，外露砖面中部凿有一圆形平底浅坑，作为灯台。标本 M37：13－1，砌置于墓葬前室东南角。通长36、宽16.2、厚6厘米，砖面中部坑径10.2、坑深0.9厘米（图五 B）。标本 M37：13－2，砌置在墓葬前室西南角。前端弧形边缘凿磨有二层窄沿，砖面中部坑径稍小。通长36、宽16、厚6厘米，砖面中部坑径8、坑深1.4、前端窄沿宽1.2厘米（图五 B）。

第三章 北区隋唐墓

北区墓地介于冲沟G1与G2之间、西北－东南向约140米的路基区域，地势相对高凸，南、北两端有断崖。北区墓葬分布比较密集，发掘隋唐时期洞室墓有M1、M3、M6、M7、M8、M9、M10、M11、M12、M14、M15、M16、M17、M19、M20、M21、M24、M25、M28、M29、M30、M32、M33。G1西北面分布的隋代洞室墓M4和M5与上列墓葬为同年度发掘，纳入此区一并介绍。该区介绍墓葬计有25座。

一 M1

M1位于北区墓地的北端中部，墓室北与G1南侧崖线间距13米左右。

（一）墓葬形制

该墓为坐北朝南的洞室墓，平面形状呈刀形。由墓道（含过洞、天井）、甬道、墓室三部分组成。墓向165°。墓葬全长12.13米（图六A；彩版八，1）。

1.**墓道** 在墓室甬道南侧。整个墓道由斜坡、台阶、一过洞、一天井组成。开口于第②层下，距现地表深1.1～1.2米，平面形状长方形，南北水平长8.75、南端宽0.78、深0.5、底距现地表1.6米；北端宽0.66、深3.14、底距现地表4.26米，墓道壁面平直，上下底同宽。斜坡从入口处开始至过洞结束，坡长6.2米，坡度14°，斜坡是经过修整的生土，坡面平整，相对较硬。墓道北端与过洞相接处为五级台阶式，每级台阶高0.19、阶面宽0.28米左右，台阶修整的工具痕迹明显，迹痕宽0.12、长0.1米。墓道两侧壁面较整齐，自其南端向北3.85米处的东侧壁面凸出0.02米；自其南端向北3.85米处与自其南端向北4.25米处之间的西侧壁面亦凸出墓道壁0.02米。墓道填土为花土，土质较松软。过洞一处，在墓道南段与天井之间。过洞南壁距墓道南端6.36米，为土洞拱形顶，南北长0.4、东西宽0.58、底距洞顶1.80～2.28米。过洞底部有两级台阶，由南向北第一级台阶面宽0.24、高0.24米；第二级台阶面宽0.34、高0.20米。天井一处，在过洞与甬道之间，平面呈长方形，南北长1.95、东西宽0.65、深3.07米，底距现地表4.24米。天井南壁略向南倾斜，底部有一级台阶，阶面宽0.36、高0.16米。

2.**甬道** 在墓道北端。为土洞拱形顶，平面呈长方形，进深0.8、东西宽0.58、高1.55米。甬道南部的东西两侧壁稍宽于甬道北部东西两侧壁0.03～0.05米，底部与墓室地面平齐。

3.**封门** 在甬道南端。封门墙系以土坯顺向平铺砌筑，土坯多数为残块，完整者较少。封门土

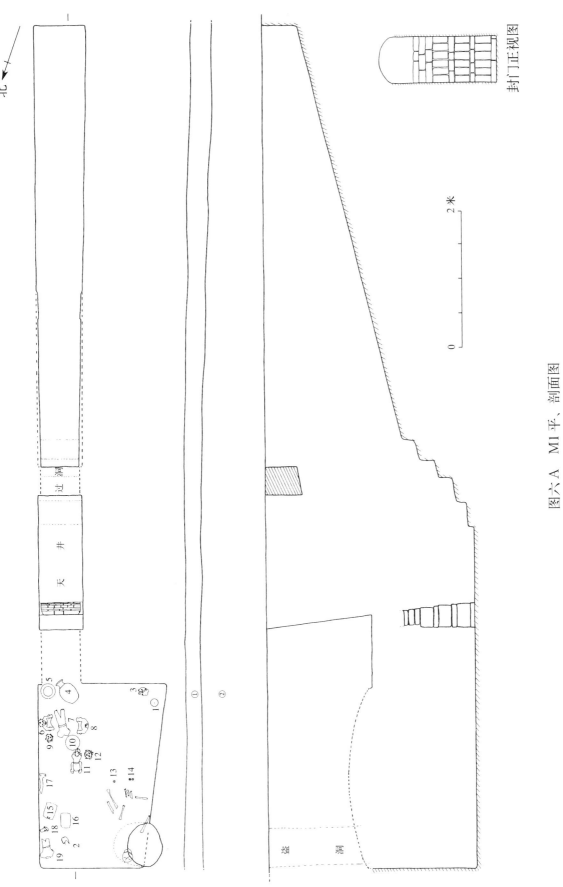

图六 A　M1 平、剖面图

1. 盏　2. 马俑尻部　3. 武士俑头部　4. 罐　5. 漆盘　6. 镇墓兽身部　7. 武士俑身部　8. 镇墓俑　9. 镇墓俑头部　10. 漆盘　11. 跪拜俑　12. 武士俑头部 13、14. 开元通宝　15. 驼俑踏板　16. 马俑踏板　17. 驼俑头部　18. 马俑头部　19. 武士俑身部

坯现存9层，由下向上1、3、5层为平砌；2、4、6层为立坯丁砌；7、8、9层为错缝平砌。封门墙底部较宽，顶部稍窄，宽0.58、厚0.24~0.35、封砌高度1.1米。所用土坯残长23~30、宽14~23、厚7厘米。

4. **墓室**　南北纵向土洞室，平面略呈梯形。墓室东壁与墓道、甬道东壁平齐在一条直线上。东壁南北长2.64、西壁南北长2.67、南壁东西宽1.9、北壁东西宽1.52、四壁残高1.57米，顶部坍塌。可能为穹窿顶的洞室结构。墓门居于南壁偏东处，东西宽0.58米。墓室底距现地表深4.2米左右。墓室西北角有一盗洞，开口在第②层中，距现地表1.1米，平面呈椭圆形，径0.6~0.7米。由西向东倾斜的盗洞打破墓室西北角。

（二）葬式葬具

该墓盗扰严重，墓室内人骨架一具，头骨在墓室西北部盗洞下方，其他骨骼分布在墓室西北部。没有发现棺木痕迹。骨架经鉴定为男性，年龄35~40岁（彩版八，2）。

（三）出土遗物

有陶罐、陶盏，陶俑有武士俑、镇墓兽、跪拜俑、驼俑、马俑，以及铜钱、漆器等。出土遗物大多分布在墓室东半部。

1. **陶器**　有陶罐1件、陶盏1件。

罐　1件。标本M1：4，出土在墓门处。泥质灰陶。侈口，平沿微凹，方唇，束短颈，鼓腹，下腹斜收，平底微凹。肩部有细密的弦纹。底面有刮平胎底而形成的同心弦纹。口径14.4、最大腹径25.4、底径10.1、高37.6厘米（图六B；彩版八，3）。

盏　1件。标本M1：1，出土在墓室西南角。泥质灰陶。尖唇，斜腹，饼足，小平底，底部有同心弦纹，口径10.8、底径3.9、高3.4厘米（图六B）。

2. **陶俑**　有武士俑2件、镇墓兽2件、跪拜俑1件、驼俑1件、马俑1件。1件武士俑出土在墓室东南侧，俑体向北倒去；1件武士俑头出土在墓室南部西侧。2件镇墓兽均位于墓室东南部，跪拜俑出土在墓室中部偏东。由于墓室盗掘，随葬品扰乱移动，这些陶俑可能不是在原来位置上。人为盗扰及墓顶的塌落，以致一些俑类头、身分离或显残破。

武士俑　2件。造型大小及装饰纹样基本相同，站立状。其中一件基本完整，另一件下肢残。标本M1：7，完整。头戴兜鍪，身着明光铠。兜鍪顶部塑一右手臂，直立高举，手心向前。圆脸无须，嘴微闭，怒目圆睁，长眉紧蹙内卷，眼球圆鼓，唇下有坑窝。颈部围项护，两肩至两臂的肘部有披膊，两臂弯曲，左右手握拳并向前伸出，紧握的两拳中心有孔，原来似乎是握着某种木质的武器。胸甲从中间分为左右两部分，各一圆形，上部有带扣，胸甲中央与从颈部项护纵延下来的甲带相连，甲带又与胸甲下部的横带在一圆环上相交叉，甲带直延到腰带部位，下饰流苏。背面缠有横带和腰带，腰带的下部围有膝裙，膝裙共有三层，中层膝裙比外侧长，最内层的膝裙一直延至膝盖部位。足登靴，两腿直立，脚踩踏板。俑面部及上身施赭石色。面部还用墨描麻点纹。脸部浅红色，唇部红色，棕红色眼球用墨涂圆圈，肚脐圆环周围用墨点缀，腰带以下的膝裙绘方格状甲片纹，双腿部分用墨点画成多道斜直线。通高66、踏板长15.8、宽9、厚2.1厘米（图六C；彩版九，1~4）。标本M1：12，下肢残。体态略显清瘦。头兜顶端贴塑一左手臂，直立高举，手心向后，手臂稍偏向

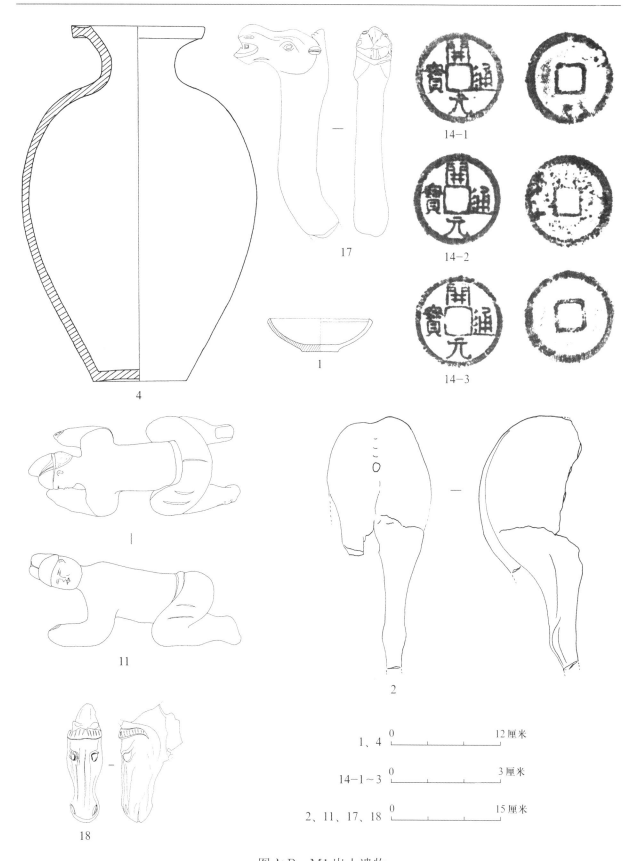

图六B　M1出土遗物

1. 盏　2. 马俑尻部　4. 罐　11. 跪拜俑　14-1~3. 开元通宝　17. 驼俑头部　18. 马俑头部

图六 C　M1 出土武士俑

左侧。通高约62.5、踏板长15、宽9.5、厚2.4厘米（图六C；彩版九，5~8）。

镇墓俑 2件。蹲坐状。一人面一兽面。标本M1：8，人面兽身。头戴兜鍪，顶生五角。圆脸，双目圆睁，眼球圆鼓，鼻梁较高，眉弓凸出，双眉紧锁，口微闭。耳外翻。后腿弯曲作蹲踞状，前足直立，足为三趾，前胸圆鼓突出，下腹内收。身着甲胄，甲胄中间贴塑左臂及手的造型，握拳上举，手心向后，其两侧各有两个向上弯曲的角。甲胄及后背施赭石色，还用墨画麻点纹。脸部及前胸涂白色，在脸部亦用墨点成麻点纹，口部涂红，唇下用墨画一撮小胡须，眉弓和眼球涂黑色。前肢上部两侧用墨画出向后斜向的数道鬃毛，正面用墨色画成长椭圆形的甲片状，足爪尖端涂黑色圆点纹。通高39、底正面宽20、底侧面宽15.5厘米（图六D；彩版一〇，1~4）。标本M1：6，兽面兽身。头生五角，头顶贴塑一左手臂造型，握拳上举，手心向后。其两侧亦有两个向上弯曲的尖状角。面朝前方，两目圆睁，眼球圆鼓外凸，眉弓用泥条贴塑的较为高突，眼睑下部至两腮处有呈半圆形锥刺纹样的胡须。大嘴微闭，门牙和獠牙突出口外。鼻面较大与吻部平齐，似猪鼻猪嘴。下巴有三道泥塑的长胡须，中间胡须较长，拖长到颈下的前胸处。头两侧无耳。两肩部塑划鬃毛。后背及头部用墨点画有稀疏的圆点纹，眉毛用墨点画三个圆点，鼻梁上画一横线，眼球为黑色，脸部两

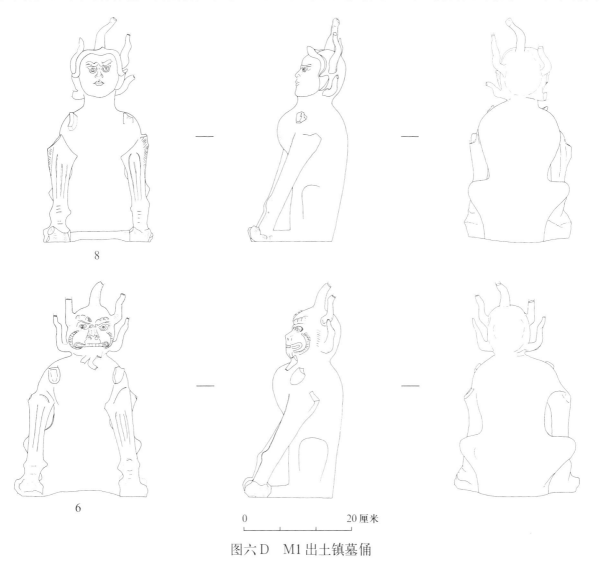

8

6

0   20厘米

图六D M1出土镇墓俑

侧用墨画出数道向后斜向的鬃毛。前肢上部两侧用墨勾画向后斜向的数道鬃毛,其正面用墨勾画长条纹,三趾爪的足尖用墨涂圆点。通高37、底正面宽24.3、底侧面宽16.5厘米(图六D;彩版一〇,5~8)。

跪拜俑　1件。标本M1:11,出土位置在墓室东部,在兽面镇墓兽之后。爬跪状。其头戴黑色幞头,身穿长袖袍,腰束带。双臂双膝着地,脸面朝向左侧,右耳对地作伏听状。双眼微闭,眼先刻一细线,再用细墨线添描眼缝,柳叶形眉毛用墨勾画,嘴紧闭。除头部外通体涂赭石色,脑后用墨染出发髻。通长28.5、臀宽13、高9.8~11.5厘米(图六B;彩版八,4)。

马俑　1件。酥化成残块,保存较好的有头部、尻部、踏板各一块。标本M1:18,马头部。出土在墓室东壁北部。表面呈赭红色,上有细小的黑色麻点纹。头长15.5、宽4.9厘米(图六B;彩版八,5)。标本M1:2,马尻部。内空。残高27、宽13厘米(图六B)。标本M1:16,踏板。出土在墓室东北部。长方形,完整。长23.5、宽13、厚1.6厘米。

驼俑　1件。酥化严重,仅存头颈部及踏板各一块。标本M1:17,驼头颈部。出土在墓室东壁中部。表面呈赭红色,上涂黑色细小的麻点纹。头颈残长28、头长11.5、头宽5、颈径3.5~5厘米(图六B;彩版八,6)。标本M1:15,踏板。出土在墓室东北部。长方形,基本完整。踏板正面有驼蹄足痕。长26、宽15、厚1.5厘米。

3.铜钱　有开元通宝3枚。

开元通宝　3枚。出土在墓室中部偏西处。"开"字结构匀称;"元"字上横较短,次画左挑;"通"字之"走"部三逗点不相连,"甬"部上笔开口略大;"宝"字"贝"部二横画在中部,与左右竖画不相连。标本M1:14-1,"元"字上横略偏右,次画直,末笔略顿。直径2.4、穿径0.7、郭宽0.2厘米,重3.6克(图六B)。标本M1:14-2,直径2.45、穿径0.7、郭宽0.2厘米,重3.3克(图六B)。标本M1:14-3,直径2.4、穿径0.7、郭宽0.2厘米,重3.5克(图六B)。

4.漆器　有漆盘2件。

漆盘　2件。残破较甚。平底,一大一小,均为棕褐色。标本M1:5,出土在墓室东南角。径约22、深约3厘米。标本M1:10,出土在墓室东南部。径约15、深约2.5厘米。

二　M3

M3位于墓地北区的西北端,墓室西与G1南侧崖线间距11米左右,东北距M1墓室约15米。

(一)墓葬形制

该墓为坐北朝南的洞室墓,平面形状呈铲形。由墓道、甬道、墓室三部分组成。墓向175°。墓葬全长9.26米(图七A)。

1.墓道　在墓室甬道南侧。开口在第②b层下,距现地表1.42米。平面略呈梯形,开口面南端稍窄北端略宽,南北水平长6.75、宽1.1(南端)~1.3(北端)米,底呈斜坡状,坡长7.5米,斜坡前半部坡度相对较缓为11°,后半部坡度稍大为18°。南端入口处深0.65、北端最深2.4米。墓道

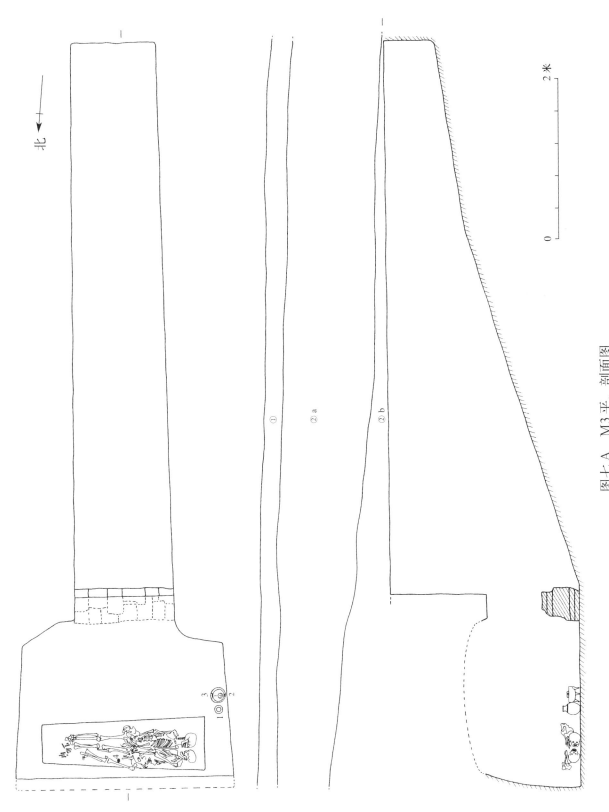

图七A　M3平、剖面图

1. 罐　2. 漆碗　3. 铁鼎　4. 五铢　5. 铜带扣　6. 铜带尾　7. 铜鞓孔饰

两侧壁面陡直平整，底宽与上口同宽，底距现地表深2.07～3.82米。

2. **甬道**　在墓道与墓室之间。甬道较短，拱形顶。进深0.3、东西宽1.3、高1.2米。

3. **封门**　甬道处以土坯平铺砌筑封堵，所用土坯多为残块。土坯墙宽1.28、厚0.3～0.41、残高0.5米。土坯长25～32、宽20～25、厚7厘米。

4. **墓室**　平面基本呈方形的土洞室。其东、西、南三面墙壁较直，北壁由下至上略向内斜收，呈口小底大状。东壁南北长1.64、西壁南北长1.65、北壁东西宽2.8、南壁东西宽2.55、四壁残高1.24米左右。墓门开在南壁中央，东西宽1.3米，墓门东侧南壁较斜，西侧南壁较直。顶部坍塌，原可能为穹窿顶洞室。墓室平底，距现地表深4.15米（彩版一一，1）。

（二）葬式葬具

墓室北壁下有一木棺，呈东西向放置，棺木朽蚀，但木棺轮廓清晰，棺长2.07、西端棺头宽0.66、东端棺尾宽0.41、残存高0.14～0.2米，棺板厚4～6厘米。棺内人骨架两具，均保存完好，头西足东，侧身相向，相挨很紧。棺内南侧骨架长1.67米，经鉴定为男性，年龄30～40岁；北侧骨架长1.6米左右，经鉴定为女性，年龄20岁左右。女性骨架呈仰身直肢状，稍右倾，面向南；男性骨架左倾，呈侧身直肢状，面向北，右臂、右腿搭在女性骨架上。两具骨架呈相拥搂抱状（彩版一一，2）。在男性骨架的脑颅骨右上方发现一穿孔，从颅内清理出铁箭头一枚，表明男性墓主可能死于箭伤。

（三）出土遗物

有陶罐、铜带扣、铜带尾、铜鞓孔环、铜钱、铁鼎及漆器等。

1. **陶器**　有陶罐1件。

罐　1件。标本M3：1，在死者头部南侧、墓室西壁下，出土时口沿向上呈水平放置。泥质灰陶。侈口，宽弧沿，尖唇，矮颈，广肩，圆腹，下腹斜收，平底微凹。颈肩部饰两道弦纹。器底有刮平而留下的弦纹。口径10.5、最大腹径14.9、底径8.4、通高22.5厘米（图七B，彩版一一，3）。

2. **铜器**　有铜带扣1件、铜带尾1件、铜鞓孔环1个、五铢铜钱3枚。

铜带扣　1件。标本M3：5，出土于人骨腰部。用铜片打压制成。前端扣环呈椭圆形，后端扣身为长方形。扣环与扣身用合页形的活动轴相连接。中间有一长销，可以转动。扣身为双面铜片，四角有铆钉，内存革带残片。扣针穿套在皮带孔的铜脐孔内。长5.9、宽2.5～3.6、厚0.7厘米（图七B）。

铜带尾　1件。标本M3：6，出土于骨架盆骨处。用双面铜片打押铆制而成。形状为长方形，用于套接铆钉在皮带尾端，起套护皮带端头的作用。前端开口，另三面封闭，尾端稍呈弧形，两侧面有铆钉，内存革带残片。长4.5、宽2.6、厚0.4厘米（图七B）。

铜鞓孔环　1个。标本M3：7，用双面环状铜片铆接而成。出土时穿套在铜带扣的扣针上，原应固定在革带孔上，用来起保护皮带孔眼的作用。外径1.7、内径0.6、厚0.5厘米（图七B）。

五铢　3枚。出土于北侧骨架盆骨下。篆书。笔画较宽，字迹清晰。"五"字交笔弯曲，似两个圆三角形；"铢"字的金字头呈三角形，四点为短竖状，偏旁朱字上下两笔方平，与金字旁平齐。背

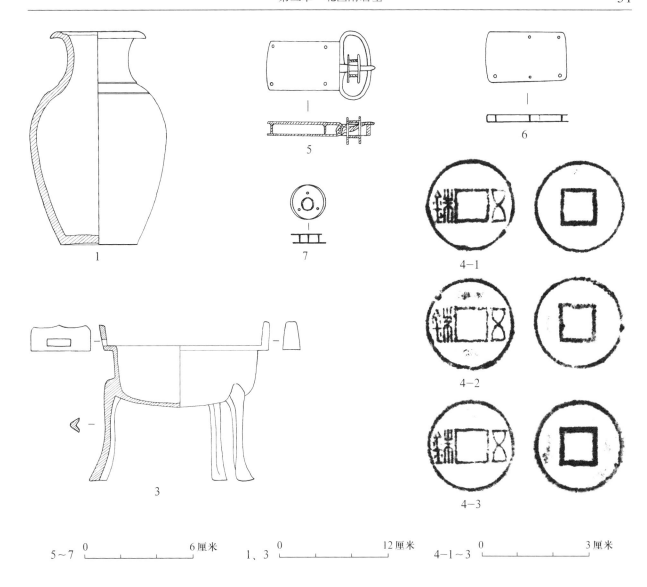

5~7　0 _____ 6厘米　　1、3　0 _____ 12厘米　　4-1~3　0 _____ 3厘米

图七B　M3出土遗物
1. 罐　3. 铁鼎　4. 五铢　5. 铜带扣　6. 铜带尾　7. 铜鞓孔饰

郭穿边较宽。标本M3：4-1，直径2.5、穿径0.8、郭宽0.2厘米，重3.4克（图七B）。标本M3：4-2，直径2.5、穿径0.8、郭宽0.2厘米，重3.1克（图七B）。标本M3：4-3，直径2.5、穿径0.8、郭宽0.2厘米，重3.0克（图七B）。

　　3. **铁器**　有铁鼎1件。

　　铁鼎　1件。标本M3：3，出土位置在墓室西壁下。锈蚀严重。平沿方唇、直腹、底略弧，双直耳有长方孔，腹底三长足，足下半部外撇。素面无纹饰。口径17.8、耳高2.5、腹深6、腹径15.3、通高16.2~16.5厘米（图七B；彩版一一，4）。

　　4. **漆器**　有漆碗1件。

　　漆碗　1件。标本M3：2，出土在墓室西壁下放置的铁鼎内。残破较甚，呈棕褐色。口径约15厘米。

三　M4

M4位于冲沟G1西北部,墓道南距G1北侧崖线55米左右,西南14米处有扰坑K1。

(一)墓葬形制

该墓为坐西北朝东南的洞室墓,平面形状呈铲形。由墓道、甬道和墓室三部分组成。墓向130°。墓葬全长12米(图八;彩版七,1)。

1. **墓道**　在墓室甬道东南侧。开口在地层堆积②层下,距现地表0.7～0.75米。平面呈梯形,前宽后窄,口小底大。水平长9.04、前端入口处宽1、深0.7米,后端上口宽0.85、底宽1.3、深3.7米,底距现地表深4.5米。底呈斜坡状,坡长9.5米,前半部坡度较缓,后半部坡度稍大,为16°～22°。斜坡是经修整过的生土,坡面平整,相对较硬,但未经夯打,只铲平即可。东西两侧壁规整,壁面经过修整。墓道内的填土为褐色花土,土质紧密较硬。

2. **甬道**　在墓道与墓室之间。平面略显"亚"字形。顶部坍塌,高度不明,可能是拱形顶。进深0.98米,前、后端部分较宽,为1.18米,中间部分稍窄即两侧壁各向内收进0.09米后的甬道宽度为0.96米。甬道内积满淤土,土质紧密较硬。

3. **封门**　在甬道前端即与墓道交接处有封门土坯墙,系以条形土坯块纵向丁砌。封门墙宽0.84、厚0.13～0.2、残存高度0.75米。土坯残长12～20、宽12、厚9厘米。

4. **墓室**　平面形状为不规则五边形的土洞室。墓门开在墓室南壁中部,将南壁分为东西两段,东段壁面外弧,长1.5米;西段壁面略内弧,长约0.55米。北壁略外弧,长2.38米。东西两壁较短,基本和北壁垂直,东壁长0.8、西壁长1.02、周壁残高0.85～0.95米。墓顶坍塌,高度不明,可能为洞室穹窿顶结构。墓室底面距现地表深4.45米。墓道后端靠近甬道处有一盗洞。盗洞开口在第②层下,距现地表0.7米,平面呈椭圆形,径0.42～0.7米。盗掘从墓道后端的开口处斜直向下经甬道通入墓室。

(二)葬式葬具

在甬道及墓室内发现人骨架和狗骨架各一具。人骨架在甬道口处,骨架完整,经鉴定为男性,年龄35～45岁。头南足北,头高足低,头部高于足底约0.8米,上肢骨左倾、爬卧在封门土坯上,下肢右腿骨搭于左腿骨之上呈屈肢状。狗骨架在人骨架的右脚下,保存较完整,头向北呈爬卧状(彩版一二,2)。墓室内有棺木朽灰遗迹。

(三)出土遗物

有陶罐、铁棺钉。

1. **陶器**　有陶罐1件。

罐　1件。标本M4:1,出土在墓道东北角。泥质灰陶。侈口,方唇,平沿,矮颈,广肩,圆鼓腹,下腹斜收,平底略凹。颈部有细密的弦纹,底部由于刮平而留下同心弦纹。口径6.9、最大腹径

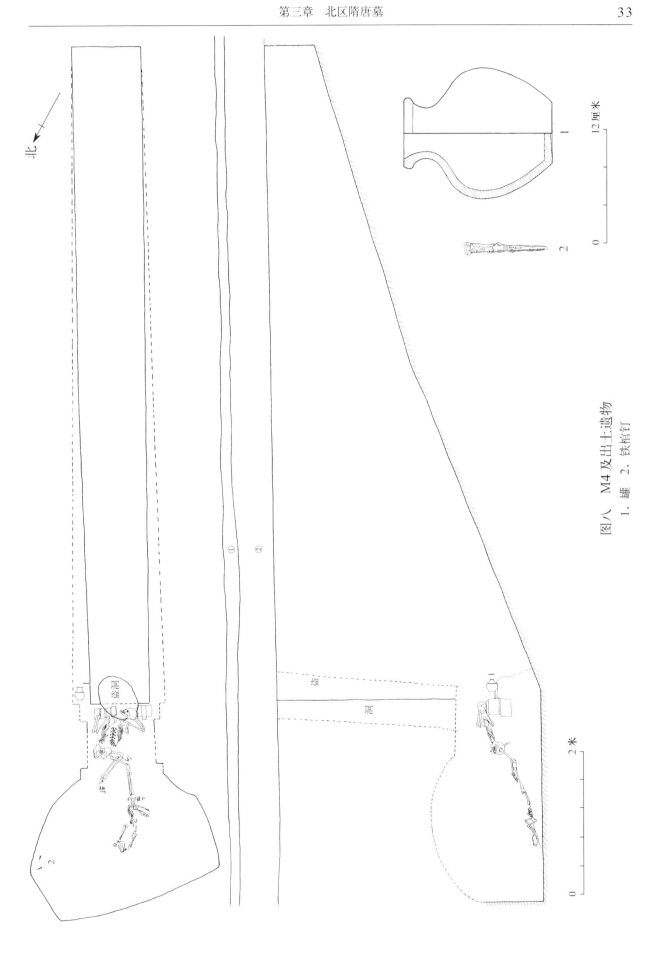

北

盗洞

盗洞

盗洞

①
②

2 米

0

12 厘米

0

图八　M4 及出土遗物
1. 罐　2. 铁棺钉

13.8、底径6.4、高16.3厘米（图八；彩版一二，3）。

2．**铁器**　铁棺钉5枚。

铁棺钉　5枚。发现于墓室西壁南侧。均锈蚀残断。钉帽都为圆形，钉杆断面呈长方形。标本M4：2，残长9.1、径0.4～0.8厘米（图八；彩版一二，4）。

四　M5

M5位于G1西北部，是该墓地所发掘的最北端一座墓葬，墓室东南与M4墓室间距约15米。

（一）墓葬形制

该墓为坐西南朝东北的洞室墓，平面形状呈铲形。由墓道、墓室两部分组成。墓向120°。墓葬全长约9.7米（图九A；彩版一三，1）。

1．**墓道**　在墓室东北侧。墓道只发掘了所布探方内与墓室相连接的5.04米的长度，探方以外部分约有2米长未发掘。开口距现地表1.5米，平面呈梯形。口小底大，开口南宽北窄，发掘部分开口宽0.65～0.9米，底呈斜坡状，坡长5.2米，坡度17°，坡底宽1.05～1.15、最深处3.6米，底距现地表5.2米。两侧壁面修整的较为规整。墓道填土为褐色花土，土质相对较软。墓道中部有一平面不规则的现代扰坑，开口于现地表，局部打破墓道。

2．**墓室**　平面形状略呈长方形的土洞室，四壁较直。东壁长2.27、西壁长2.05、南壁长2.55、北壁长2.58、周壁残高0.45～0.5米。墓门开在北壁中部，宽1.16、距东壁0.57、距西壁0.85米。墓顶坍塌，高度不明，应为穹窿顶洞室结构。室内积满由墓顶塌落下来的生土块和淤积土，土质紧密较硬。墓室底距现地表深5.2米。在墓室上部发掘到距现地面1.6米的深度，即第②层中，发现有一扰坑（编号K4），坑口平面为不规则的五边形，坑径1.7～2.2米，坑内出土有宋代瓷片、陶片等。在扰坑距现地表1.7米的深处，出土有两块青砖，两砖上下平置叠压，上块青砖墨书一字，模糊不清，底块青砖正面刻有铭文，这块砖应该是此墓的墓志砖。

（二）葬式葬具

墓室内有骨架两具，均经扰动，骨架上肢骨扰乱较为严重，下肢骨保存相对较好。大体可辨骨架为头东南足西北，仰身直肢。北侧骨架经鉴定可能为男性，年龄45～50岁。南侧骨架头骨残朽破碎。墓室内有棺木朽灰痕迹。

（三）出土遗物

有陶罐、铜带扣、铁棺钉及墓志砖等。

1．**陶器**　有陶双耳罐1件。

双耳罐　1件。标本M5：1，出土于墓室东北部。泥质灰陶。口沿残。细颈，广肩，鼓腹，下腹斜收，平底。腹部对称贴塑桥形耳，近耳处有一周弦纹。底部有平行刮痕。口径约6.2、最大腹径16.5、底径8、残高19厘米（图九B；彩版一三，2）。

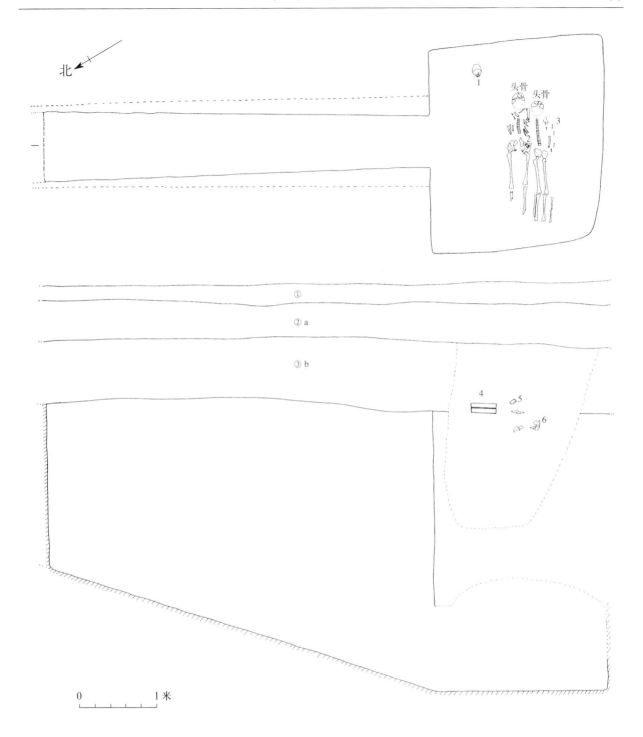

图九 A　M5 平、剖面图
1. 罐　2. 铜带扣　3. 铁棺钉　4. 墓志砖　5、6. 陶片、瓷片

2. 铜器　有铜带扣 1 件。

铜带扣　1 件。标本 M5：2，出土在北侧人骨架盆骨处。用铜片打押铆制而成。前端扣环呈扁椭圆形，后端扣身为圭状的半椭圆形。扣环与扣身用合页型转轴相连接。长 5.8、宽 3~4.1、厚 0.6~0.9 厘米（图九 B；彩版一三，3）。

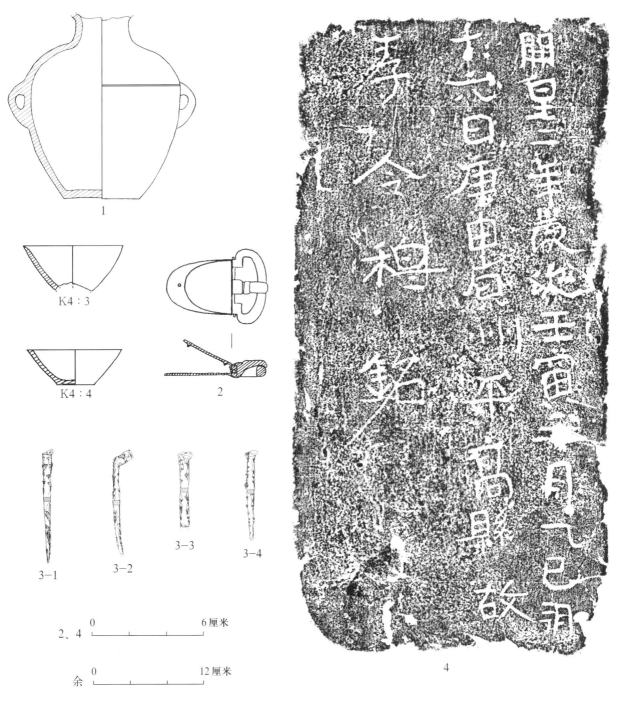

图九 B　M5 出土遗物

1. 罐　2. 铜带扣　3-1~4. 铁棺钉　4. 墓志砖　K4∶3、K4∶4. 瓷碗

3. 铁器　有铁棺钉 9 枚。

铁棺钉　9 枚。散落于骨架周围。圆形钉帽。有两种，一种钉身截面为长方形，尖部宽扁有两面刃；另一种钉身截面为方形，尖部呈尖锥形。标本 M5∶3 - 1，钉身直。残长 11.9、径 0.4~0.8 厘米（图九 B）。标本 M5∶3 - 2，钉身上端弯折。残长 11、径 0.5~0.7 厘米（图九 B）。标本 M5∶3 - 3，残长 8、径 0.4~0.8 厘米（图九 B）。标本 M5∶3 - 4，残长 9.4、径 0.4~0.7 厘米（图九 B）。

4.墓志砖　1块。

墓志砖　1块。标本M5：4，出土于扰坑K4内。长方形青砖。砖正面阴刻楷书三行"开皇二年岁次壬寅三月乙巳朔/十六日庚申原州平高县故/孝令穆铭/"。字迹不整。砖长34、宽17、厚5.5厘米（图九B）。

在墓室上部扰坑K4中出土有陶器、瓷器。

陶器　有泥质灰陶口沿与泥质灰陶器底残片4件及灰陶板瓦残片1块、红陶绿釉残片1块。泥质灰陶口沿2件。标本K4：1，直口、折沿、尖唇。标本K4：2，敛口，弧沿，圆唇。泥质灰陶器底腹2件。一件平底较大，另一件为饼足。

瓷器　有瓷碗2件及青白釉印花瓷片1块、青酱釉印花瓷片1块、青釉碗口沿1块。

瓷碗　2件。标本K4：3，底残。敞口，尖唇。口径11、残高5厘米（图九B）。标本K4：4，敞口，尖唇，平底。紫红胎，内褐釉、外无釉。口径10.4、底径4、高3.6厘米（图九B）。

五　M6

M6位于墓葬发掘区北部，叠压在M24之上，墓室西北距G1南侧崖线16米左右，西南距M1墓室约13米（彩版一三，4）。

（一）墓葬形制

该墓为坐北朝南的洞室墓，平面形状呈刀形。由墓道、封门、墓室三部分组成。墓向167°。墓葬全长4.7米（图一〇；彩版一三，4）。

1.墓道　在墓室南侧。墓道南部约有2米未发掘。开口在第②层下，距现地表深1米左右。开口平面为长方形，南北长4.64、宽0.6米，底部南段呈斜坡状，坡度24°，北段基本是平底，北端深1.67、距现地表深2.7米。东西两侧壁面修整的较为规整、平直。墓道填土为褐色花土，土质相对松软。墓道两侧壁面与填土容易分离。

2.封门　墓道北端以土坯封堵，土坯平铺错缝纵砌。封门墙土坯残存5层，东西宽0.6、残高0.36、厚0.4米左右。土坯完整者长35、宽17、厚7厘米。

3.墓室　南北纵向土洞室，平面呈梯形。墓室东壁平直，与墓道东壁在一条直线上。东壁南北长1.83、西壁南北长1.92、南壁东西宽1.35、北壁东西宽0.95米。四壁陡直，残高0.73米左右。墓室西北部有生土台棺床，平面形状呈"L"形，棺床南北长1.92、南端东西宽0.75、北端宽0.95、高0.15米。棺床与墓室东壁间距0.53～0.6米。墓门处于墓室南壁东侧，东西宽0.6、距墓室西壁0.75米。墓室顶部坍塌，可能原为拱形顶洞室。墓室地面略低于墓道地面0.05米，距现地表深2.77米。

（二）葬式葬具

墓室棺床上人骨架一具，骨架扰动散乱，头骨位于下肢骨右侧。可能为头南足北，仰身直肢葬。骨架经鉴定为女性，年龄45～60岁。棺床骨架周围未发现有棺木痕迹。

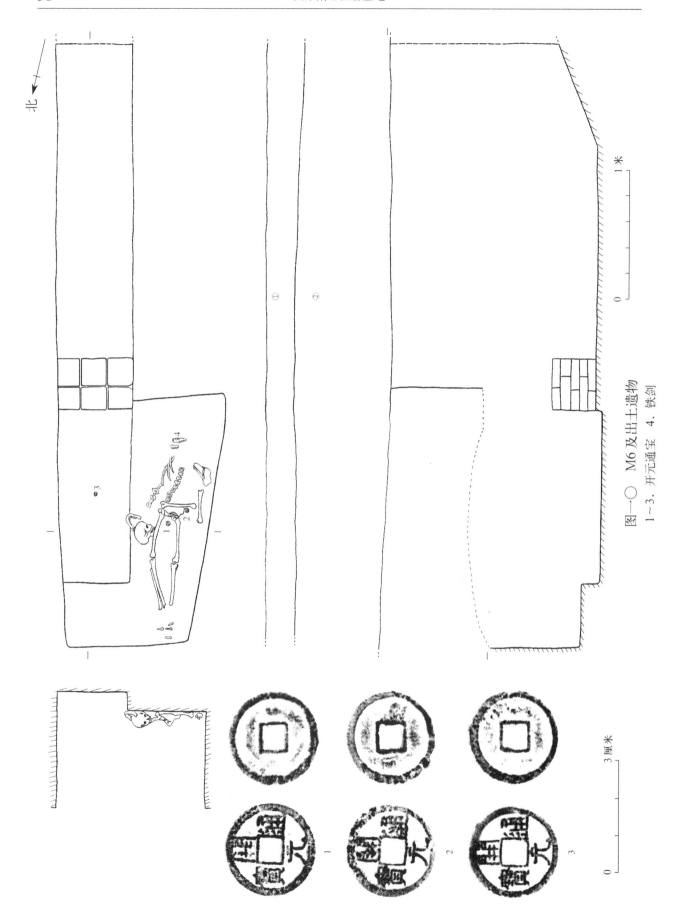

图一〇 M6 及出土遗物

1～3. 开元通宝 4. 铁剑

（三）出土遗物

有铜钱和铁剑。

1. 铜钱　有开元通宝 3 枚。

开元通宝　3 枚（图一〇）。2 枚出土于人骨架盆骨下部，1 枚出土于墓室棺床下地面。"开"字二竖稍外撇；"元"字上横较短，次横较直左上挑；"通"字之"走"部呈不相连的三逗点，"甬"字上笔开口大；"宝"字下部"贝"字之二横画与左右二竖画不相连。标本 M6 : 1，直径 2.5、穿径 0.7、郭宽 0.2 厘米，重 4.7 克。标本 M6 : 2，直径 2.4、穿径 0.7、郭宽 0.2 厘米，重 3.7 克。标本 M6 : 3，直径 2.4、穿径 0.7、郭宽 0.2 厘米，重 4.2 克。

2. 铁器　有铁剑 1 件。

铁剑　1 件。标本 M6 : 4，出土于墓室西南部棺床之上。残存剑身一段，双面刃。残长 17、宽 2.5 厘米。

六　M7

M7 位于墓地北区北部偏东，墓室西北距 G1 南侧崖线 20 米左右，西南距 M1 墓室约 22、西距 M6 墓室约 8 米。

（一）墓葬形制

该墓为坐北朝南的洞室墓，平面形状呈刀形。由墓道、甬道、墓室三部分组成。墓向 173°。墓葬全长 5.55 米（图一一；彩版一四，1）。

1. 墓道　在墓室甬道南侧。开口在地层堆积②层下，距现地表 1.5 米左右。开口平面呈梯形，南宽北窄，南北长 3.35、南端入口处宽 0.7、深 0.1、北端宽 0.95、最深处 1.17 米。底部南段呈斜坡状，坡度 30°，坡长 1.9 米；北段为平底，长 1.85 米。墓道两侧壁面平直，上下底同宽。

2. 甬道　在墓道与墓室之间，向东偏折。甬道两侧及顶部坍塌严重，根据现存迹象，甬道进深 0.86、宽约 0.95、高约 0.65 米。甬道底与墓室底平齐。

3. 墓室　南北纵向土洞室，平面形状为不规则的圆角长方形。墓室东壁向东折拐，与墓道东壁不在一条直线上。东壁长 1.25、西壁长 1.65、南壁宽 0.95 米，北壁外弧，呈半圆形。墓室修整粗糙，壁面不平直，残高 0.55 米左右。墓顶坍塌，高度不明，可能原为拱形顶洞室结构。墓室底距现地表深 2.7 米。

（二）葬式葬具

墓室内人骨架一具，为头南足北，仰身直肢葬。骨架经鉴定为女性，年龄 18～20 岁。由于早期盗扰严重，墓内进水，头骨移位且高于墓底 0.35 米。墓室内未发现棺木等葬具痕迹（彩版一四，2）。

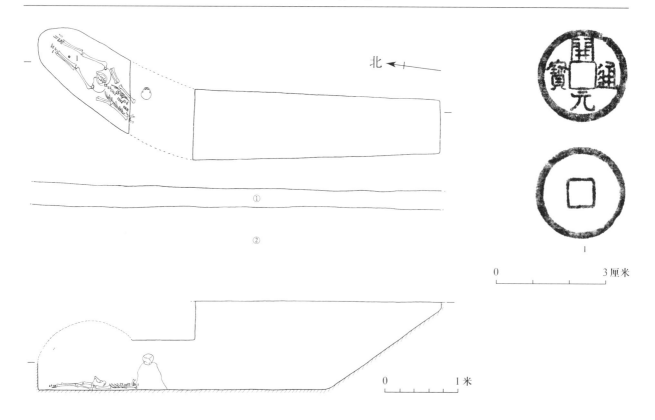

图一一　M7 及出土开元通宝
1. 开元通宝

（三）出土遗物

有开元通宝铜钱 1 枚。

开元通宝　1 枚。标本 M7：1，出土在骨架的胫骨之间。钱文清晰，制作精良。"开"字结构匀称；"元"字上横较短，次横左挑；"通"字"走"部三逗点不相连；"宝"字的"贝"部内二横画为短，不与左右两竖画相连。直径 2.45、穿径 0.7、郭宽 0.2 厘米，重 3.3 克（图一一）。

七　M8

M8 位于墓地北区北部偏东，墓室西南紧邻 M25 墓室，西北距 M6 墓室约 17 米，北偏西距 M7 墓室约 12 米。

（一）墓葬形制

该墓为坐北朝南的洞室墓，平面形状呈刀形。由墓道、墓室两部分组成。墓向 175°。墓葬全长约 5 米（图一二）。

1. **墓道**　在墓室南侧。墓道未发掘，经钻探了解，平面呈长方形，宽约 0.6 米，底呈斜坡状。

2. **墓室**　南北纵向土洞室，平面形状呈斜梯形。墓室东壁平直，与墓道东壁在一条直线上。东壁南北长 2、西壁南北长 2.14、南壁东西宽 1.16、北壁东西宽 0.55、四壁残高 0.3 米左右，壁面平

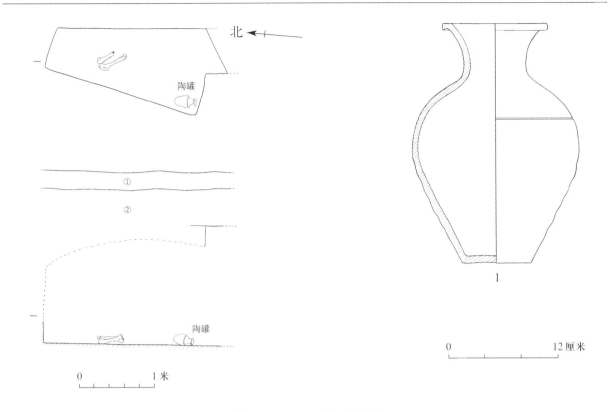

图一二　M8 及出土陶罐

直。墓门开在墓室南壁东侧，东西宽 0.58、距西壁 0.58 米。墓顶塌落，高度不明，从墓室现状看原应为拱顶土洞室。墓室底距现地表深 2.25 米。

（二）葬式葬具

在墓室内未发现人骨架和棺木遗迹，这是否与迁葬有关，情况不明。墓室中部有两根断损的牛肢骨，墓室西南角有一陶罐。

（三）出土遗物

有陶罐 1 件。

罐　1 件。标本 M8：1，出土在墓室西南角，紧靠墓室西壁。泥质灰陶。敞口，宽平沿，束颈，广肩，圆鼓腹，最大腹径在上部，下腹斜收，小平底。肩腹部有一道弦纹，底部有制坯时留下的一圈同心弦纹。口径 11.5、最大腹径 18.2、底径 7.5、高 25.3 厘米（图一二）。

八　M9

M9 位于墓地北区的中北部，墓室西偏北与 M1 墓室间距约 23 米，东北距 M8 墓室近 10 米。

（一）墓葬形制

该墓为坐北朝南的洞室墓，平面形状呈刀形。由墓道（包括两过洞、两天井）、甬道和墓室三部分组成。墓向168°。墓葬全长11.8米（图一三A；彩版一五，1）。

1. **墓道**　在墓室甬道南侧。开口在第②层下，距现地表0.75～0.93米。平面形状基本呈长方形，口小底大，南北水平长8.33、南端入口处宽0.58、深0.57、北端上口宽0.45、深3.05米，最深处底距现地表3.9米。底呈斜坡状，宽0.65米，坡度为13°～18°，斜坡前半部较缓，后半部坡度稍大，坡面较平，是经过修整的生土，相对较硬。过洞两处。土洞拱形顶，底斜坡。过洞与天井的连接处均呈曲折状。第一过洞在墓道中段与第一天井之间。南壁距墓道南端4.25米，东西两侧壁各向内收0.02米，进深0.6、宽0.7～0.75米，上部稍窄下部略宽，南部塌毁，顶高1.4米左右。第二过洞在第一天井与第二天井之间。南壁距墓道南端6.16米，东西两侧壁各向内收0.02米，进深0.5、宽0.5～0.7米，上窄下宽，顶高1.6米左右。天井两个。平面均呈长方形，口小底大，底为斜坡，两侧壁均经修整和墓道壁面一致，留有修整的痕迹。天井内的回填土较为紧密。第一天井在第一过洞和第二过洞之间。南北长1.3、上口东西宽0.5～0.53、底宽0.75、深1.94～2.5米。底距现地表深2.85～3.4米。第二天井在第二过洞和甬道之间。南北长1.65、上口东西宽0.45、底宽0.65～0.71、深2.7～3.05米。底距现地表深3.6～3.95米。

2. **甬道**　在第二天井与墓室之间。为土洞拱形顶，顶部保存较好。平面呈长方形，平底。南北长0.75、宽0.65、高1.45米，底距现地表4米。甬道内为褐色淤积土，土质紧密。

3. **封门**　甬道前有封门土坯墙，土坯分内外两排构砌。外侧土坯共有7层，由下至上，第一、二层为平铺横砌，每层各2块土坯；第三、四层为平铺纵砌，每层各3块土坯；第五层为侧立丁砌，共8块土坯；第六层又为平铺横砌，共2块土坯；第七层又为平铺纵砌。层与层之间均铺有厚2～5厘米的垫土。内侧土坯八层，均平铺横砌。封门墙宽0.65、厚0.57、高0.91米。土坯大多已残，完整者长35、宽20、厚8～10厘米。

4. **墓室**　南北纵向土洞室，平面略呈梯形。墓室东壁与甬道东壁、墓道东壁平直在一条线上。东壁南北长2.8、残高1.27、西壁南北长2.75、残高1.33、南壁东西宽1.8、残高1.3、北壁东西宽1.5、残高0.97米。四壁陡直，修整的较为规整。墓门开在墓室南壁东侧，东西宽0.63、距西壁1.2米。墓顶已坍塌，从西南角保存高度看，顶部至少在距墓底高1.55米处以上起拱，似为穹窿顶的洞室。墓底与甬道地面平齐，距现地表深4.05米。在墓室北壁上部，有斜向掏挖的盗洞，开口在第②层下，距现地表1.08米，平面形状呈椭圆形，径0.9～1.1米。盗洞打破墓室后壁通入墓室。

（二）葬式葬具

在墓室西侧紧靠西壁下有一具南北向木棺遗迹，木棺底板长2.26、南端棺头宽0.94、北端棺尾宽0.75米，棺板厚2～3厘米，残高0.11米左右。由于棺木紧靠墓室西壁放置，在清理西壁时，清楚地看到在其壁面上残留下来的棺板痕迹。从壁面板痕观察，木棺西侧棺板共有两块，两板间的缝隙在墓壁上显现的较为清晰，上、下两板的棺头部高分别为0.45、0.55米，棺尾部高分别为0.4、0.52米，板长2.3米。由此可以确认木棺的棺头高约1、棺尾高0.92、棺长为2.3米。棺内有两具人骨架，扰乱严重，尚能辨出为头南足北，仰身直肢葬。西侧骨架残缺扰乱，头骨移位，胸椎骨、肋骨及上肢骨混杂在一起，未见下肢骨；东侧骨架虽被扰乱，但股骨和胫骨保存较好。经鉴定西侧骨架为女

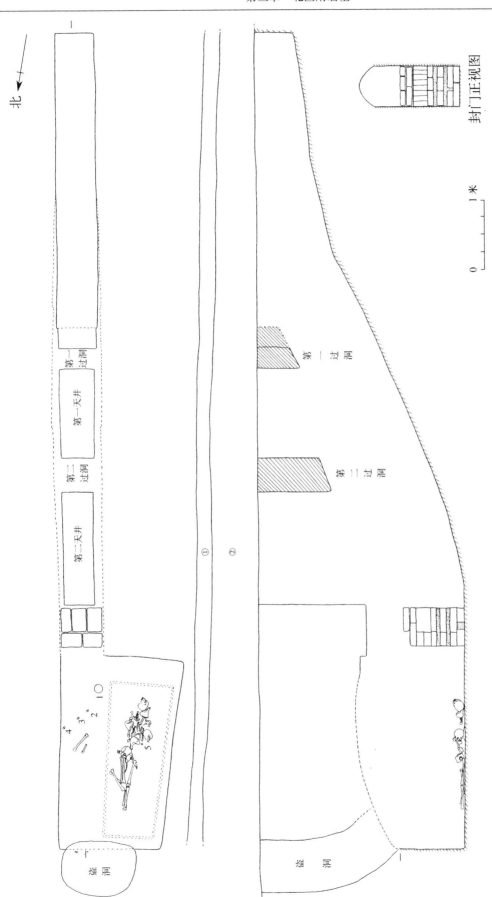

封门正视图

北

0 1米

第一过洞

第二过洞

盗洞

第一天井

第一过洞

第二天井

第二过洞

盗洞

① ②

图一三A　M9平、剖面图

1. 铜镜　2~4. 铜合页　5. 开元通宝

性，年龄 30～35 岁；东侧骨架为男性，年龄 50～60 岁（彩版一五，2）。

（三）出土遗物

有铜镜 1 面、铜合页 3 件、开元通宝 1 枚。

铜镜　1 面。标本 M9：1，出土在墓室南部的棺头东侧。铜镜为八瓣葵花形，镜背面为仿汉规矩纹纹饰，圆纽，四叶纹纽座，座外双线方栏，栏内纽侧有两小乳丁，栏外为八乳丁规矩纹间列鸟纹。外围弦纹间以横齿纹，宽缘上饰一周锯齿纹和一周双线波折纹，间以一道弦纹相隔。铜镜合金成分含锡比例较大，呈银白色。径 10.8、缘厚 0.4、缘宽 1.7 厘米（图一三 B；彩版一五，3）。

铜合页　3 件。出土在墓室东侧。合页正面两边呈椭圆如意形对称，中间转轴为铁质，可以转动；背面一侧用三个铜铆钉固定另一半椭圆形铜片。标本 M9：2，长 4.9、宽 2.5、厚 1 厘米（图一三 B；彩版一五，4）。

开元通宝　1 枚。标本 M9：5，出在棺内人骨盆骨位置。"开"字二竖画略外撇；"元"字上横较短，次横左挑略呈弧状；"通"字之"辵"部三逗点不相连，"甬"字开口大；"宝"字下部"贝"字二横在中部，与左右两竖画不相连。直径 2.5、穿径 0.7、郭宽 0.2 厘米，重 3.9 克（图一三 B）。

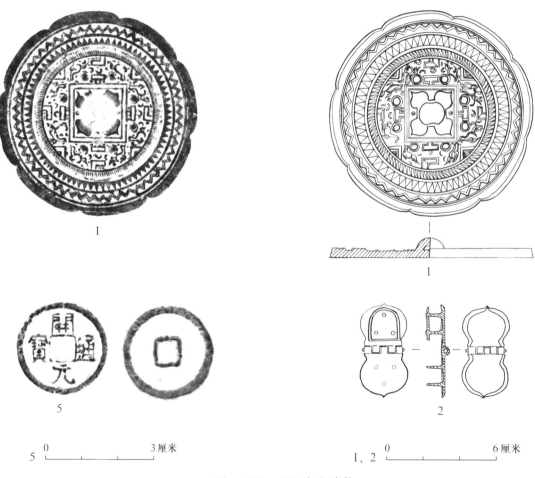

图一三 B　M9 出土遗物

1. 铜镜　2. 铜合页　5. 开元通宝

九　M10

M10 位于墓地北区的偏北部，墓室西北与 M1 墓室间距约 18 米，东与 M9 墓室间距 6 米余。

（一）墓葬形制

该墓为坐北朝南的洞室墓，平面形状呈刀形。由墓道、甬道和墓室三部分组成。墓向 170°。墓葬全长 10.3 米（图一四 A）。

1. **墓道**　在墓室甬道南面。开口在第②层下，距现地表 1.1～1.4 米。开口平面呈梯形，南北水平长 7.12、南端入口处宽 0.85、深 0.3、北端宽 1.06、深 2.38 米，距现地表深约 3.76 米。底呈斜坡状，前半部坡面较缓，后半部较陡，斜坡长 7.3 米，坡度 15°～23°。

2. **甬道**　在墓道与墓室之间。土洞拱形顶，进深 0.32、东西宽 0.81、高 1.1 米。

3. **封门**　甬道处用土坯封堵，前后砌成两排。外侧土坯存五层，底部铺垫 0.15 米厚的黄土，第一层横向平铺 3 块土坯；第二、三、四层每层以 7 块土坯侧立丁砌成斜向的"人"字形；第五层残存侧放的 1 块土坯。内侧土坯有七层，均为横向平铺砌法。封门土坯墙宽 0.84、厚 0.48、残高 0.6～0.78 米。土坯长 35、宽 14、厚 9 厘米。

4. **墓室**　南北纵向土洞室，平面形状呈梯形。东壁南北长 2.7、西壁外弧、南北长 2.62、南壁东西宽 1.64、北壁东西宽 1.05 米。北壁残高 0.1～0.94 米，其他各壁残高 0.3～0.8 米。墓门开在墓室南壁东侧，东西宽 0.84、距西壁 0.8 米。墓顶塌落，高度不明，从墓室平面看，可能为拱形顶洞室。墓室底距现地表深 3.8 米。

（二）葬式葬具

墓室西侧有南北向木棺遗迹。棺长 2.05、南端棺头宽 0.74、北端棺尾宽 0.43 米，棺板厚 2 厘米。棺内有人骨架一具，头南足北，仰身直肢。骨架经鉴定为男性，年龄 25～35 岁（彩版一六，1）。

（三）出土遗物

有铜带扣、铜带铐、铜带尾、铜钱及漆器。

1. **铜器**　有铜带扣 1 件、铜带铐 4 件、铜带尾 1 件、开元通宝 1 枚。

铜带扣　1 件。标本 M10：1，出土在人骨架腰部。前端扣环扁椭圆形，扣身为两块铜片铆制成半椭圆形，有合页型转轴与扣环相连。扣身与卡销为铜质。长 4.6、宽 2.3～3.3、厚 0.5～0.8 厘米（图一四 B）。

方形铜带铐　1 件。标本 M10：2，出土在人骨架盆骨左侧。用两块铜片铆钉而成，四边斜刹，四角有铜铆钉，正面有一矩形孔。边长 2.1～2.3、厚 0.5 厘米（图一四 B）。

椭圆形铜带铐　3 件。出土在人骨架腰部右侧。形制均相同，用两块铜片铆钉而成，平面形状略呈椭圆形，一端边缘半圆形，另一端边缘凹进，正面有一矩形孔。标本 M10：3－3，长径 2.3、短径 1.6、厚 0.5 厘米（图一四 B）。

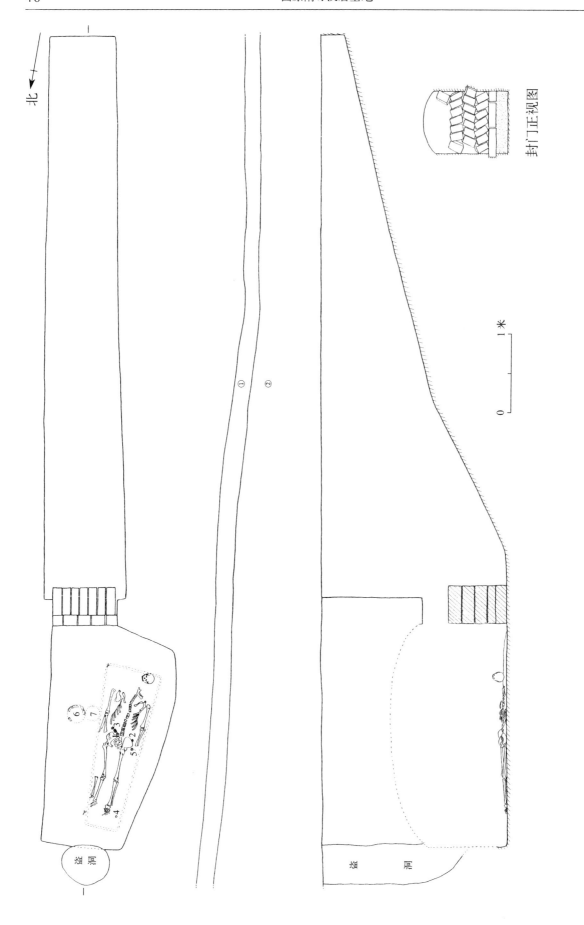

图一四A　M10 平、剖面图

1. 铜带扣　2. 方形铜带铐　3. 椭圆形铜带铐　4. 铜带尾　5. 开元通宝　6、7. 漆盘

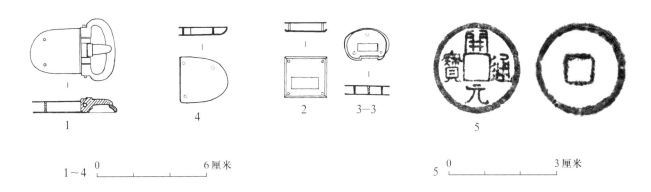

图一四 B　M10 出土遗物

1. 铜带扣　2. 方形铜带　3. 椭圆形铜带铐　4. 铜带尾　5. 开元通宝

铜带尾　1件。标本 M10：4，散落于人骨左足外侧。平面形状呈半椭圆形，用两块铜片铆钉而成。用于套护皮带尾端。内有革带残片。长 2.6、宽 2.4、厚 0.4 厘米（图一四 B）。

开元通宝　1枚。标本 M10：5，出土在人骨架右手骨部位。钱文清晰。"开"字二竖画略外撇；"元"字首横较短，次横左上挑；"通"字偏旁"走"部前三笔呈三撇状，各不相连；"宝"字"贝"部内为二短横，与左右两竖画不相连。直径 2.4、穿径 0.7、郭宽 0.2 厘米，重 3.1 克（图一四 B）。

2. **漆器**　有漆盘 2 件。

漆盘　2 件。出土于木棺东侧中部。漆皮呈棕褐色。残破较甚。标本 M10：6，径约 23 厘米。标本 M10：7，径约 18 厘米。

一〇　M11

M11 位于墓地北区的北偏西部，墓室北距 M1 墓室约 18 米，西偏北距 M3 墓室约 18 米，东距 M10 墓室约 8 米。

（一）墓葬形制

该墓为坐北朝南的洞室墓，平面形状呈刀把形。由墓道、甬道、墓室三部分组成。墓向 185°。墓葬全长 4.58 米（图一五）。

1. **墓道**　在墓室甬道南侧，为竖穴墓道。开口在第②层下，距现地表深 1.5 米左右。开口平面呈梯形，南窄北宽，口大底小。南北长 1.82、南端入口处宽 0.7、底宽 0.55、深 1.05、北端上口宽 0.75、底宽 0.7、深 1.17 米。底最深处距现地表 2.69 米。墓道接近平底，坡度 4°，坡面平整，是经修整过的生土，相对较硬。墓道东西两侧壁修整得较为平直。

2. **甬道**　在墓道与墓室之间。甬道居于墓室南壁中央，为土洞拱形顶。进深 0.45、东西宽 0.75～0.77、高 0.99 米。

3. **封门**　甬道与墓道北端之间有封门砖墙。砖墙以两排砖砌成，宽 0.70、厚 0.49 米，内侧一排封门砌砖高度 0.92 米；外侧一排砌砖相对规整，基本能看出有 9 层砖，系以砖块横向平铺、逐层内收堆砌而成。所用条砖大多为残砖，完整者较少，砖的规格长39、宽20、厚7厘米。

4. 墓室　南北纵向土洞室，平面形状呈梯形。墓室东壁向东错出墓道东壁。墓室东壁南北长2.3、西壁南北长2.28、南壁东西宽1.0、北壁东西宽0.71、四壁残高0.95～1.05米。墓门居于南壁中央，东西宽0.77米。墓室西南角有一平面呈长方形的小壁龛，龛内放置有陶罐、陶钵、陶碗等随葬品。龛南北长0.42、进深0.2、高0.45米。墓室地面有铺地砖23块，系以条砖纵向并排平铺而成。在墓室东壁南、北两端各侧立放置青砖1块。铺地砖长39、宽20、厚7厘米左右。墓室地面南高北低，呈斜坡状，南端高于北端0.3米。墓顶已坍塌，高度不详，从墓室现存部分推测，原应为拱顶洞室结构。墓室底面距现地表深2.8～3.15米。

（二）葬式葬具

墓室中央有人骨架一具，保存完整，长约1.7米，头南足北、仰身直肢葬。骨架经鉴定为男性，年龄20～25岁。墓室内未发现棺木遗迹。

（三）出土遗物

有陶器、铜器、铜钱及漆器。

1. 陶器　有陶碗2件、陶钵1件、陶罐1件。均出土在墓室西南角的壁龛内。

碗　2件。泥质灰陶。标本M11：1，敞口，尖唇，斜弧腹，平底微凹。口径10.3、底径4.9、高4.1厘米（图一五B；彩版一六，2）。标本M11：2，直口微敛，斜直腹，平底，底外侧有平行的划纹。口径10、底径5.4、高4.2厘米（图一五B；彩版一六，3）。

钵　1件。标本M11：3，泥质灰陶。敛口，鼓腹，下腹斜收，平底微凹。口径12.6、最大腹径18.2、底径8.9、高11厘米（图一五B；彩版一六，4）。

罐　1件。标本M11：4，泥质灰陶。方唇，平沿，短直颈，下腹斜收，平底。肩部有折棱，器底有细密的弦纹。口径9.6、最大腹径14.4、底径7.8、高14.5厘米（图四十七，4；彩版一六，5）。

2. 铜器　有铜带扣1件、铜带銙5件、铜带尾1件。

铜带扣　1件。标本M11：6，出土在人骨架腹部。前端扣环缺失，扣身略呈半椭圆形，用两块铜片铆制而成，有合页型转轴与扣舌相套结。残长4.3、宽2～2.2、厚0.3～0.5厘米（图一五B）。

铜带銙　5件。形制相同，出土在人骨架盆骨位置。用两块铜片铆制而成，形状略呈如意形。有五个铜铆钉。正面有长方形孔。标本M11：7－1，长径2.9、短径2.1、厚0.4厘米，孔长1.4、宽0.5厘米（图一五B）。

铜带尾　1件。标本M11：9，出土于人骨架盆骨部位。用两块铜片铆制而成，一端呈尖圆状，另一端为燕尾形。用于套护在皮带的尾端。长2.7、宽2～2.1、厚0.3厘米（图一五B）。

五铢　3枚。出土在人骨架右手骨附近。其中1枚残破。篆书。周郭较宽。"五"字中间交笔处较直；靠方穿边有一直竖。"铢"字的"金"旁头呈斜三角形；"朱"字旁上下两笔方折。标本M11：8－1，直径2.2、穿径0.8、郭宽0.2厘米，重2.2克（图一五B）。标本M11：8－2，直径2.2、穿径0.8、郭宽0.2厘米，重2.7克（图一五B）。

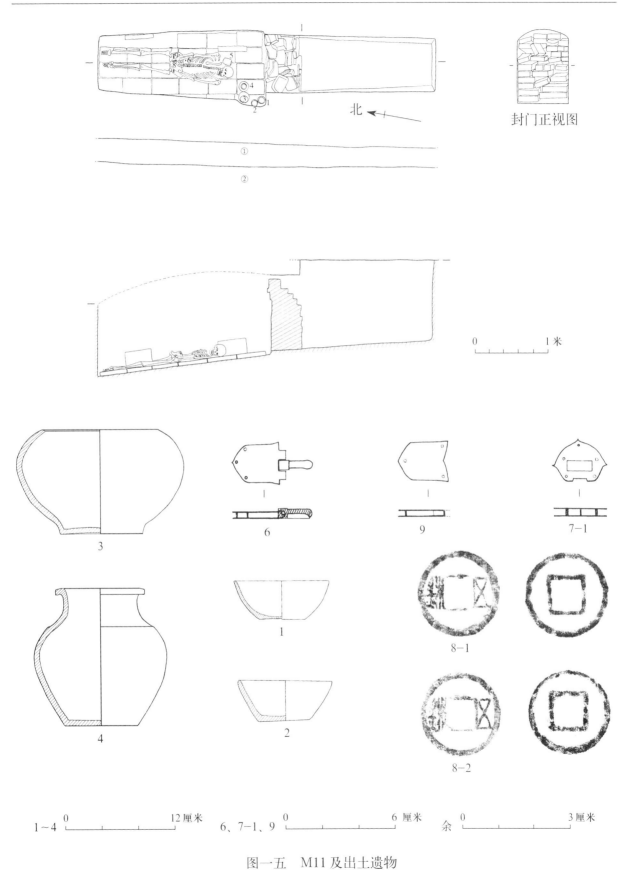

封门正视图

北

0   1 米

3
6
9
7-1

1
2
8-1

4
8-2

1~4 0   12厘米   6、7-1、9 0   6厘米   0   3厘米
                                                余

图一五 M11 及出土遗物

1、2. 碗 3. 钵 4. 罐 5. 漆器 6. 铜带扣 7-1. 铜带铐 8-1、8-2. 开元通宝 9. 铜带尾

3. 漆器　1件。

标本 M11：5，出土在骨架头骨左侧。漆皮棕红色。朽残甚重，器形不辨。

—— M12

M12 位于墓地北区的北部西侧，墓室东北距 M10 墓室约 14 米，北与 M11 墓室间距 6 米余。

（一）墓葬形制

该墓为坐北朝南的洞室墓，平面形状呈刀形。由墓道、甬道、墓室三部分组成。墓向 159°。墓葬全长 8.25 米（图一六 A；彩版一七，1）。

1. **墓道**　在墓室甬道南侧。开口在第②层下，距现地表 1.5～1.85 米。开口平面呈长方形，口小底大，南北水平长 5.41、上口宽 0.6、底宽 0.7、南端深 0.68、北端深 2.2 米，最深处底距现地表 4 米。底呈斜坡状，坡长 5.65 米，坡度 21°。墓道东西两壁修整较为规整，填土为褐色花土，土质较松软。

2. **甬道**　在墓道和墓室之间。拱顶土洞，南北两壁坍塌严重。进深 0.6、东西宽约 0.95、高 1.08 米。在甬道处有一盗洞，开口在第②层下，距现地表 1.85 米。盗洞开口平面呈椭圆形，径约 0.42 米左右。盗洞斜下打破甬道封门通入墓室。盗洞内为褐色五花土和淤积土，土质相对较硬。

3. **封门**　甬道南侧用土坯封堵，封门墙东西宽 0.95、厚 0.63、残高 0.66 米左右。

4. **墓室**　南北纵向土洞室，平面呈梯形，南宽北窄。墓室东壁相对于甬道、墓道的东壁而向外错出。东壁南北长 2.25、西壁南北长 2.35、南壁东西宽 1.56、北壁略外弧、东西宽 0.88 米。四壁陡直，修整得较为规整，现存高度为 0.75 米。墓门开在南壁偏东处，东西宽 0.95、距西壁 0.61 米。墓顶坍塌，原可能为拱形顶洞室。墓内积满顶部塌落下来的生土块和盗洞内的淤积土。墓室底面稍呈斜坡状，南部高出北部 0.2 米，墓室北端底距现地表深 4.2 米。

（二）葬式葬具

墓室内人骨架一具。因遭盗扰，骨骼分布散乱，墓内曾大量进水，头骨移位在墓室的东北角，头向及葬式不明。墓室内未发现棺木痕迹。骨架经鉴定为女性，年龄 35～50 岁（彩版一七，2）。

（三）出土遗物

有陶器、铜器、铜钱、石珠、骨器、蚌壳。

1. **陶器**　有三彩钵 1 件、彩绘盆 1 件、彩绘器盖 1 件。

三彩钵　1 件。标本 M12：14，出土在墓室西南角。残。灰陶质。敛口，尖唇，口沿下部有两道凹弦纹，圆鼓腹，圈足内凸。腹面施黄绿彩釉，外壁施釉不到底。口径约 11.2、最大腹径约 14.3、底径 7.6、高 10 厘米（图一六 B；彩版一八，1）。

彩绘盆　1 件。标本 M12：11，出土在墓室西北角。泥质灰陶。卷沿，圆唇，腹部微鼓、斜下收，饼足平底。沿下涂一周白色颜料，其下又涂抹一周橘黄色颜料。口径 18.4、底径 8.1、高 7.5 厘

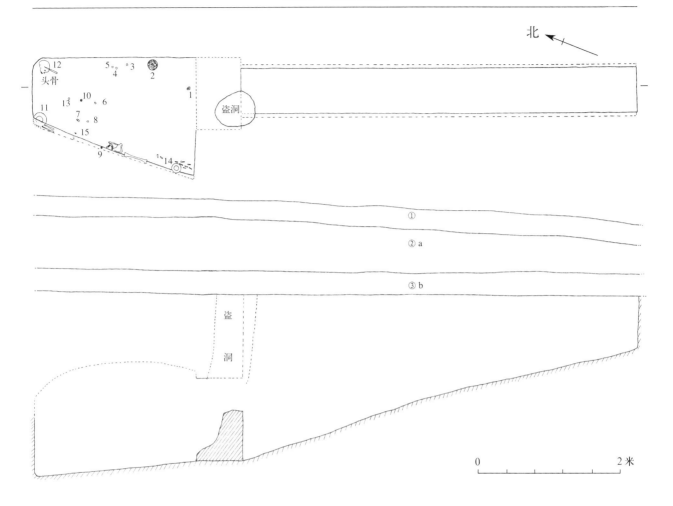

图一六 A　M12 平、剖面图

1. 蚌壳　2. 彩绘器盖　3~7. 铜合页　8. 铜带尾　9、10. 开元通宝　11. 彩绘陶盆　12. 骨笄　13. 石珠
14. 三彩钵　15. 铜钉状物

米（图一六 B；彩版一八，2）。

彩绘器　1 件。标本 M12：2，泥质灰陶。顶有圆形纽。器纽外围用棕褐色勾划一周连弧纹，又将此分为五等份，内饰卷草纹；沿面施草叶纹。表面通体施白色。径 14.3、通高 5 厘米（图一六 B；彩版一八，3）。

2. **铜器**　有铜合页 5 件、铜带尾 1 件、铜钉状物 1 件。

铜合页　5 件。散落于墓室中北部。器形相同。用铜片铆钉而成。展开呈长椭圆形，中间有转轴。完整者一件。标本 M12：7，长 5.2、宽 2.2、铜片厚 0.12 厘米（图一六 B）。

铜带尾　1 件。标本 M12：8，出土于墓室中部偏西北处。用两块半圆形铜片铆制而成，周边有三个铜铆钉。长 1.7、宽 1.9、厚 0.7 厘米（图一六 B）。

铜钉状物　1 件。标本 M12：15，出土于墓室西壁北侧。顶端有圆环，杆身断面呈方形。可能是扣针之类。长 1.6、环径 0.7 厘米（图一六 B）。

开元通宝　2 枚。钱文清楚，二者字体有异。标本 M12：9，出土于墓室西壁中部。"开"字显

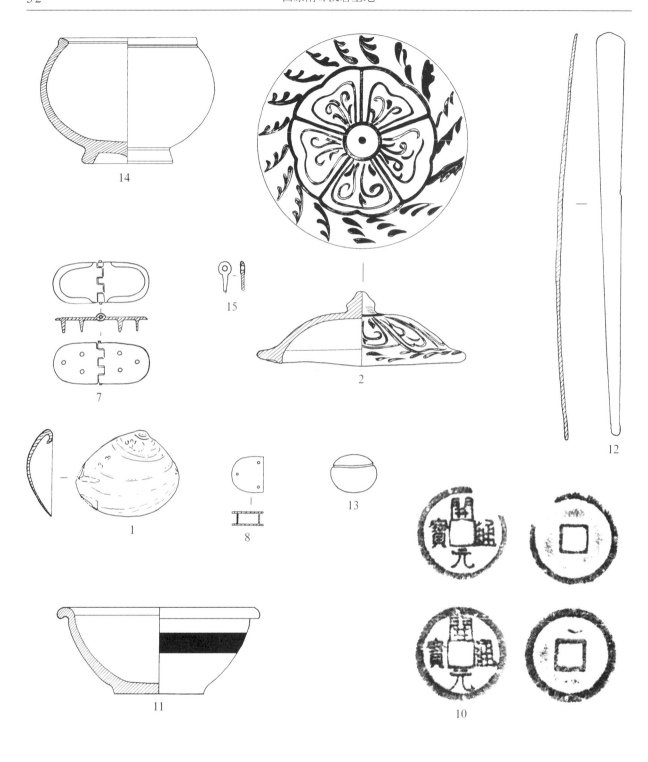

1、7、8、12、13　0＿＿＿＿＿＿6厘米　　2、11、14　0＿＿＿＿＿＿9厘米　　余　0＿＿＿＿＿＿3厘米

图一六 B　M12 出土遗物

1. 蚌壳　2. 彩绘器盖　7. 铜合页　8. 铜带尾　9、10. 开元通宝　11. 彩绘陶盆　12. 骨笄　13. 石珠
14. 三彩钵　15. 铜钉状物

小；"元"字首横较短，次横左上挑；"通"字的"走"部三逗点不相连，"甬"字上笔开口大；"宝"字下部内"贝"字二短横不与左右二竖画相连。钱右上部残。直径2.5、穿径0.7、郭宽0.2厘米，重3.2克（图一六B）。标本M12：10，出土于墓室中北部。"开"字显宽大，两竖画略外撇；"元"字上横较长，次横较直左上挑；"通"字之"走"字旁前三笔似相连，"甬"字上部开口较扁；"宝"下部"贝"字二横与左右二竖画相连。背面穿上有仰月纹。直径2.5、穿径0.7、郭宽0.2厘米，重4.2克（图一六B）。

3. **石器**　有石珠1个。

石珠　1个。标本M12：13，出土于墓室中北部。青石质。扁球形，表面磨光，上有一周凹弦纹。长径2.5、短径2厘米（图一六B；彩版一八，4）。

4. **骨器**　有骨笄1件。

骨笄　1件。标本M12：12，出土于人头骨处。长条形，一端稍宽，另一端较窄。表面光洁。长21.3、宽0.5～1.5、厚0.1～0.2厘米（图一六B；彩版一八，6）。

5. **蚌壳**　1件。

蚌壳　1件。标本M12：1，出土于墓室墓门处。为自然河蚌，表面已钙化，不甚光洁。长5.6、宽4.5、厚1.4厘米（图一六B；彩版一八，5）。

一二　M14

M14位于墓地北区的中西部，墓室北与M10墓室间距约15米，西与M12墓室间距约15米，墓道东南与M16墓室相错约2米。

（一）墓葬形制

该墓为坐北朝南的洞室墓，平面形状呈刀形。由墓道、甬道、墓室三部分组成。墓向170°。墓葬全长10.85米（图一七A）。

1. **墓道**　在墓室甬道南侧。开口于第②层下，距现地表0.73～1米。开口平面略呈梯形，南略宽北稍窄，北部口小底大，南北水平长7.98、南端入口处宽1.04、深0.38、北端上口宽0.86、深3.38、底宽1.06米。底呈斜坡状，坡长8.4米，前段坡面较缓为9°，北段坡度相对较大为24°。坡面平整，是经修整过的生土面。东西两侧壁修整得较为平整。墓道内填土为褐色花土，土质较松软，与墓道坡面容易分离。

2. **甬道**　在墓道与墓室之间。土洞式，顶部坍塌，高度不详。进深0.56、东西宽1.05米。

3. **封门**　甬道与墓道之间有土坯封门墙。土坯封砌较规整，有五层，单排砌筑，保存完好，由下至上，第一层土坯10块，为侧立纵向丁砌；第二、三、四层土坯侧立斜置，每层倾斜的方向相反，第二层土坯10块，第三、四层均为9块土坯；第五层横向平铺土坯3块。土坯墙宽度窄于甬道宽，其左右两侧与甬道东西两壁之间有0.1～0.11米宽的缝隙，用填土逐层垫之。土坯墙宽0.7、厚0.35、高0.85～0.9米。土坯长35、宽20、厚8～9厘米。

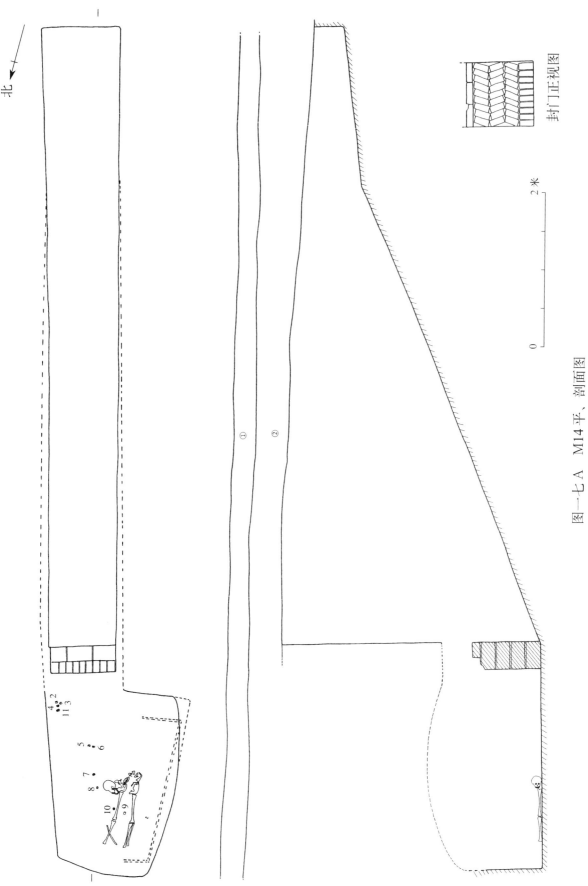

图一七 A M14 平、剖面图

1. 铜带扣 2、3. 长方形铜带銙 4~8. 半圆形铜带銙 9. 铜带尾 10、11. 开元通宝

4. **墓室** 南北纵向土洞室，平面形状呈梯形。墓室东壁平直，与墓道东壁基本在一条直线上。东壁南北长2.25、西壁底部斜直、上部略弧、南北长2.35、南壁东西宽1.95、北壁略外弧、东西宽1.2米，东、西、南三壁残高0.08～1.1、北壁残高0.7米。四壁修整得较为规整。墓门开在南壁东部，东西宽1.04、距西壁0.92米。墓室顶部已塌落，据四壁的现存高度，其起拱高度至少在1.5米以上，原可能为拱形顶洞室。墓室底距现地表深约4.2米。

（二）葬式葬具

在墓室西侧发现有木棺的朽木痕迹。棺长1.85、南侧棺头残宽0.56、北侧棺尾残宽0.35米，棺板厚约2厘米。棺内人骨架一具，扰乱严重，椎骨及上肢骨不存，头骨移位在盆骨东侧。下肢骨保存较好，尚能辨出骨架为头南足北，仰身直肢。骨架经鉴定为男性，年龄45～50岁。

（三）出土遗物

有铜带扣1件、铜带銙7件、铜带尾1件、开元通宝3枚，以及残断锈蚀的铁棺钉。

铜带扣 1件。标本M14：1，出土在人骨架腰部。前端扣环呈扁椭圆形，中间有长销；后端扣身用两块铜片铆制为圆角长方形。扣环与扣身用合页型转轴相连接。长5.3、宽2.6～3.7、厚0.5～0.7厘米，扣环宽径3.1厘米（图一七B）。

半圆形铜带銙 5件。出土在人骨架腰部。表面有绿锈。形制相同。一端半圆，另一端直边，用两块铜片铆制，中有一矩形孔，四角各一铜铆钉。内有革带残迹。标本M14：4，长3.1、宽2.2、厚0.6厘米（图一七B）。

长方形铜带銙 2件。出土在墓室东南角。形制相同。用两块铜片铆制。长方形，四边斜刹，中部有长方孔。标本M14：2，长3.3、宽3、厚0.8厘米，长方孔长1.8、宽0.7厘米（图一七B）。

铜带尾 1件。标本M14：9，出土在人骨架两股骨之间。用两块铜片制成，其用途为套护

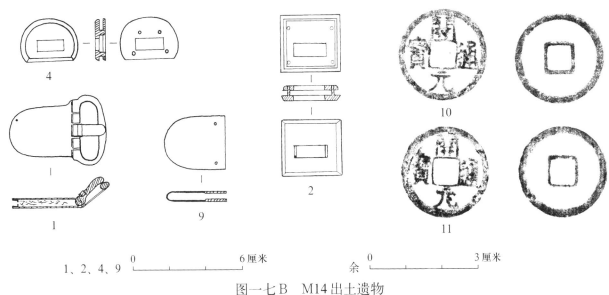

图一七B M14出土遗物

1. 铜带扣 2. 长方形铜带銙 4. 半圆形铜带銙 9. 铜带尾 10、11. 开元通宝

在皮带的尾端起保护作用。半椭圆形，上有两孔钉，内有革带残迹。长3.3、宽2.9、厚0.5厘米（图五十七，4）。

　　开元通宝　3枚。出土在墓室东南角和人骨架的股骨右侧。钱有绿锈，含铅较多。"开"字结构匀称，二竖稍外撇；"元"字首横较短，次横左挑；"通"字的偏旁"走"部三逗点不相连；"甬"字上笔开口大；"宝"字下部"贝"字内二横为短横，不与左右两竖笔相连。标本M14∶10，直径2.4、穿径0.7、郭宽0.2厘米，重3.6克（图一七B）。标本M14∶11，直径2.4、穿径0.7、郭宽0.2厘米，重3.2克（图一七B）。标本M14∶12，锈蚀。钱文模糊。直径2.4、穿径0.7、郭宽0.2厘米，重2.1克。

一三　M15

　　M15位于墓地北区的中部偏东侧，墓室西北与M8墓室间距约1米，西与M9墓室间距约12米。

（一）墓葬形制

　　该墓为坐北朝南的洞室墓，平面形状呈刀形。由墓道、甬道、墓室三部分组成。墓向165°。墓葬全长6.68米（图一八A；彩版一九，1）。

　　1. **墓道**　在墓室甬道南侧。开口在第②层下，距现地表1～1.07米。平面形状略呈梯形，南稍宽北略窄，南北水平长4.33、南端入口处宽0.94、深0.06、北端开口宽0.81、深1.65米，最深处底距现地表2.72米。墓道底南半部为斜坡，坡度25°，坡长2.6米；北半部是沿斜坡末端陡直下挖深0.6米后与甬道之间为一段1.8米长的平底。墓道东西两侧壁平直规整。

　　2. **甬道**　在墓道与墓室之间。土洞拱形顶。进深0.4、东西宽0.8、高0.76米。

　　3. **封门**　甬道处以土坯砌墙封堵。封门墙体较厚，向南突出至甬道外侧，底部残存2层土坯，部分土坯散乱于甬道及墓室南侧。土坯墙东西宽0.8、厚0.79、残高0.1米。土坯长35、宽15、厚5厘米左右（图六十）。

　　4. **墓室**　南北纵向土洞室，平面形状略呈长方形。墓室东壁向东错出，与墓道东壁不在一条直线上。墓室四壁较直，东壁南北长1.8、西壁南北长2、南壁东西宽1.32、北壁东西宽1.22、周壁残高1米左右。墓门开在南壁东侧，东西宽0.8、距西壁0.49米。在墓室西部有南北向梯形生土棺床，棺床台面较高。棺床南端宽0.62、北端宽0.78、棺床高于墓室地面0.5米。棺床东侧墓底低于甬道底面0.4、底部距现地表深3.15米。墓顶坍塌，高度不明，原可能为拱形顶洞室。在墓室的西南角有一盗洞，开口在第②层内，距现地表1.1米，为不规则圆形，洞径约0.6米。盗洞斜向下破坏墓室西南角。

（二）葬式葬具

　　墓室棺床上人骨架一具。因该墓盗扰严重，头骨及胸骨非常凌乱，盆骨及下肢骨未被扰动过。尚可辨出头南足北，仰身直肢葬。经鉴定骨架为女性，年龄15～18岁。在墓室南部靠近甬道处有陶罐残片2片。

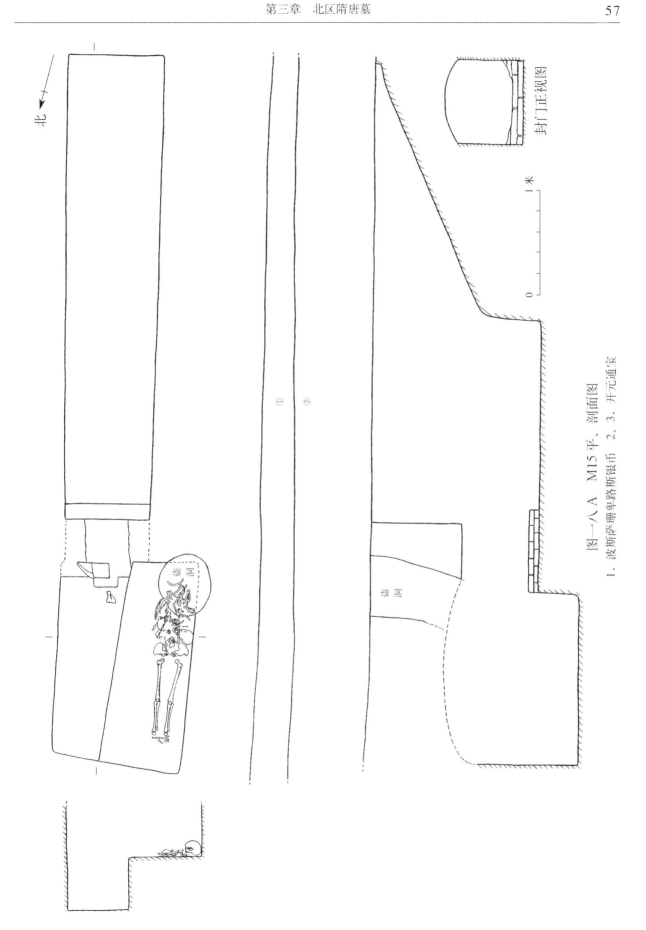

图一八A　M15 平、剖面图
1. 波斯萨珊卑路斯银币　2、3. 开元通宝

（三）出土遗物

有铜钱、银币。

1. 铜钱　有开元通宝2枚。

开元通宝　2枚。出土在人骨架腰部。"开"字间架匀称，两竖画稍外撇；"元"字上横短，次横左挑；"通"字之"走"部前三点不相连，"甬"字上部开口略大；"宝"字"贝"部二横画与左右两竖画不相连。标本M15:2，直径2.35、穿径0.7、郭宽0.2厘米，重3.1克（图一八B）。标本M15:3，直径2.35、穿径0.7、郭宽0.2厘米，重3.1克（图一八B）。

2. 银币　有波斯萨珊卑路斯银币1枚。

波斯萨珊卑路斯银币　1枚。标本M15:1，出土在骨架中部。银币面呈黑灰色，外轮廓不甚规则。正反两面主体图案外周环绕的联珠纹圈框已磨蚀近似弦纹。正面是王者头冠像，不甚清晰，面向右，鼻挺眼圆，头像后面由小圆点组成如梅花的飘带。王冠中间为雉堞形饰物，冠顶为一新月抱托一圆球，圆球叠压于外周联珠纹圈框上，冠前有一新月，冠的底部有联珠一列。由王像左边下角开始的钵罗婆字母的波斯字铭文已模糊不清。背面图案的中央是琐罗亚斯德教的祭火坛，祭坛底座为三级台座，中心柱较细，有条带在柱的西侧，柱顶部三层逐层外展扩大构成坛面。坛上火焰以椭圆形小点四层共十粒堆积呈三角状，火焰纹右侧一月纹，左侧一五角星纹，互相对称。祭坛两侧各有祭司一人，相对侍立，双腿似以联珠缀成。祭司头部与双臂不甚明晰。竖立的椭圆形冠帽饰顶出联珠纹圈框之外。右侧祭司身后有铸币地点的古波斯钵罗婆文铭文，左侧祭司身后的纪年铭文模糊不清，不能认辨。钱币正反两面的主体图案呈90度左右错位。币面边缘最大空白处穿透有径1毫米的一个孔眼。银币直径25.5～28、厚0.4毫米左右，重3.07克（图一八B；彩版一九，2）。

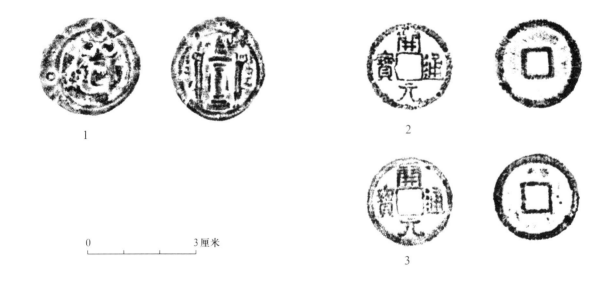

0　　　　　　　3厘米

图一八B　M15出土遗物

1. 波斯萨珊卑路斯银币　2、3. 开元通宝

一四　M16

M16位于墓地北区的中部西侧，墓室西偏北距M12墓室约22米，西北与M14墓室间距约7米，西与M14墓道相距2米多。

（一）墓葬形制

该墓为坐北朝南的洞室墓，平面形状呈刀形。由墓道（含一过洞、一天井）、甬道、墓室三部分组成。墓向185°。墓葬全长11.53米（图一九A）。

1. **墓道**　在墓室甬道南侧。开口在第②层下，距现地表0.86米。墓道开口南宽北窄，北端口小底大，南北水平长8.63、南端入口处宽0.69、深0.5、北端上口宽0.6、底宽0.72、深2.84米，底为斜坡状，坡长6.9米。南部斜坡较缓为12°，北部坡度稍大为24°。北部沿斜坡末端陡直下挖0.55米后与甬道之间为一段1.85米长的缓坡地面。墓道东西两壁修整较为平整。过洞一处在墓道北段与天井之间。过洞南壁距墓室南端6.55米。顶部已坍塌，高度不详。从残存遗迹看过洞进深约为0.67、东西宽约0.49米，其东西两壁各向内收0.02米。修整过洞壁面留下的工具痕迹明显，迹痕长12~15、宽14~18厘米。天井一处，在过洞与甬道之间。平面呈梯形，南窄北宽，口小底大。南北长1.43、上口南宽0.5、北宽0.6、底宽0.7~0.77、深3.46~3.75米，底距现地表4.51~4.59米。天井部有盗洞一处，盗洞平面椭圆形，开口径约0.8~1.1米，斜向打破天井东西两壁及甬道、封门通入墓室。

2. **甬道**　在墓道与墓室之间。顶部保存较好，土洞拱形顶。进深0.55、东西宽0.65~0.7、高1.33米，底距现地表4.55米。

3. **封门**　甬道内的封门遭破坏不存，在墓室发现有零乱的土坯残块。封门墙可能是用土坯砌置。

4. **墓室**　南北纵向土洞室，平面形状呈梯形。墓室东壁平直，与甬道、墓道东壁平齐在一条直线上。东壁南北长2.35、西壁南北长2.45、南壁东西宽1.55、北壁东西宽0.92米。四壁较直，残高0.8~0.9米。东壁南侧底部有一壁龛，平面为长方形，拱形顶。龛南北长1.1、南端进深0.22、北端进深0.26、高0.7米。墓门开在南壁东侧，东西宽0.65、距西壁0.9米。顶部已坍塌，高度不明，从墓室平面看，应为拱形顶洞室。墓室底距现地表深4.65米。

（二）葬式葬具

墓室内未发现人骨架及棺木朽灰痕迹。墓室中部有三块径约0.13~0.17米的大卵石，呈"品"字形放置，中间有一具马头骨。除在墓门北侧有一块碎骨外，墓室未发现其他骨骸（彩版一九，3）。

（三）出土遗物

有陶器、铜钱、残漆器。陶器及漆器均集中出土于墓室西南部。

1. **陶器**　有陶器盖1件、陶底座1件。

器盖　1件。标本M16：2，出土于墓室南部，墓门西侧。泥质灰陶。圆形。盖面上隆，中心竖

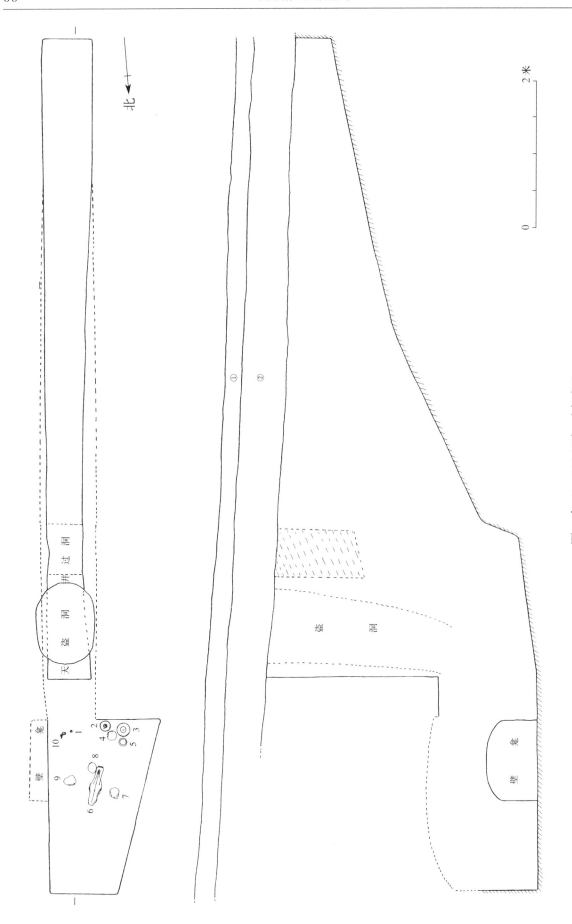

图一九 LA M16平、剖面图

1. 开元通宝 2. 器盖 3. 底座 4、5. 漆盘 6. 马头骨 7~9. 石头 10. 碎骨

起竹节状的塔形实心高纽，沿边平直。可能是塔式罐的罐盖。径15.5、通高14厘米（图一九B；彩版一九，5）。

底座　1件。标本M16：3，出土于墓室南部墓门西侧。泥质灰陶。空贯式底座，呈束腰喇叭状。可能是塔式罐的底座。底径18.5、高7.5厘米（图一九B）。

2．**铜钱**　有开元通宝1枚。

开元通宝　1枚。标本M16：1，出土在墓室南部正对墓门处。红铜质，制作精良。"开元"两字显扁平，"通宝"两字显纵长。"开"字上下方整，上稍小，下竖画稍外撇，间架疏密匀称；"元"字首横纤细较短，次横左挑；"通"字纵长与穿径相同，"走"部之前三笔不相连，基本为呈撇状的三个豆点，且末笔向上挑成一个小纵三角；"宝"字外形稍长于穿径，"贝"字内部两横居中，不与左右两竖画相接。在"开"的左侧、"宝"字上方有打押錾刻一"山"字，在"开"字右侧、"通"字上方刻有一"王"字。钱郭正背两面均细线阴刻三道曲波纹，其中一道曲线贯连一周，在这道曲线的各凹曲处均刻二道短弧线，线条细腻、流畅。钱背面穿四周细线阴刻八个如意头形纹，图案对称、疏朗；穿四边外的四个如意头形纹为双线阴刻，如意形花纹以三连弧收成尖，如意形纹的尖部均指向边郭；其间，连接边郭的另外四个如意头形纹为单线阴刻，花纹以二连弧收成尖，如意形纹的尖部各指向穿边的四角；每个如意头形纹轮廓内阴刻三道竖向短线，中间一道短线较直，两侧短线略外弧。背面穿郭宽0.1～0.13厘米，郭面上亦有阴刻细线曲纹，似为穿四边外的四个如意头形纹饰的延线。直径2.53、穿径0.7、郭宽0.2厘米，重3.9克（图一九B；彩版一九，4）。

3．**漆器**　有漆盘2件。

漆盘　2件。出土于墓室南部墓门西侧。漆皮呈棕黑色，残破严重。标本M16：4，径约13厘米。标本M16：5，径约11厘米。

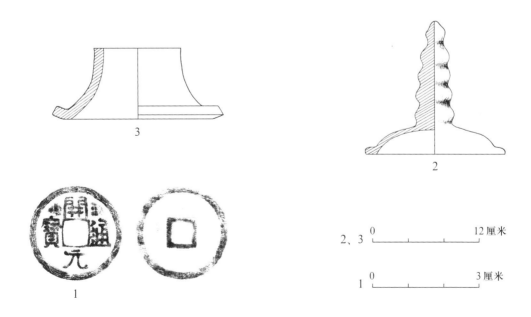

图一九B　M16出土遗物
1．开元通宝　2．器盖　3．底座

一五　M17

M17位于墓地北区中部，墓室西偏南与M14墓室间距约14、北与M15墓室间距约11、西南与M16墓室相距约14米。

（一）墓葬形制

该墓为坐北朝南的洞室墓，平面形状呈刀形。由墓道（含一过洞、一天井）、甬道、墓室三部分组成。墓向180°。墓葬全长9.55米（图二〇；彩版二〇，1）。

1. **墓道**　在墓室甬道南侧。开口在地层堆积②层下，平面呈梯形，南北水平长6.4、南端入口处宽1.12、深0.87米；北端口小底大，开口宽0.7、深3.1、底宽1.17米。底呈斜坡状，坡长6.75米，坡度为16°。底距现地表最深4.17米。东西两侧壁修整得较为粗糙。墓道内填土大致可分为两层，上部为褐色土，土质较硬；下部为黄色花土，土质相对较软。过洞一处，在墓道北段与天井之间。过洞南壁距墓道南端4米。顶部坍塌，进深1、东西宽1米左右，顶残高1.75~2.08米。底为斜坡状，距现地表3~3.4米。天井一处，在过洞与甬道之间。南北长1.45、上口东西宽0.7、底宽1.1~1.16、深2.35~3.1米，底距现地表3.4~4.15米。填土为褐色花土，土质较松软。天井东北部有一盗洞，开口于第②层下，平面呈椭圆形，径约0.47~0.63米。盗洞打破天井，斜向下经甬道通入墓室，盗洞近底部发现有人肢骨。

2. **甬道**　在天井与墓室之间。为土洞拱形顶，平面形状为长方形。进深0.4、宽1.18、残高近1.8米。内为淤土，土质较硬。未发现封门迹象。

3. **墓室**　南北纵向土洞室，平面呈梯形。墓室东壁向东错出，与墓道东壁不在一条直线上。东壁中部外弧、南北长2.75、西壁斜直、南北长3.05、南壁东西宽1.75、北壁较短、东西宽1.25米。四壁壁面较直，残高0.6~1.3米。在东壁距其南端0.3米处有一壁龛，平面长方形，立面略呈拱形。龛南北长1.1、进深0.35、高0.6米。龛内有部分人骨。墓门开在南壁东端，东西宽1.15、距西壁0.62、距东壁0.03米。墓顶坍塌，高度不详，原可能为拱形顶洞室。墓室底距现地表深4.3米左右。

（二）葬式葬具

墓室西壁下有棺木朽迹，棺痕呈南北向，南北长约2.3、南端宽1.1、北端宽0.85米，棺板厚3厘米左右，木棺距墓室西壁0.02~0.05、棺北端距墓室北壁0.06米。棺内有两具人骨架，扰动严重，骨骼分布散乱不堪。骨架经鉴定一男一女，年龄均为25~35岁。

（三）出土遗物

有铜钱、漆器。

1. **铜钱**　有开元通宝2枚。

开元通宝　2枚，其中1枚甚残。标本M17：1，出土于墓室东侧人头骨处。"开"字二竖画明

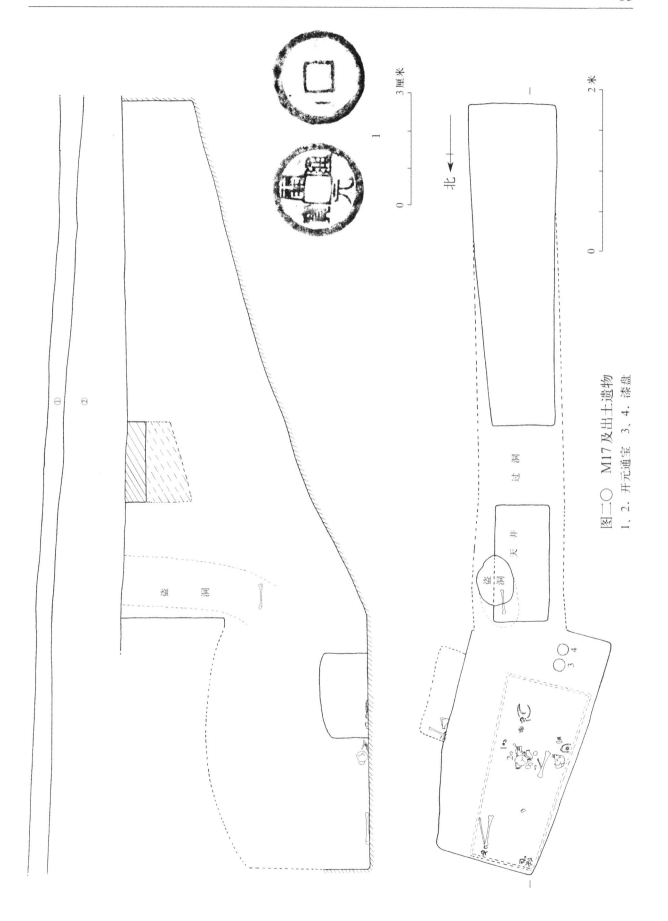

图二〇 M17及出土遗物
1、2. 开元通宝 3、4. 漆盘

显外撇；"元"字首横较长，次横细长左挑。"通"字之"走"部前三点为连续的拐折状，"甬"部上笔开口较扁；"宝"字"贝"部中的二横与左右二竖画相连。背面穿之左侧有一直画隆起。直径2.5、穿径0.7、郭宽0.2厘米，重4.5克（图二〇）。

2．**漆器**　有漆盘2件。

漆盘　2件。均朽残严重，漆皮呈黑褐色。标本M17：3，径约16厘米左右。标本M17：4，径约14厘米左右。

一六　M19

M19位于墓地北区中部，墓室西南与M16墓室间距约16米，西北与M17墓室相距7米余。

（一）墓葬形制

该墓为坐北朝南的洞室墓，平面形状呈铲形。由墓道、墓室两部分组成。墓向153°。墓葬总长6.1米（图二一；彩版二〇，2）。

1．**墓道**　位于墓室西南侧。开口于第②层下，距现地表1～1.12米。平面呈梯形，南窄北宽，南北水平长4.85、南端入口处宽0.85、深0.3、北端宽1、深1.93米，底呈斜坡状，坡长4.8米，坡度21°。底最深处距现地表3.14米。墓道西壁修整得较为平直，东壁中部不太规整。墓道内填土为褐色花土，土质较松软。

2．**墓室**　大致为东西横向的土洞室，平面形状呈不规则四边形。墓室东壁相对于墓道东壁而拐折。东壁长1.83、西壁长2.2、南壁向西北偏折、宽1.33、北壁宽0.88米。四壁互不垂直，壁面平整，残高0.8米左右。墓门开在东壁、西壁之间，宽0.98米。未见封门迹象。墓室顶部坍塌，高度不详，从墓室平面看，原可能为穹窿顶洞室。室内积满淤土和墓顶部塌落下来的生土块，土质较硬。墓室底为平底，距现地表深3.15米。墓室南部靠近墓门处有一盗洞，开口在第②层下，距现地表1.1米，洞口平面呈圆形，径约0.7、残深0.7米。盗洞垂直向下延伸，下部塌毁。

（二）葬式葬具

墓内有棺木遗迹。木棺在墓室中央呈西南—东北向，棺长2、西端棺头宽0.6、东端棺尾宽0.5米，棺板厚2.5厘米左右。棺内人骨架一具，保存完整，葬式为头西南足东北、仰身直肢葬。骨架经鉴定为女性，年龄50岁左右。

（三）出土遗物

仅出有铁棺钉3枚。

铁棺钉　3枚。散见于木棺西南、东北角。扁圆形钉帽，钉杆断面呈方形。标本M19：1，长7.5、径0.6～0.7厘米。

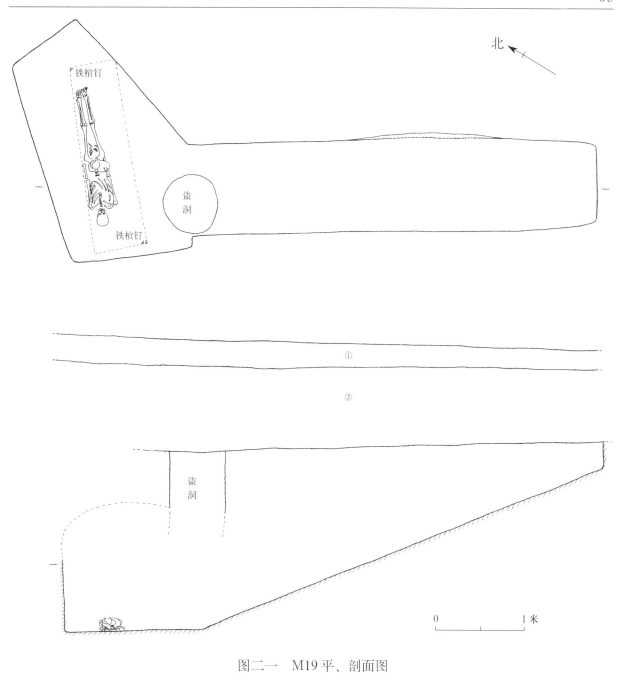

图二一　M19 平、剖面图

一七　M20

M20 位于墓地北区的中西部，墓室西偏北距 M16 墓室约 15 米，北距 M19 墓室约 10 米。

（一）墓葬形制

墓葬为坐北朝南的洞室墓，平面形状呈刀形。由墓道、甬道、墓室三部分组成。墓向185°。墓葬全长9.26米（图二二）。

1.**墓道**　在墓室甬道南面。开口在地层堆积②层下，距现地表1.1～1.28米。平面长方形，中部稍窄，上部开口处壁面因塌陷参差不齐。南北水平长6.51、南端入口处宽1.07、深0.6、北端宽0.93、深3.45米。底宽0.75～0.9米，为台阶式，台阶共12级，台阶整体倾斜度约30°。台阶高低宽窄不一，阶面最宽0.88、最窄0.25、一般多为0.3米左右；墓道南部的台阶高0.3～0.35、北段底部的三级台阶高0.14～0.17米。底部最下一级台阶与甬道之间为一段1.18米长的平地。底最深处距现地表4.7米。

2. **甬道**　在墓道与墓室之间。土洞拱顶。遭盗掘被破坏。进深约1、东西宽0.95、残高约1米。甬道内为淤土，土质较硬。甬道处有一盗洞，平面呈椭圆形，径0.6～1米。盗洞打破甬道顶部由此而下通入墓室。

3. **墓室**　南北纵向土洞室，平面形状呈梯形。墓室东壁与甬道、墓道东壁平齐在一条直线上。东壁中部略外弧、南北长2.75、西壁南北长2.75、南壁东西宽1.35、北壁东西宽1.1米。四壁较直，残高0.8～1.1米。墓门开在墓室南壁东侧，东西宽0.92、距西壁0.4米。墓室顶部坍塌，高度不明，原可能为拱形顶洞室。墓内积满淤土及顶部塌落下来的生土块，土质紧密较硬。墓室底低于甬道处地面0.26米，墓室底距现地表深5.1米。

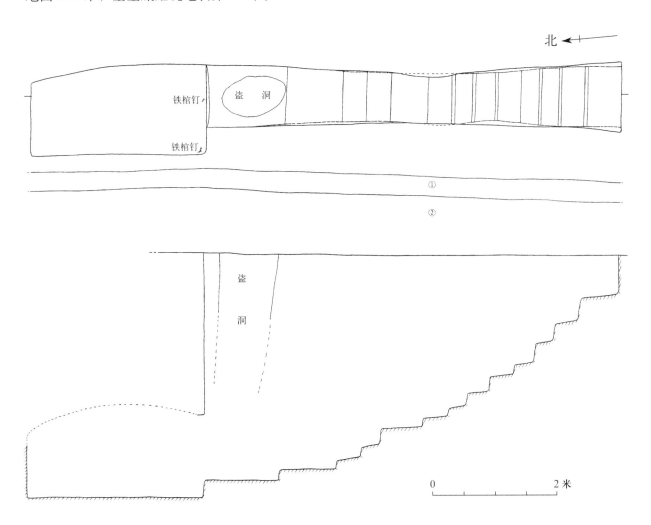

图二二　M20平、剖面图

（二）葬式葬具

在墓室内未发现人骨架及随葬品，有棺木腐朽痕迹和3枚锈蚀残断的铁棺钉。

一八　M21

M21位于墓地北区的中南部，墓室西与M19墓室间距约18、西南距M20墓室约22米。

（一）墓葬形制

该墓为坐北朝南的洞室墓，平面形状呈"T"形。由墓道、甬道、墓室三部分组成。墓向170°。墓葬全长6.4米（图二三A；彩版二〇，3）。

1. **墓道**　在墓室甬道南侧。开口于第②层下，距地表1.1~1.5米。平面略呈梯形，南窄北宽，南北水平长4.92、南端入口处宽0.65、深0.4、北端宽0.75、深1.53米，底呈斜坡状，坡度19°，底距现地表最深3米。内填土为褐色花土，土质较松软。

2. **甬道**　在墓道与墓室之间。土洞拱顶。进深0.45、东西宽0.75、高0.9米。

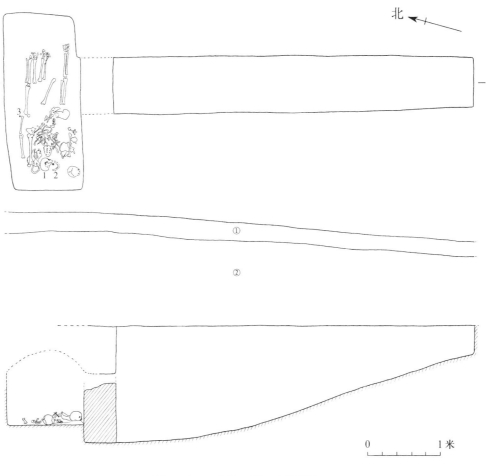

图二三A　M21平、剖面图

1~3. 开元通宝

3. **封门** 甬道处以土坯封堵。土坯墙东西宽0.7、厚0.45、残高0.78米。土坯均为残块,错缝平砌。

4. **墓室** 东西横向土洞室,平面呈长方形。东壁南北宽0.92、西壁南北宽0.97、南壁东西长2.26、北壁略外弧、东西长2.3米。四壁较直,修整得较为规整,残高0.9米。墓门开在南壁中央偏东处,由此将南壁分为东西两段,门宽0.75、距东壁0.55、距西壁0.98米。墓顶塌陷,高度不明,原可能为拱形顶洞室。墓室底高于甬道地面0.24、距现地表深2.85米。

(二)葬式葬具

墓室内有两具人骨架,大部分骨骼凌乱,根据尚保持原位的下肢骨判断,可能为头西足东、仰身直肢葬。墓室内没有发现棺木痕迹。经鉴定,两具骨架均为白种人。北侧骨架为男性,年龄30~40岁;南侧骨架为女性,年龄25~35岁。

(三)出土遗物

有开元通宝铜钱3枚。

开元通宝 3枚。其中两枚出土于墓室北侧人骨口中,另一枚在北侧人骨的上肢左手附近。钱文清晰,制作规整。"开"字方正,结构匀称;"元"字上横短,次横左上挑;"通"字之"走"部前三笔为三逗点,"甬"字上笔开口较大;"宝"字下部"贝"字内二横画短,不与左右两竖画相连。标本M21:1,直径2.4、穿径0.7、郭宽0.2厘米,重4.5克(图二三B)。标本M21:2,直径2.4、穿径0.7、郭宽0.2厘米,重4.1克(图二三B)。标本M21:3,直径2.4、穿径0.7、郭宽0.2厘米,重4.7克(图二三B)。

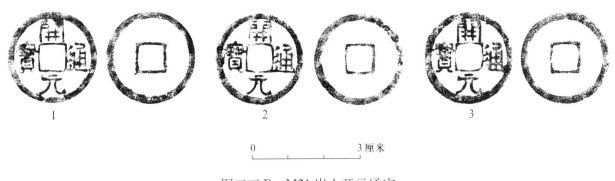

1 2 3

0   3厘米

图二三B M21出土开元通宝

一九 M24

M24位于墓地北区的北部,墓室叠压在M6墓道下,墓室西偏南距M1墓室约12、东距M7墓室7米。

(一)墓葬形制

该墓为坐北朝南的洞室墓,平面形状呈铲形。由墓道、甬道、墓室三部分组成。墓向195°。墓葬全长9.13米(图二四A;彩版二一,1)。

1. **墓道**　在墓室甬道南侧。开口在第②层下，距现地表 1.5～1.82 米。平面形状呈梯形，南窄北宽，北端口小底大，上口南北水平长 6.65、南端宽 0.85、深 0.2、北端宽 1、底宽 1.09、深 2.1 米，最深处底距现地表 3.92 米。底呈斜坡状，坡长 6.95 米，南段坡度较缓，为 17°，北段坡度稍大，约 30° 左右。两侧壁面平整。墓道内填土为褐色花土，土质较松软。

2. **甬道**　在墓道与墓室之间。土洞拱顶。顶部已塌落。进深 0.4、宽 1～1.1、高 1.7 米左右。

3. **封门**　甬道处以土坯封堵。封门土坯平砌，残存 5 层，底部铺有 0.15 米厚的垫土。土坯墙宽 1.1、厚 0.45、残高 0.65 米。土坯长 27～35、宽 20、厚 9 厘米左右。

4. **墓室**　平面形状为不规则的五边形的土洞室。墓室东壁与墓道东壁相折拐。东壁较直、南北长 2.2、西壁外弧、南北长 1.58、南壁东西宽 1.75、北壁东西宽 2.36 米，北壁东端东南折、与东壁相连而成东北壁，长 0.65 米。周壁修整得较为平整，残高 1.06 米左右。墓门居于南壁东端，东西宽 1.1、距西壁 0.6、距东壁 0.05 米。墓顶塌陷，高度不明，从残存现状推测，可能为穹窿顶。墓室底距现地表深 3.92 米。

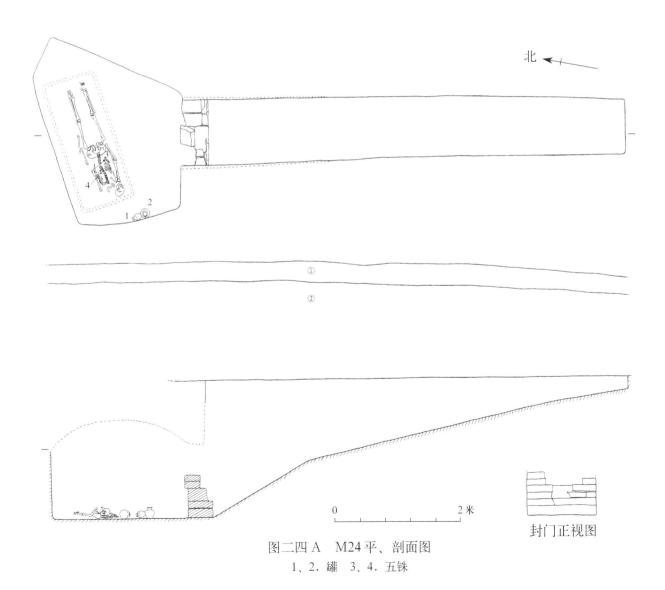

图二四 A　M24 平、剖面图

1、2. 罐　3、4. 五铢

（二）葬式葬具

墓室北壁下有东西向的木棺遗迹，距西壁 0.2~0.4、距北壁 0.1 米。棺长 2.05、西端棺头宽 0.9、东端棺尾宽 0.85、残留朽木遗痕最高 0.21 米。有 2 个锈蚀残断的铁棺钉。棺内一具骨架，保存完整，头西足东，为仰身直肢葬。骨架经鉴定为男性，年龄 45~50 岁。

（三）出土遗物

有陶罐、铜钱。

1. **陶器**　有陶罐 2 件。

罐　2 件。出土在墓室西壁中部。泥质灰陶。标本 M24：1，侈口，尖圆唇，弧沿，颈部稍长，圆肩，鼓腹斜收，平底。颈、肩部各有一周凹弦纹。口径 14.4、最大腹径 21.4、底径 12、高 26 厘米（图二四 B；彩版二一，2）。标本 M24：2，侈口，尖唇，平沿，颈部稍长，溜肩，鼓腹，平底微凹。肩部两道凹弦纹。口径 10.3、最大腹径 15.2、底径 8.4、高 21.5 厘米（图二四 B）。

2. **铜钱**　有五铢 3 枚。

五铢　3 枚。出土在骨架左侧肋骨部位。篆书。钱呈青铜色，稍有绿锈。钱背面粘附有布纹残迹。边郭凸起，钱背有穿郭。"五铢"二字与穿径高齐，笔画较宽，字迹清晰。"五"字中间交笔处成弯曲，似两个圆三角形。"铢"字的"金"旁头呈正三角形，四点为短竖状，"朱"字上下两笔方平，与"金"字旁平齐。标本 M24：3，直径 2.4、穿径 0.8、郭宽 0.2 厘米，重 3.3 克（图二四 B）。标本 M24：4，直径 2.4、穿径 0.8、郭宽 0.2 厘米，重 3.4 克（图二四 B）。标本 M24：5，直径 2.4、穿径 0.8、郭宽 0.2 厘米，重 3.3 克（图二四 B）。

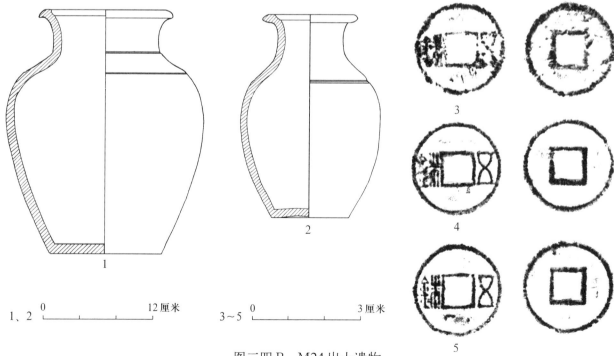

图二四 B　M24 出土遗物

1、2. 罐　3~5. 五铢

二〇　M25

M25 位于墓地北区的北部，墓室东北紧临 M8、西南与 M9 墓室相距 7 米，东南与 M15 墓室间距 10 米，西北距 M24 墓室约 16 米。

（一）墓葬形制

该墓为坐北朝南的洞室墓，平面形制呈"T"字形。由墓道、墓室两部分组成。墓向 160°。墓葬全长 5.2 米（图二五）。

1. **墓道**　在墓室南侧。开口在第②层下，距现地表 1.15 米。平面略呈梯形，南宽北窄，南北水平长 4.35、南端入口处宽 0.73、深 0.33、北端宽 0.6、深 1.63 米。底呈斜坡状，坡长 3.35 米，坡面平整，坡度约 24°。墓道底北部与墓室之间是一段 1.2 米长的平底。墓道东西两壁较平直，上下基本同宽。墓道内填土松散，与墓道边壁、坡面容易分离。

2. **墓室**　东西横向土洞室，平面长方形。北壁、南壁东西长 2.21、东壁、西壁南北宽 0.83 米。四壁较平整。土洞拱顶，顶高 0.94～1 米。墓门开在南壁西部，东西宽 0.6、距西壁 0.42、距东壁 1.17、高 0.94 米。墓室内积满淤土，土质较硬。墓室底距现地表最深 2.75 米。

（二）葬式葬具

墓室内未发现棺木痕迹，有人骨架一具，保存比较完好。骨架长 1.6 米左右，头西足东，面向北，呈侧身屈肢葬。骨架经鉴定为白种人，女性，年龄 20～25 岁（彩版二一，3）。

（三）出土遗物

有陶纺轮、铜钱、铁镜、铁片、蚌壳。

1. **陶器**　有陶纺轮 1 件。

纺轮　1 件。标本 M25：3，出土在骨架背部。泥质灰陶。利用板瓦磨制而成。正面稍鼓素面无纹，背面微凹有纹饰。中心有圆孔。直径 5.8、厚 1.6、中心孔径 1.1 厘米左右（图二五；彩版二一，4）。

2. **铜钱**　有五铢 2 枚。

五铢　2 枚。出土在骨架腰部位置。篆书。边郭凸起，钱背有穿郭。"五铢"二字与穿径高齐，字迹清晰。"五"字直笔交叉，呈两个对顶的三角形。"铢"字的"金"旁头呈斜三角形，四点呈短竖状；"朱"字上下两笔方形折，与"金"字旁平齐。标本 M25：1，直径 2.25、穿径 0.8、郭宽 0.2、厚 0.11 厘米，重 2.5 克（图二五）。标本 M25：5，直径 2.2、穿径 0.8、郭宽 0.2、厚 0.11 厘米，重 2.5 克（图二五）。

3. **铁器**　有铁镜 1 面、铁片 5 块。

铁镜　1 面。标本 M25：2，出土在骨架胸椎部。完整，锈蚀严重。镜面中间有一圆形凸纽，背面粘附有衣物残块。直径 8.9、厚 0.4 厘米（图二五；彩版二一，5）。

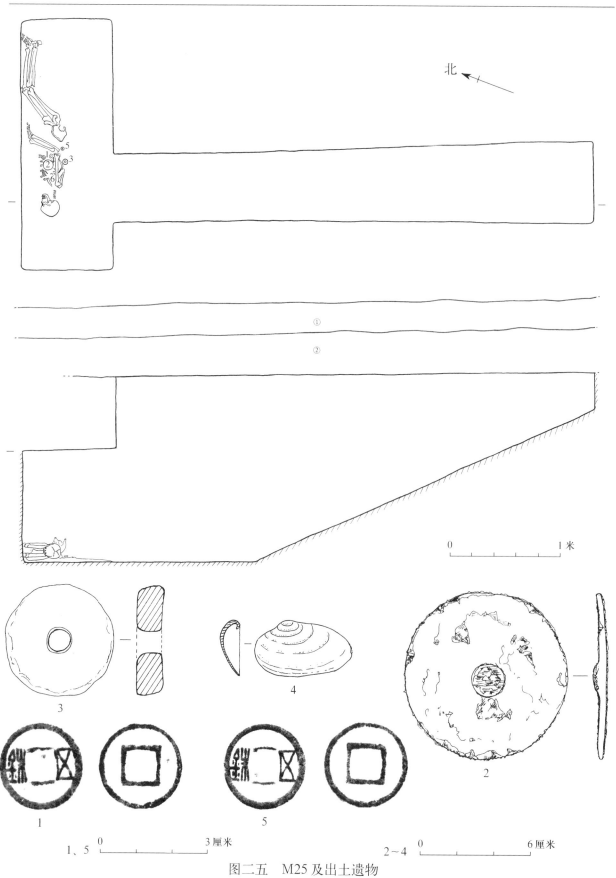

北

图二五　M25 及出土遗物

1、5. 五铢　2. 铁镜　3. 纺轮　4. 蚌壳　6. 铁片

铁片　5块。出土在骨架背部。扁窄条形，形似钉状。铁条上粘附有布纹残迹。标本M25：6，残长5~6、宽1、厚0.5厘米。

4．蚌壳　1件。

蚌壳　1件。标本M25：4，出土在骨架右侧肋骨处。长椭圆形。长径5.3、短径3、厚1.1厘米（图二五；彩版二一，6）。

二一　M28

M28位于墓地北区东南侧，墓室西与M21墓室间距约29米，西南与汉砖室墓M26的墓室间距约30米。

（一）墓葬形制

该墓为坐北朝南的洞室墓，平面形状呈刀形。由墓道（包括一处过洞、一个天井）、甬道、墓室三部分组成。墓向173°。墓葬全长11.63米（图二六；彩版二二，1）。

1．墓道　在墓室甬道南侧。开口在第②层下，距地表1~1.25米。平面呈长方形，南北水平长9.15、宽0.8、南端入口处深0.15、北端深3.57、底宽均0.83米，底呈斜坡状，坡长9.7米，南段坡度较缓、北段坡度稍陡，整体坡度16°~30°左右。底距现地表最深4.8米。墓道内的填土为褐色五花土，土质比较松软。过洞一处，处在墓道的北段与天井之间。过洞南壁距墓道南端6.12米。土洞拱形顶。平面呈长方形，上窄下宽，底呈斜坡状。进深1.2、东西宽0.8~0.83、顶高1.6~1.95米。天井一处，位于过洞和甬道之间。平面形状长方形。南北长1.85、上口东西宽0.6~0.63、底宽0.82~0.84米。

2．甬道　在墓道与墓室之间。土洞拱形顶。平面长方形。进深0.35、东西宽0.68、高1.53米。甬道底部有0.4米高的生土台。

3．封门　甬道生土台上有土坯封堵墙，土坯块顺向平铺，残存封墙东西宽0.68米，其上部由于遭盗掘已被破坏。土坯块用褐色泥土制成，内含大量木炭粒、碎石块等杂质，土坯残长15~20、宽20、厚8厘米。

4．墓室　南北纵向土洞室，平面形状呈梯形。墓室东壁平直，与墓道东壁在一条直线上。东壁南北长2.15、残高0.6、西壁南北长2.15、残高0.3、南壁东西宽1.36、残高0.45、北壁东西宽1.1、残高0.6米。四壁较直，修整得较为规整。在墓室西壁下有一处近长方形的生土棺床。棺床南北长2.15、南端宽0.7、北端宽0.5、棺床台面高0.28米。棺床与墓室东壁之间宽0.6~0.68米。墓门开在南壁东侧，东西宽0.68、距西壁0.7米。墓顶坍塌，高度不明，从墓室现存状况推测，可能为拱形顶洞室。墓室底距现地表深4.8米。

（二）葬式葬具

墓室西侧棺床之上有人骨架一具，未发现棺木痕迹。骨架扰动，上肢骨扰乱尤甚，下肢骨保存

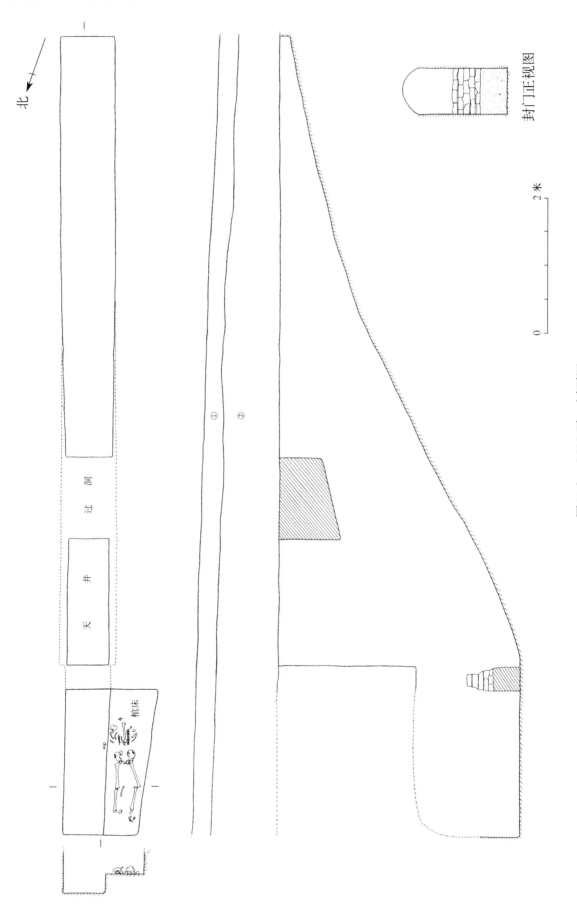

图三六　M28 平、剖面图

状况相对较好。没有人头骨。根据骨架的残存情况，可能是头南足北、仰身直肢葬式。骨架经鉴定为成年女性。墓室内未见随葬品。

二二 M29

M29位于墓地北区中部东侧，墓室西与M15墓室间距约20米，西南与M19墓室间距约22、南与M21墓室间距约20余米。

（一）墓葬形制

该墓为坐北朝南的洞室墓，平面形状呈刀形。由墓道、墓室两部分组成。墓向160°。墓葬全长7.52米（图二七；彩版二二，2）。

1. **墓道** 在墓室南侧。开口于第②层下，距现地表1.01～1.17米。开口平面长方形，南北水平长5.35、南端入口处宽0.67、深0.23、北端宽0.51、深2.85米。墓道中部两侧壁修整得不太规整，略向东侧弧出，中部上口稍窄、宽0.67、底部宽0.8米。底呈斜坡状，坡度27°，坡长5.9米，坡面不规整，略有起伏，最深处底距现地表4.07米。

2. **墓室** 南北纵向土洞室，平面略呈梯形。墓室东壁偏向西、与墓道东壁成一折线。东壁北段向西偏弧、南北长2.22、残高1.02、西壁南北长1.94、残高1、南壁东西宽1.38、残高1.45、北壁东西宽1、残高0.7米。四壁修整的较平直。墓门开在南壁东侧，东西宽0.6、距西壁0.8米。墓室底距现地表深4.1米。

（二）葬式葬具

墓室内人骨架两具。骨架散乱不堪，大部分集中在墓室西侧，可能由于墓室内曾进水冲淤，头骨在墓室的东北角、高出墓底0.2米。葬式不明。棺木已成朽灰，有几枚锈蚀铁棺钉。经鉴定，此墓中的两具人骨均为白种人。在墓室东北角偏北侧的头骨为男性，年龄30～40岁；另一具头骨为女性，年龄30岁左右。

（三）出土遗物

有开元通宝铜钱3枚。

开元通宝 3枚。均出自于男性头骨口中。"开元"二字方正，"通宝"二字显纵长。"开"字二竖稍外撇；"元"字上横较长，次横左斜挑；"通"字之"走"部三逗点相连成连续的拐折状，"甬"字上笔开口小；"宝"字下部"贝"字二横画与左右竖画相连。钱背面有半月形隆起，形似指甲痕。标本M29：1，钱背面穿下斜月痕。直径2.5、穿径0.7、郭宽0.2厘米，重3.5克（图二七）。标本M29：2，钱背面穿上仰月痕。直径2.5、穿径0.7、郭宽0.2厘米，重4.1克（图二七）。标本M29：3，钱背面穿上仰月痕。直径2.4、穿径0.7、郭宽0.2厘米，重3克（图二七）。

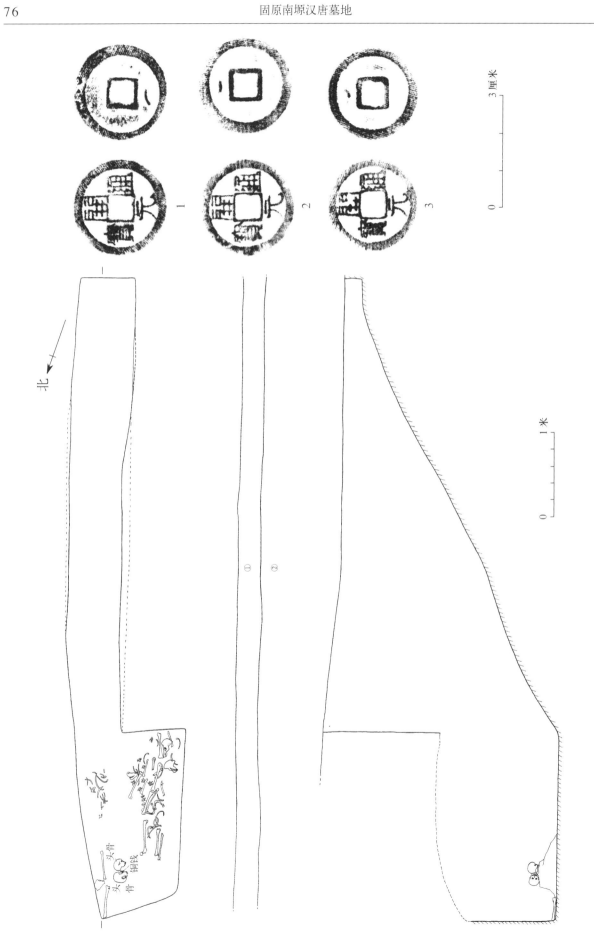

图三七 M29 及出土开元通宝

二三 M30

M30位于墓地北区的中南部东侧，墓室西南与M21墓室间距约11米，东南与M28墓室间距约27、西北与M29墓室间距10米余。

（一）墓葬形制

该墓为坐北朝南的洞室墓，平面形状呈刀形。由墓道、墓室两部分组成。墓向160°。墓葬全长7.34米（图二八；彩版二二，3）。

1. **墓道** 在墓室南侧。开口在第②层下，距现地表0.8~1.02米。墓道南北水平长5、南端入口处宽0.6、深0.25、北端近墓室封门处宽0.73、最深处1.8米。底呈斜坡状，坡度20°，坡长5.25米。东西两侧壁修整得较为规整。墓道内填土为浅褐色花土，土质较松软。

2. **封门** 在墓门北侧墓室内。土坯封砌，封门土坯墙宽0.72、厚0.3、残存高度仅0.1米。

3. **墓室** 南北纵向土洞室，平面形状呈梯形。墓室东壁与墓道东壁平齐，在一条直线上。东壁南北长2.32、西壁南北长2.25、南壁东西宽1.52、北壁东西宽0.9、周壁残高0.65米左右。墓门开在

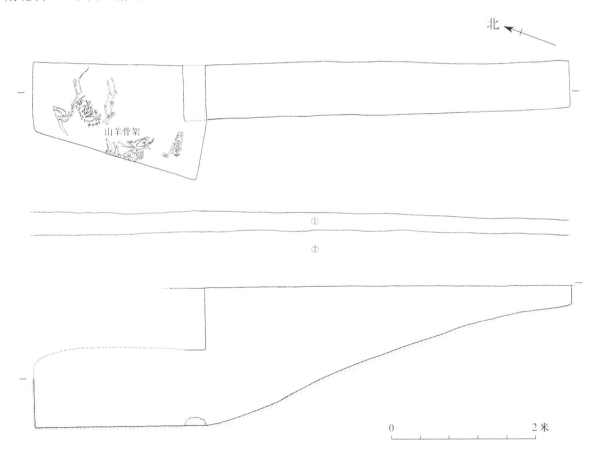

图二八 M30 平、剖面图

南壁东侧，东西宽0.71、距西壁0.8米。墓顶坍塌，高度不明，原可能为拱形顶洞室。墓室底距现地表深2.85米。

（二）葬式葬具

墓室内未见人骨及葬具遗迹，只有两具完整的山羊骨架，一具位于墓室中部，头向北，背朝西，侧卧；另一具位于墓室西南侧，骨架保存较差，头骨紧靠墓室西壁。从墓室内羊骨架的位置来看，它们占据了墓室大部空间，墓内葬人或迁窆的可能性不大。墓室内未发现随葬品。

二四　M32

M32位于墓地北区的东南端，墓道南端距冲沟G2北侧边约23米左右，墓室西北距M28墓室约24、北距汉洞室墓M31的墓道仅1.5米。

（一）墓葬形制

该墓为坐北朝南的洞室墓，平面形状呈铲形。由墓道、墓室两部分组成。墓向160°。墓葬全长6.65米（图二九A）。

1. **墓道**　在墓室南侧。开口在第②层下，距现地表1.1～1.35米。平面呈梯形，口大底小，南北水平长5.3、南端入口处宽0.4、深0.45、北端宽0.9、深2.08米。底呈斜坡状，坡度17°，坡面中部略有起伏，坡长5.55米。底部南段宽0.35、北段宽0.88、底距现地表深3.45米。

2. **墓室**　基本为东西横向的土洞室，四壁向外弧圆，平面呈不规则椭圆形。东西最长2.15、南北宽0.55～1.22、周壁残高0.69米左右。墓门开在墓室西南部，拱形顶，东西宽0.9、高0.92米。墓室底距现地表深3.45米。

（二）葬式葬具

墓室北壁下发现人骨架一具，保存基本完整，为头西足东，仰身直肢葬。骨架经鉴定为女性，年龄13～16岁。

（三）出土遗物

有陶罐、陶盏、铜钱、卵石、漆盘。

1. **陶器**　有陶罐1件、陶盏1件。

罐　1件。标本M32：2，出土在墓室西南侧。泥质灰陶。侈口，方唇，短颈，溜肩，鼓腹。平底微内凹。口径11、最大腹径17、底径8.4、高27.3厘米（图二九B）。

盏　1件。标本M32：1，出土在墓室西部。泥质灰陶。侈口，圆唇，沿面不平整，斜直腹，饼足。口径8.9、底径2.9、高2.8～3.2厘米（图二九B）。

2. **铜钱**　有开元通宝2枚。

开元通宝　2枚。出土于人盆骨处。钱文清晰，制作精良。"开"字结构匀称、方正；"元"字首横短，次横左挑；"通"字"走"部前三笔各不相连，呈三撇状，"甬"字上笔开口较大；"宝"字

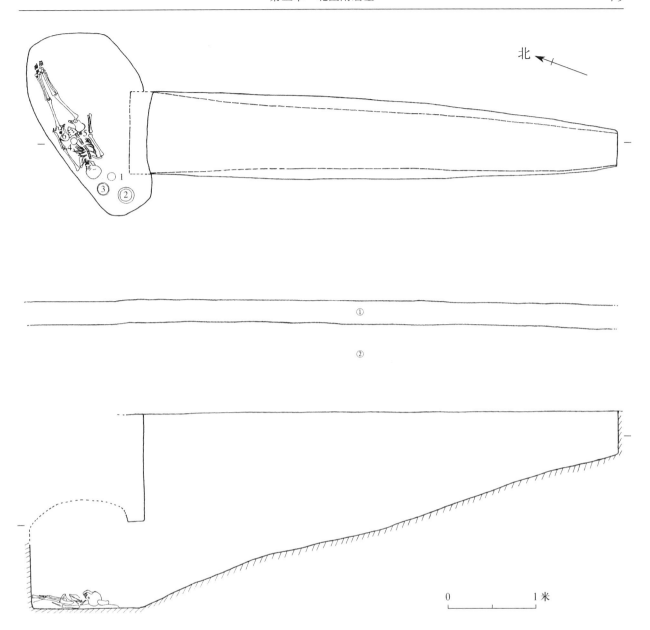

图二九 A　M32 平、剖面图
1 盏　2．罐　3．漆盘　4．卵石　5、6．开元通宝

下部"贝"字内的二横短，与左右两竖画不相接。标本 M32∶5，"元"字次横细直。直径 2.4、穿径 0.7、郭宽 0.2 厘米，重 4.3 克（图二九 B）。标本 M32∶6，"元"字次横稍弧。直径 2.4、穿径 0.7、郭宽 0.2 厘米，重 4.1 克（图二九 B）。

3．**石器**　有卵石 1 块。

卵石　1 块。标本 M32∶4，出土在骨架腰部。砂质石英岩，扁圆形。表面稍有裂痕，有黑白两色的花斑点。径 6.8~7.5、最大厚度 3.1 厘米（图八十三，3）。

4．**漆器**　有漆盘 1 件。

漆盘　1 件。标本 M32∶3，出土在人骨头骨西南侧。朽残。漆皮呈紫黑色。径约 15 厘米。

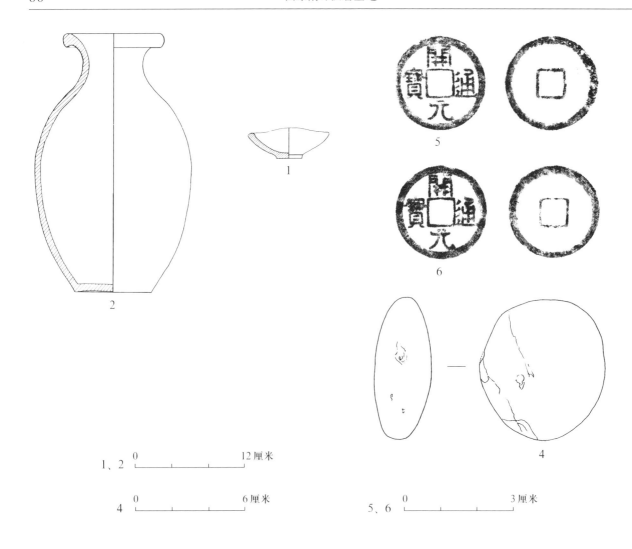

图二九 B　M32 出土遗物
1. 盏　2. 罐　4. 卵石　5、6. 开元通宝

二五　　　M33

M33 位于墓地北区南端，墓道的南侧即为地埂断崖，墓室北与汉洞室墓 M31 墓室间距约 11 米，东北距 M32 墓室近 14 米。

（一）墓葬形制

该墓为坐北朝南的洞室墓，平面形状呈刀形。由墓道、甬道、墓室三部分组成。墓向 170°。墓葬全长约 8 米（图三○ A；彩版二二，4）。

1. **墓道**　在墓室甬道南侧。地势北高南低。开口在第②层下，距现地表 1.2~1.37 米。平面呈长方形，北端口小底大，南北水平长 5.25、南端入口处宽 0.6、深 0.37、北端上口宽 0.66、底宽 0.74、深 2.1 米。底呈斜坡状，坡度 19°，坡长 5.4 米。底部距现地表最深 3.45 米。

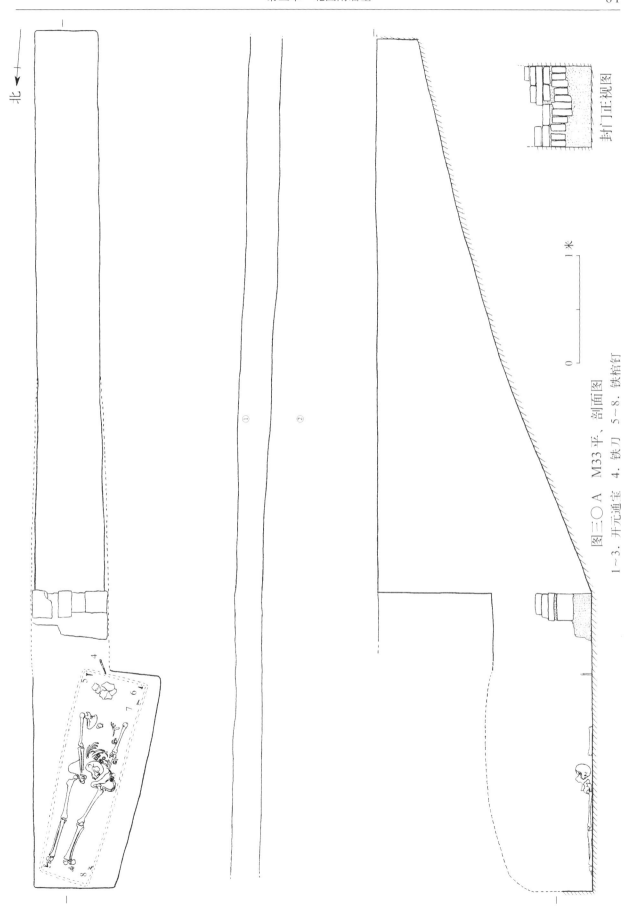

封门正视图

图三〇A　M33 平、剖面图

1~3. 开元通宝　4. 铁刀　5~8. 铁棺钉

北

2. **甬道**　在墓道与墓室之间。土洞拱顶。平面方形，进深0.75、东西宽0.73、高0.98米。甬道内填土上部为花土，下部为淤积土。

3. **封门**　甬道处以土坯封堵。土坯残留共五层，底层土坯下有0.2米厚的垫土，从下至上，第一层侧立砌置土坯11块，第二层顺向平铺土坯4块，第三、四层各残存平砌土坯2块，第五层残存平砌土坯1块。土坯墙宽0.75、厚0.25～0.43、残高0.55米。土坯多为残块，完整者长34、宽17、厚6厘米。

4. **墓室**　南北纵向土洞室，平面呈梯形。墓室东壁与甬道、墓道东壁平齐，在一条直线上。东壁南北长2、西壁南北长2.02、南壁东西宽1.22、北壁东西宽0.76、四壁残高约0.3米。墓门开在南壁东侧，东西宽0.75、距西壁0.47米。墓顶坍塌，从墓室现存状况推测，应为拱形顶洞室。墓室底距现地表深3.5米。

（二）葬式葬具

墓室中部有一具南北向木棺遗迹，木棺北端向东偏斜。棺长1.99、南端宽0.63、北端宽0.5米。棺内有一具人骨架，上肢骨扰乱，头骨在盆骨处，下肢骨保存相对较好，原葬式可能头南足北、仰身直肢葬。骨架经鉴定为男性，年龄30岁左右。

（三）出土遗物

有铜钱、铁刀、铁棺钉。

1. **铜钱**　有开元通宝7枚。

开元通宝　7枚，其中剪轮钱1枚。出土在骨架盆骨部位。钱文主要特点是，"开"字结构匀称；"元"字上横短，次横左挑；"通"字之"走"部前三笔不相连，为三逗点，"甬"字上笔开口较大；"宝"字之"贝"部内二横画与左右两竖划不相接。个别钱文字体异形。标本M33：1，直径2.45、穿径0.7、郭宽0.2厘米，重3.5克（图三〇B）。标本M33：2－1，直径2.45、穿径0.7、郭宽0.2厘米，重3.8克（图三〇B）。标本M33：2－2，直径2.45、穿径0.7、郭宽0.2厘米，重4克（图三〇B）。标本M33：2－3，直径2.45、穿径0.7、郭宽0.2厘米，重4.2克（图三〇B）。标本M33：3－1，直径2.45、穿径0.7、郭宽0.2厘米，重3.7克（图三〇B）。标本M33：3－2，"元"字的字形比较特殊，其第三画之撇画自次横的右端出，末画的"竖弯"笔不明显。直径2.45、穿径0.7、郭宽0.2厘米，重3.8克（图八十七，7）。标本M33：3－3，剪轮钱。出土在骨架胸部。钱样粗糙轻薄。"宝"字模糊不清。直径2.1、穿径0.7、厚0.1厘米，重1.7克（图八十七，1）。

2. **铁器**　有铁刀1件、铁棺钉5枚。

铁刀　1件。标本M33：4，出土于墓室南端棺头南侧。柄残断。锈蚀。单面刃。前端尖窄、近柄处宽。残长21.2、宽0.5～2.5、厚0.2～0.5厘米（图三〇B）。

铁棺钉　5枚。锈蚀残断。分别出土于木棺东南、西南、西北角。均为圆形钉帽，四棱柱状钉身。标本M33：5，残长5.2、钉身径0.3厘米（图三〇B）。标本M33：6，残长5.3、钉身径0.4～0.5厘米（图三〇B）。标本M33：7，残长5.5、钉身径0.3～0.5厘米（图三〇B）。标本M33：8，钉帽残。残长7.1、钉身径0.3～0.6厘米（图三〇B）。

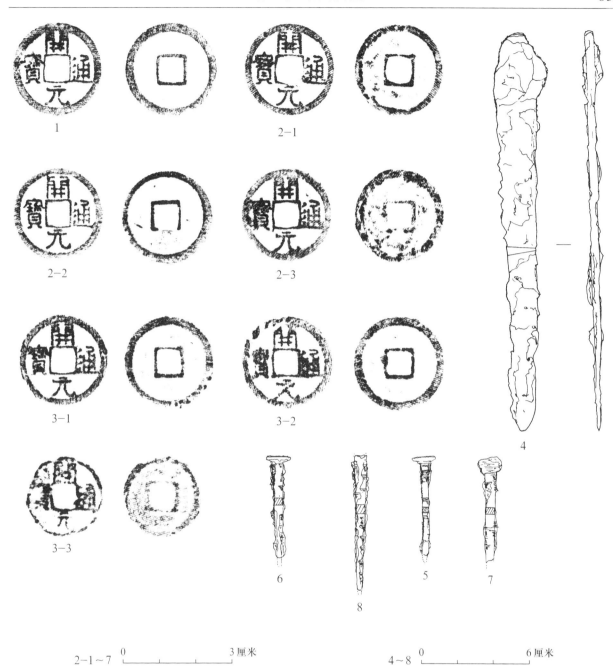

2-1～7　0 ——————— 3厘米

4～8　0 ——————— 6厘米

图三〇 B　M33 出土遗物

2-1～7. 开元通宝　4. 铁刀　5～8. 铁棺钉

第四章　南区隋唐墓

南区墓地指冲沟 G2 以南、西北—东南向 260 多米的路基区域。该区现地势地貌平缓，发掘唐代墓葬有 M34、M36、M38、M39、M40、M41、M42、M43、M44、M45、M46、M47、M48、M49，墓葬分布相对稀疏，其中 M34、M38 为多天井砖室墓，其他是洞室墓。G2 北侧分布的隋洞室墓 M35 处在墓地北区南面的地埂断崖下，且与以上大部分墓葬为同年度发掘，纳入此区一并介绍。该区介绍墓葬计有 15 座。

一　M34

M34 位于墓地南区北端，墓室北距冲沟 G2 南侧边 9 米左右。

（一）墓葬形制

该墓为坐北朝南的单砖室墓，平面形状呈"甲"字形。由墓道（包括两过洞、两天井）、甬道、墓室三部分组成。墓向 170°。墓葬全长 21.6 米（图三一 A；彩版二三，1）。

1. **墓道**　位于墓室南面偏东侧。开口在地层堆积②层下，距现地表 1.1～1.25 米。墓道平面长方形，南北水平长 15.94、南端上口宽 0.95、深 0.17、北端口小底大、上口宽 0.92、底宽 1.17、深 3.5 米，底呈斜坡状，南段 4.2 米长的坡面较平缓，北段坡度稍大，坡长 10.45 米，整体坡度为 12°。斜坡墓道北部与甬道处封门墙之间是一段长 1.6 米的平底。墓道底部总长 16.25、最深处距现地表 4.76 米。斜坡坡面平整，是经修整过的生土面，相对较硬。墓道内有天井，墓道与天井及天井之间有过洞相接。过洞两处。土洞拱形顶。两个过洞进深和宽度各不相同。第一过洞，在墓道中段，其南壁距墓道南端 10.06 米。过洞进深 0.9、宽 1、顶高 1.62～1.73 米。东西两侧壁面由下至上内收 0.02～0.04 米。第二过洞，在第一天井和第二天井之间，其南壁距墓道南端 12.85 米。过洞进深 1.3、宽 1.1 米，顶部斜面，与墓道底面平行，顶高 1.84 米。东西两侧壁面各向内收进 0.03 米。天井两处。平面呈长方形，底部较上口略宽。周壁基本平直。第一天井，在第一过洞与第二过洞之间。南北长 1.9、上口宽 0.92～0.97、底宽 1.06～1.15、深 2.43～3.1 米。第二天井，在第二过洞和甬道之间。南北长 1.83、上口宽 0.91、底宽 1.1～1.16 米，底为平底，深 3.5 米。在第二天井西北部发现盗洞一处，开口在第②层下，距现地表 1.2 米，平面呈不规则圆形，径约 0.65～0.8 米。盗洞竖直向下到达甬道封门处，破坏封门墙上部进入墓室。

2. **甬道**　在墓道与墓室之间。砖券拱顶，平面长方形，南北进深 1.39、东西宽 1.17、高 1.88 米。东

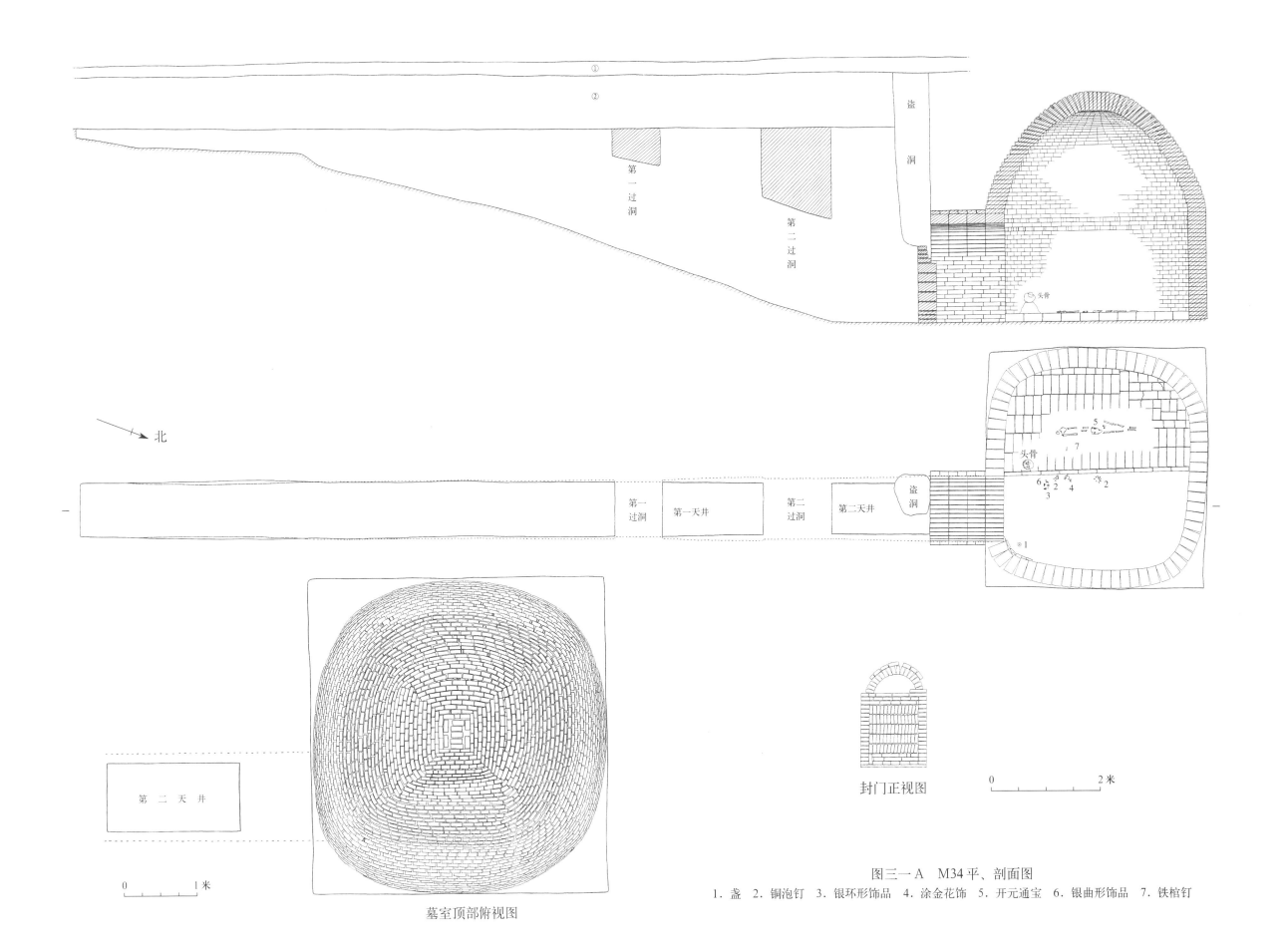

①

②

盗洞

第一过洞

第二过洞

北

第一过洞　第一天井　第二过洞　第二天井　盗洞

头骨

头骨

5

7

6 2 4 2
3

1

第二天井

墓室顶部俯视图

封门正视图

0　　　　　1米

0　　　　　2米

图三一A　M34平、剖面图

1. 盏　2. 铜泡钉　3. 银环形饰品　4. 涂金花饰　5. 开元通宝　6. 银曲形饰品　7. 铁棺钉

西两侧壁用条砖错缝顺向平砌16层后开始起砌半圆形拱券顶，在拱券顶上部又用条砖顺向平铺一层。

3. **封门** 甬道南侧有封门砖墙。砖墙砌置较为规整，残存12层。上部墙砖被毁，散落在甬道内，少数封门砖分散在甬道南侧的天井内。砖墙底部用青砖横向错缝平砌三层，其上纵向立砌五层，每层14块砖，上部为横向错缝平砌。封门墙宽0.99、厚0.35、残高1.38米。所用条砖长33.5～38、宽16～18.5、厚6～7厘米（彩版二三，2）。

4. **墓室** 四隅券进式穹窿顶砖室。现存完整。墓顶距现地表1.1米。平面为圆角方形，四壁略向外弧。墓室东西长3.65、南北宽3.44、高3.77米。墓室西部有南北向砖砌棺床，棺床高度基本是砖的宽度，棺床长3.46、宽1.9、高0.16米。棺床用条砖东西横向平铺。棺床侧沿以砖横向丁砌。墓室地面没有铺地砖，地面平整、较硬。墓室底距现地表深4.77米（彩版二四，1）。墓室营建前先挖南北4.2、东西4.35米的方形土圹，然后沿土圹四壁以条砖错缝平铺叠砌，内收四面叠涩形成穹窿顶。四壁条砖错缝平砌二二层，第二三层砌一周牙子砖，第二四层条砖平铺，第二五层又砌一周菱角牙子砖。四壁的直墙起砌高1.8米后，再逐层平砌叠涩内收三二层构成穹窿顶。砖层间用黄泥粘合，穹窿顶的外侧砖缝均用碎砖楔子填塞。墓砖长34.5、宽16.5、厚6.5厘米左右（彩版二三，3）。

（二）葬式葬具

墓室棺床上有一具人骨架。墓内曾因进水，头骨移位在墓室西南侧，高于棺床面约0.2米。骨架的上肢骨和下肢骨保存基本完整，头南足北，葬式为仰身直肢葬。棺床上有朽木残迹及零星铁棺钉。骨架经鉴定为男性，年龄25～35岁（彩版二四，2）。

（三）出土遗物

有陶盏、陶制涂金花饰、铜泡钉、铜钱、银器、铁棺钉等。

1. **陶器** 有陶盏1件、涂金花饰8件。

盏 1件。标本M34：1，出土在墓室东南角。泥制灰陶。敛口，尖唇，斜腹，饼足。口径9、底径3.7、高3.1厘米（图三一B）。

涂金花饰 8件。出土于棺床东侧沿下。泥质红陶。形制大小相同。烧制火候不高。整体形状呈扁椭圆形，正面圆鼓，有凸起的五瓣形花朵。表面施白彩，其上涂金。标本M34：4－1，长径3、短径2.2、厚1.3厘米（图三一B；彩版二四，3）。

2. **铜器** 有铜泡钉19个、开元通宝2枚。

铜泡钉 19个。出土于棺床东侧中部及南部棺床沿下。形制相同。形似伞状。钉帽圆泡形，钉身断面呈方柱尖锥状。尖部弯折。表面鎏金。标本M34：2－1，钉帽径1.4、钉身长2厘米（图三一B）。标本M34：2－2，钉身穿附木片。钉帽径1.4、钉身长2厘米（图三一B）。

开元通宝 2枚。出土于棺床上人骨架盆骨处。钱文清晰。"开"字方正，结构匀称；"元"字上横短，次横左挑；"通"字之"走"部前三笔不相连，为三逗点，"甬"字上笔开口较大；"宝"字下部"贝"字中二短横与左右两竖画不相接。标本M34：5－1，直径2.4、穿径0.65、郭宽0.2厘米，重4.2克（图三一B）。标本M34：5－2，直径2.4、穿径0.69、郭宽0.2厘米，重4.2克（图三一B）。

3. **银器** 有环形饰品3件、曲形饰品1件。

　　银环形饰品　　3件。出土于棺床东侧沿下。形制相同，形似马蹬。圆环状，截面呈菱形。上有方形柄，柄有方孔。标本M34：3－1，通长4.4、环径3.2厘米（图三一B）。

　　银曲形饰品　　1件。标本M34：6，出土于棺床东侧沿下。残。器身弧曲，一端尖状，另一端残断。曲背部有方形柄，柄有方孔，残长3.9厘米（图三一B）。

　　4．铁器　铁棺钉1枚。

　　铁棺钉　　标本M34：7，出土于棺床上东南部。圆形钉帽，钉身呈方柱形。钉长5、钉身径0.2～0.3厘米（图三一B）。

　　5．墓砖　有印纹砖。

　　印纹砖　　色泛灰。发现在营筑墓室的条砖中。砖长方形，一面拍压印纹，按印廓图案分有三种。兹各选一种印纹砖标本介绍。标本M34：8－1，砖一面素面微鼓；一面稍凹，用有绳纹的方模斜向压印出两个方形对角图案，方模印廓见方9.5厘米，印廓一侧有模柄印痕。砖长33.5、宽16、厚6.5厘米（图三一C；彩版二四，4）。标本M34：9－1，砖一面素面稍鼓；一面微凹，用有绳纹的方模斜向拍压出三个边角叠印的连续方形图案，方模印廓见方9.5厘米，印廓一侧皆有模柄印痕。砖长33.8～34.5、宽15.8～16、厚6.2～6.5厘米（图三一C；彩版二四，5）。标本M34：10－1，砖一面素面无纹饰，一面用有绳纹的长方形模子连续拍印。砖长33.5～34、宽18～18.5厘米，砖断面略呈楔形，一侧厚6.5～7、另一侧厚5～6厘米（图三一C；彩版二四，6）。

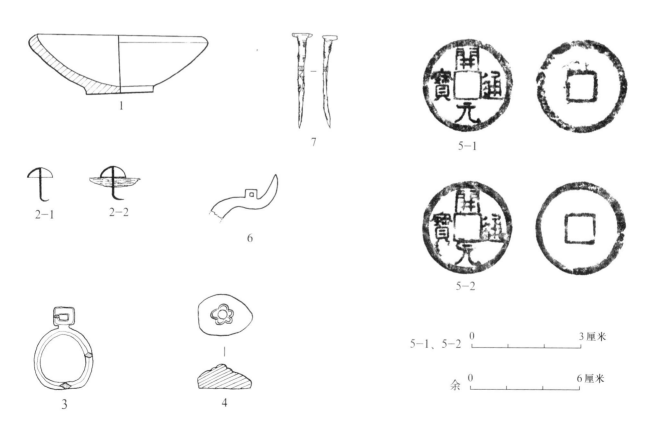

图三一B　M34出土遗物

　　1．盏　2－1、2－2．铜泡钉　3．银环形饰品　4．涂金花饰　5－1、5－2．开元通宝　6．银曲形饰品　7．铁棺钉

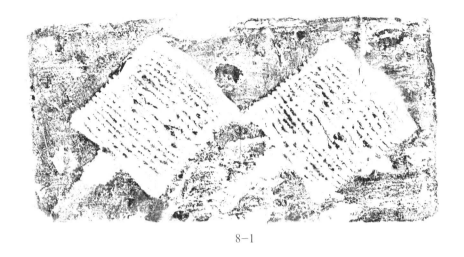

8-1

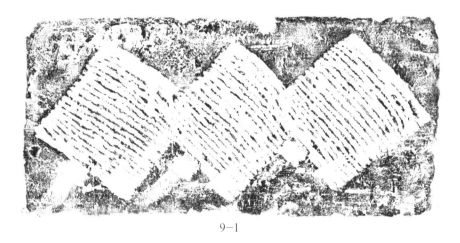

9-1

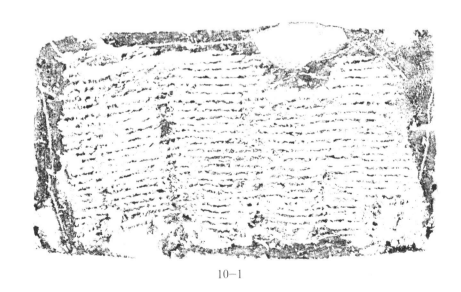

10-1

0 ├────────────┤ 9厘米

图三一C　M34 出土墓砖

二 M35

M35 位于冲沟 G2 北侧、墓地南区的最北端，墓室西北距墓地北区 M32 墓室近 23 米，西偏北距 M33 墓室约 21 米，东南与墓地南区 M34 墓室间距约 43 米。

（一）墓葬形制

该墓为坐西北朝东南的洞室墓，平面形状呈铲形。由墓道、甬道、墓室三部分组成。墓向 140°。墓葬全长 6.28 米（图三二 A）。

1. **墓道** 在墓室甬道东南侧。开口在第②层下，距现地表 0.94～1.15 米，地势北高南低。墓道平面呈梯形，南宽北窄，北端口小底大，南北水平长 4.1、南端上口宽 0.88、北端上口宽 0.62、底宽 0.9、深 2.7 米。底呈斜坡状，坡长 4.8 米，坡面较陡，略有起伏，坡度 44°，近甬道处为平底。底距现地表最深 3.8 米。墓道北端底部有一具狗的遗骨。狗骨架头朝西南、尾向东北（彩版二五，3）。

2. **甬道** 在墓道与墓室之间。土洞式拱顶。顶部已坍塌。进深 0.28、宽 0.9、高 1.06 米。内积满淤土，土质较硬。

3. **封门** 甬道处用土坯封堵。土坯存留六层，由下至上，第一层侧立丁砌，有 8 块土坯；第二层横向平砌，有 4 块土坯；第三层侧立丁砌，有 9 块土坯；第四、六层均横向平砌土坯 4 块；第五层亦侧立丁砌土坯 9 块。土坯墙宽 0.8～0.9、厚 0.2、残高 0.9 米。所用土坯长 20、宽 10、厚 9 厘米左右。

4. **墓室** 略为横向土洞室，平面形状呈梯形。东壁略外弧，宽 1.9、残高 1.6 米；西壁宽 1.8、残高 0.5 米；北壁长 2.74、残高 0.93 米；南壁长 2.14、残高 1 米左右。墓门开在南壁西侧，宽 0.9、距墓室西壁 0.24、距东壁 1 米。墓顶已坍塌，高度不明，从墓室现存状况推断，原可能为穹窿顶洞室。墓室底距现地表深 3.98 米。

（二）葬式葬具

墓室北壁下有西南－东北向木棺遗迹。棺木距北壁 0.1、距西壁 0.3、距东壁 0.06～0.1 米。棺长 2.2、西南端宽 0.9、东北端宽 0.52、木棺残迹高 0.2 米，棺板厚 4 厘米左右。棺内人骨架一具，保存完整，头西足东，仰身直肢葬。骨架经鉴定为男性，年龄 40～50 岁（彩版二五，1、2）。

（三）出土遗物

有陶罐、铜带扣、铜鞓孔饰、铜带銙、铁棺钉。

1. **陶器** 有陶罐 2 件。

罐 2 件。出土于木棺南侧中部。泥质灰陶。标本 M35：12，侈口，尖唇，短颈，溜肩，鼓腹，底内凹。肩部有三道弦纹，底部有细密的平形线纹。口径 6.6、底径 6.4、最大腹径 12.8、高 16.9 厘米（图三二 B；彩版二六，1）。标本 M35：13，侈口，圆唇，矮颈，广肩，鼓腹，平底。肩腹部有三组弦纹，每组弦纹二道。底部有制胎坯留下的刮痕。口径 11.8、最大腹径 19.6、底径 9、高 21.2

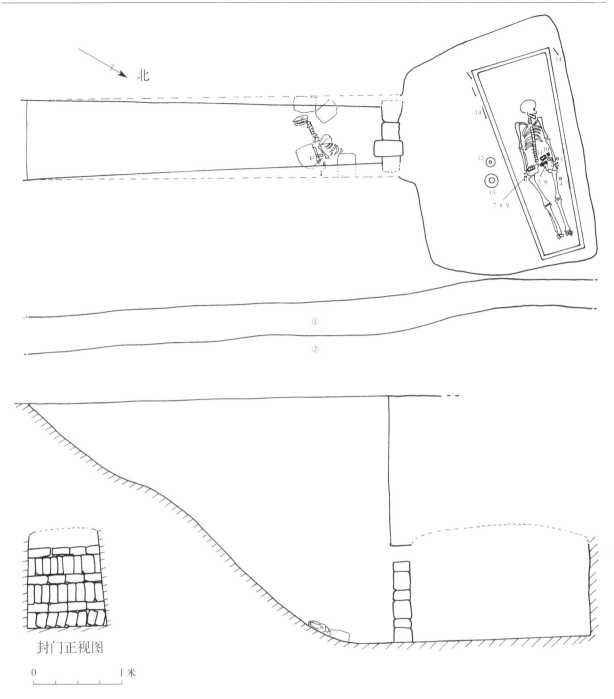

图三二 A　M35 平、剖面图

1~4. 铜鞓孔饰　5~10. 铜带銙　11. 铜带扣　12、13. 罐　14. 铁棺钉

厘米（图三二 B；彩版二六，2）。

2. **铜器**　有铜带扣 1 件、铜孔饰 4 件、铜带銙 6 件。

铜带扣　1 件。标本 M35∶11，出土于骨架盆骨左侧。前端呈半圆环状，后端长方形，中轴可转动，上有扣针。出土时有一圆形带孔饰套穿在带扣的扣针上。长 7.9、宽 2.8~3.7、厚 0.7 厘米（图三二 B；彩版二六，3）。

铜鞓孔饰　4 件。出土在人骨架盆骨左侧。形制相同，由两块圆形铜片铆制而成，偏中部有

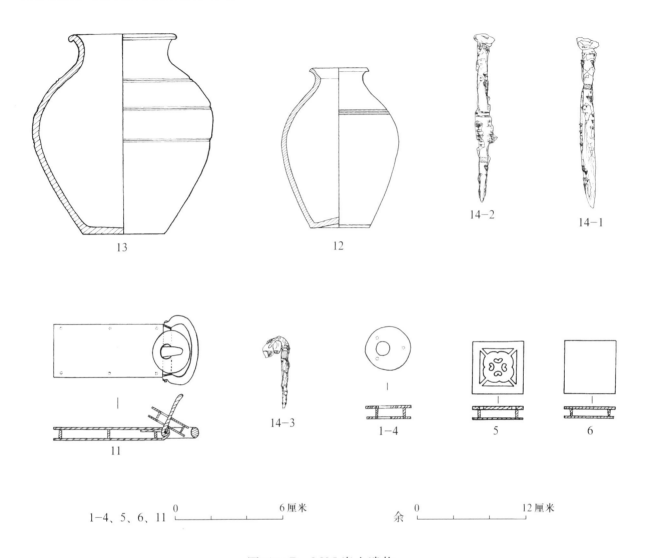

图三二 B　M35 出土遗物
1-4. 铜鞢孔饰　5、6. 铜带銙　11. 铜带扣　12、13. 罐　14-1~3. 铁棺钉

一圆形孔。用来固定在革带脐孔内，起保护扣孔的作用。铜片间有革带残迹，其中一件套穿在带扣的扣针上。标本 M35∶1-4，直径 2.4~2.5、中部孔径 0.7~0.8、厚 0.7 厘米（图三二 B；彩版二六，4）。

　　铜带銙　6 件。出土在人骨架盆骨处。方形。由两块方形铜片铆制而成。有纹饰的 1 件，无纹饰的 5 件（彩版二六，5、6）。标本 M35∶5，正面镂空，有四瓣花朵图案。边长 2.8、厚 0.7 厘米（图三二 B；彩版二六，7）。标本 M35∶6，正面素面无纹饰。边长 2.8、厚 0.6 厘米（图三二 B）。

　　3. 铁器　有铁棺钉 4 枚。

　　铁棺钉　4 枚。出土于棺木周围。3 枚基本完整。钉帽为扁平状，钉身四棱长条形，锈蚀严重，有的带棺木朽痕。标本 M35∶14-1，钉帽径 2.3~2.5、钉身径 0.5~0.9、长 18.1 厘米（图三二 B）。标本 M35∶14-2，钉帽径 2.3、钉身径 0.5~0.9、长 17.8 厘米（图三二 B）。标本 M35∶14-3，钉帽端弯曲。钉身径 0.7~0.9、长约 9.7 厘米（图三二 B）。

三　M36

M36位于墓地南区的东北端，墓室西距M34墓室约60米，西北与汉砖室墓M37墓道南端相接。

（一）墓葬形制

该墓为坐北朝南的洞室墓，平面形状呈刀形。由墓道（包括两过洞、两天井）、甬道、墓室三部分组成。墓向165°。墓葬全长16.8米（图三三A）。

1. **墓道**　在墓室甬道南侧。开口在第②层下，距现地表深1.12～1.23米。墓道平面长方形，南北水平长13.2、宽0.6、南端开口深0.36、北端深4.76、北端距地表深6米。底呈斜坡状，坡度13°，坡长1.38米。斜坡坡面平整，是略经铲平修整过的生土，相对较硬。东西两侧壁面规整。墓道西壁南距墓道南端3米处，有向内掏挖的壁龛。龛平面长方形，圆角平顶，南北长1、进深1.04、高0.8米。龛内有羊骨架一具，骨架完整，头向东、左侧身横卧在壁龛中，其应是作为殉葬的祭品。过洞两处。过洞部分略窄，向内收进0.02～0.05米。第一过洞，在墓道中段与第一天井之间，其南壁距墓道南端7.6米。土洞拱顶。进深0.84、宽0.58、顶高1.76～2米。底为斜坡，东西两侧壁较平整。第二过洞，处在第一天井与第二天井之间，其南壁距墓道南端10.44米。土洞拱顶。进深0.7、宽0.6、顶高2.25～2.42米。底呈斜坡状，东西两侧壁平整。过洞内的填土为褐色花土，土质紧密。天井两处。平面呈长方形。第一天井，在第一过洞和第二过洞之间。南北长2、东西宽0.6、深3.08～3.8米，底呈斜坡状。第二天井，在第二过洞和甬道之间。南北长2、东西宽0.6、深4.08～4.76米。四壁基本垂直，东西两侧壁向下稍宽。天井上部保存较好，西壁和北壁被盗洞打破。在第二天井北侧靠近甬道处有一盗洞，开口在第②层下，距现地表1.2米。平面形状大致呈椭圆形，径约0.8米。盗洞打破第二天井北端，由甬道上部斜下破坏封门，通入墓室。

2. **甬道**　在墓道与墓室之间。平面呈长方形。土洞式拱形顶。进深0.9、宽0.64、高1.47米。

3. **封门**　甬道处以土坯封堵。封门土坯酥化严重，现存部分大致可辨出7层，土坯顺向平铺。封门土坯墙宽0.6、厚0.56、残高1.26米，墙底垫有0.3米厚的黄土。土坯长35、宽19、厚9厘米左右。

4. **墓室**　大体为南北纵向土洞室，平面略呈梯形。墓室东壁与墓道东壁在一条直线上。东壁南北长2.8、西壁南北长2.84、南壁东西宽2.3、北壁东西宽1.96米。四壁较垂直，保存较好，现存高度1.9米左右。墓顶已塌落，高度不明，原可能为穹窿顶洞室。墓室底距现地表深5.9米。在墓室上部扰土中发现有牛肩胛骨、兔头骨及鸟类骨骼。

（二）葬式葬具

墓室西壁下有南北向生土棺床，棺床与墓室的北、西、南三壁相连。生土棺床平面形状略呈梯形，台面平整，南宽北窄，南北长2.8、南宽1.4、北宽1.22、高0.9米。生土棺床上有一具木棺遗迹，棺木长2.04、南端棺头宽1.24、北端棺尾宽1.1米。棺头和棺尾有内外两层棺板，棺头外侧棺板与内侧棺板相距0.16、棺尾外侧棺板与内侧棺板相距0.2米，棺板厚3厘米。木棺左右两侧棺板为单层，棺板的纹理均为南北向，板厚4厘米左右。木棺底板是由4条木板组成，板与

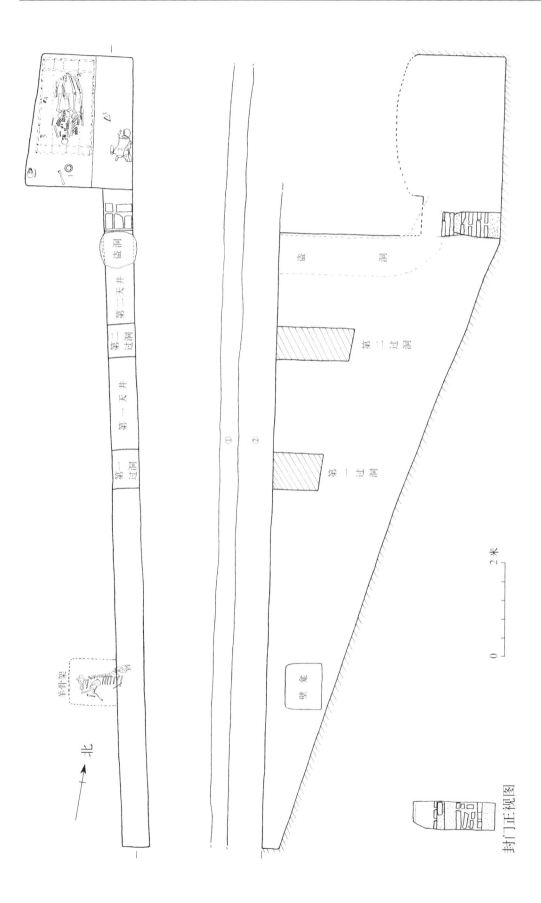

图三三A　M36平、剖面图

1. 罐　2. 天王俑　3. 罐口沿　4、5. 铁棺钉

板之间的缝隙较大，可能由于墓室进水而致使棺木松散。木棺底板所使用的板材宽0.2～0.32、厚0.04米。木棺四周棺钉较多，铁钉均锈蚀残断。棺木上的棺钉间距0.14～0.4米。木棺内有两具人骨架，头南足北，双人合葬。东侧骨架侧身直肢，右臂骨脱离原位，头骨扰动在墓室西南角、距墓底高约1.7米的扰土层内；西侧骨架仰身直肢，下肢骨部位有黑色布纹残块，部分骨骼已散布在棺外的扰土层中。经鉴定，东侧骨架为女性，年龄40岁左右；西侧骨架为男性，年龄35～40岁（彩版二七，1、2）。

（三）出土遗物

有陶罐、天王俑、铁棺钉。

1.陶器　有陶罐2件，陶天王俑1件。

罐　2件。标本M36：1，出土在棺床南端与墓室南壁之间。泥质灰陶。侈口，平沿，方唇，矮颈，溜肩，圆腹，小平底。器腹上部有粗弦纹，近底部为细密弦纹。底部有刮平胎底而留下的同心弦纹，口径11、底径8.8、最大腹径20.6、高31厘米，（图三三B；彩版二七，4）。标本M36：3，口沿残片。出土在棺床东侧。敛口，卷沿，圆唇，矮直颈，折肩。肩、腹部拍印连环"S"形卷云纹，两道连续的卷云纹间以锯齿纹相隔。壁厚0.8厘米（图三三B）。

天王俑　1件。标本M36：2，出土于墓室东壁下靠近墓门处。头身及臀部完好，下肢及底座系修复成形。头戴盔，盔顶有一扁圆球。身着明光铠。右臂折肘向前、手握拳，左手叉腰；右腿直立，左腿弓膝、脚踏卧兽。脸稍偏向左侧，嘴大张，怒目圆睁、眉弓突出，唇上八字胡，唇下一撮胡须。颈围项护，半圆形肩甲，肘部有单层披膊，其边缘呈喇叭状折向外侧。从肘部到手腕穿臂护。前胸着甲，胸甲中间有甲带，上与颈部的项护相连，下与胸甲下的横带在一圆环上交叉。背缠横带和腰带，腰带下围有膝裙。膝裙三层，最外层前敞，两侧有鳞状甲片；中层膝裙比外层的长，有纵向的细密衣褶，前面衣褶被立体地一表现出来；最内层膝裙在膝盖以上的高度围合，两侧呈波状斜向下垂连至身后。经修复通高117厘米，除底座外身高107、两臂最大宽度50.5、肩宽30.5、腰部最细处宽16、臀胯宽22.5厘米（图三三B；彩版二七，3，二八，1～3）。泥制天王俑以彩色颜料勾画人物形象。其色彩与纹饰：头盔外表用黑色勾抹，盔顶圆球翠绿色，前缘翻折部分为红色。脸部、眉毛、鼻子、嘴唇、胡须均涂成红色，眼球为黑色。手为鲜红色。肩甲面中部用红色和黑色勾画草叶纹，边缘用黑色勾画一圈，最外侧缘又用红色勾边。胳膊至手腕的臂护塑出了凹凸面，涂红褐色。胸甲用黑色勾画草叶纹。固定胸甲的系带为红、绿相间的颜色。腰带为红、绿、黑相间的三种颜色，前面正中有椭圆形扣结，扣结表面圆鼓，用红色勾勒梅花，用黑色点缀花芯。前面外层膝裙围合的缝隙间可以看到内侧膝裙，最外层膝裙用红、翠绿、黑色绘制莲花纹和草叶纹，中层膝裙涂成草绿色，内层膝裙为浅红色。

2.铁器　仅有铁棺钉，出土在墓室木棺附近。大多已锈蚀残断，基本完整者2件。标本M36：4，环首。钉身弯曲。残长8.5、环首宽3.6、孔径1.6、钉身径0.6～0.9厘米（图三三B）。标本M36：5，圆形伞状钉帽、柱状钉身。残长3.5、钉帽径1.8、钉身宽0.4厘米（图三三B）。

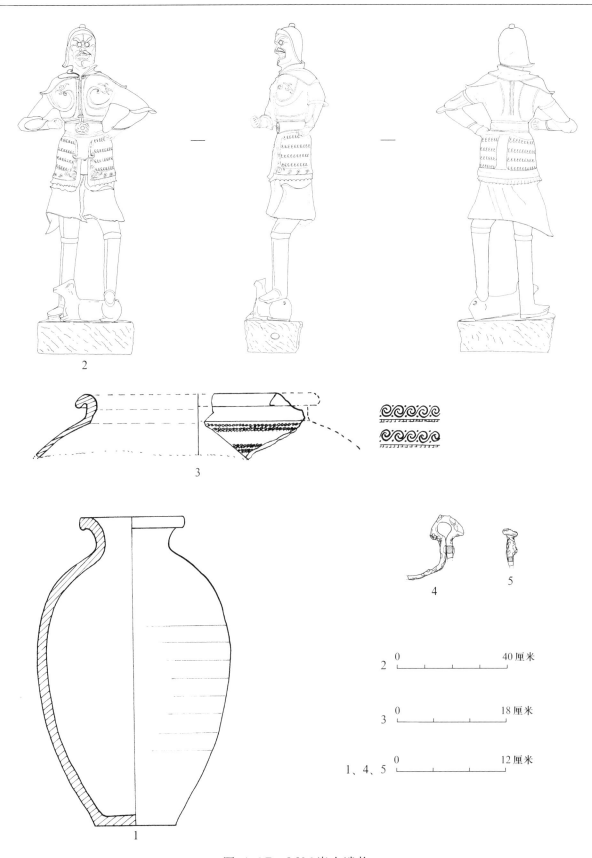

图三三 B　M36 出土遗物

1. 罐　2. 天王俑　3. 陶罐口沿　4、5. 铁棺钉

四 M38

M38位于墓地南区北部，墓室西北距M34墓室约38米，东与M36墓室间距25米，北偏东与汉砖室墓M37墓室相距仅3米。

（一）墓葬形制

该墓为坐北朝南、长斜坡墓道多天井的砖室墓，平面形状呈"甲"字形。由墓道（包括五个过洞、五处天井）、甬道和墓室三部分组成。墓向165°。墓葬全长24.6米（图三四A）。

1. **墓道** 在墓室甬道南侧。开口在第②层下，距现地表1.2米左右。南北水平长18.84、南端入口处宽0.8、深0.2、北端口小底大、上口宽0.68、底宽0.9、深7.2米。底呈斜坡状，坡度24°，坡长17.6米，底距现地表8.3米。天井分布在墓道与墓室之间，墓道与天井及天井之间有过洞相接。斜坡墓道从第五天井处向北为一段长2.2米的平底，直通甬道。墓道东西两侧壁面修整较平直。墓道内填土是褐色花土，土质较硬（彩版二九，1）。过洞五处。土洞拱顶。第一过洞，在墓道南段与第一天井之间，其南壁距墓道南端6.24、进深0.5、宽0.8、顶高2.08、底距现地表3.6～3.8米。东西两侧壁各向内收进0.04米，壁面平整。第二过洞，在第一天井与第二天井之间，其南壁距墓道南端8.72、进深0.6、宽0.76、顶高1.92、底距现地表4.5～4.76米。东西两侧壁各向内收进0.04米，壁面修整较平整。第三过洞，在第二天井与第三天井之间，其南壁距墓道南端11.1、进深0.6、宽0.75、顶高1.9、底距现地表5.4～5.66米。东西两侧壁与天井东西两侧壁基本平直。第四过洞，在第三天井与第四天井之间，其南壁距墓道南端13.72、进深0.6、宽0.7～0.73、顶高1.94、底距现地表6.4～6.80米。东西两侧壁各内收0.04米。第五过洞，在第四天井和第五天井之间，其南壁距墓道南端16.8、进深0.7、宽0.76～0.8、顶高2～2.4、底距现地表7.52～8.22米。东西两侧壁平整。在第五过洞北端的底部，斜坡下有一层高0.5米的台阶，台阶下为平底。天井五处。每个天井平面基本呈长方形，南略窄北稍宽，口小底大。天井之间大小略有差异。壁面修整平直。天井内的填土，下部土质较为疏松，上部填土则相对密实。第一天井，在第一过洞与第二过洞之间。开口南北长2、东西宽0.52～0.6、底宽0.74～0.76、深2.64～3.36、底距现地表3.8～4.5米。第二天井，在第二过洞与第三过洞之间。开口南北长1.8、东西宽0.46～0.5、底宽0.74、深3.6～4.26、底距现地表4.76～5.4米。第三天井，在第三过洞与第四过洞之间。开口南北长2.04、东西宽0.5～0.58、底宽0.7～0.84、深4.56～5.56、底距现地表6.78～7.54米。第四天井，在第四过洞与第五过洞之间。开口南北长1.8、东西宽0.48～0.64、底宽0.7～0.84、深5.74～6.54、底距现地表6.78～7.54米。第五天井，在第五过洞和甬道之间。开口南北长2.04、东西宽0.54～0.6、底宽0.84、深7.2、底距现地表8.22米。

2. **甬道** 在第五天井和墓室之间。原可能为拱顶土洞内砖砌而成。因早期盗掘，顶部已遭破坏，只残留底部东、西两壁四层砖墙。土洞底宽1.2、顶高1.98米；砖砌甬道进深1.9、宽0.84、顶高约1.54、底距现地表8.2米。甬道两侧的砖墙是用条砖平铺顺砌。甬道内积满淤土，土质较硬，扰土内有大量砖块及朽木等。墓室封门砖墙毁无，门宽0.7～0.76、高1.98、门道底距墓道开口7.22米。

3. **墓室** 砖砌单室，顶部残，收分的砌砖明显存有两条棱线，是为四面结顶构筑技法的残留，可认为是四面坡式叠涩顶。平面呈方形。墓室土圹见方3.92米，是四角圆钝的方形坑，四壁的砖墙砌法均为单砖顺向错缝平砌，砖墙的厚度为一砖宽，砖墙砌至高2.52米处开始叠涩内收成四角攒尖顶。砖墙四周与土圹之间下部用黄土填塞充实，上部用条砖平铺填塞。其东、西、北三壁墙砖保存较好。南壁墙砖破坏较甚，仅残存底部5层砖。墓室内南壁东西3.46、残高0.3、北壁东西3.54、残高4.2、东壁和西壁南北3.52、残高4.2米（彩版二九，2）。在墓室西部有砖砌的棺床，棺床与墓室北、西、南三壁相接，南北长3.52、东西宽1.88、高0.24米。棺床面用条砖呈南北纵向错缝平铺，棺床东侧边以条砖南北纵向错缝平砌四层，东侧边沿面高出棺床台面0.1米。棺床上的铺砖大多被破坏，残留部分砖块，完整条砖的规格长38、宽16、厚6厘米左右。墓门居于墓室南壁偏东处，东西宽0.84米。墓室东部无铺地砖，生土地面平整，底距现地表深8.2米。

（二）葬式葬具

墓室底层的扰土内有大量朽木和人骨碎块，人骨架大多已腐朽成粉末状，有少许的肢骨和脊椎骨散乱在棺床之上。葬式不清。木棺痕迹不明显（彩版二九，3）。

（三）出土遗物

有陶盏、铜片、墓志砖等。

1. **陶器** 有陶盏1件、瓮口沿1块。

盏 1件。标本M38：1，出土在墓室东北角。泥质灰陶。侈口，尖唇，斜腹，小平底。底部有刮平胎底留下的弦纹。口径11、底径3.6、高3.2厘米（图三四B；彩版三〇，1）。

瓮口沿 1块。标本M38：3，出土在墓室东南角。泥质灰陶。直口，卷沿，圆唇，矮颈，广肩。肩部有一周卷云纹（图三四B）。

2. **铜器** 有鎏金铜片1件。

鎏金铜片 1件。标本M38：2，出土在墓室东南角。榆叶形薄片状。模压成型。器面中心为一朵八瓣小花，其周围有卷曲的枝蔓，表面黄亮，背面粘连有漆皮，可能是漆器上的装饰品。长4.9、宽3.2、厚0.05厘米（图三四B；彩版三〇，2）。

3. **墓砖** 有墓志砖块以及一些印纹砖。

墓志砖 1块。标本M38：4，出土在墓室东南部靠近墓门处。青灰色方砖。边长32、厚6厘米。出土于墓室东南侧的墓门处，字面朝下。砖面刻划方格，竖12行、横13行（彩版三〇，3）。墨书铭文（"/"表示转行）：

大周故将仕郎上柱国清河张府君之/墓誌□□原州平凉县万福乡大义里/君讳知运朝那生也本清河郡高/□□随任巴州长史曾祖晖祥州録/□□事参军父安唐任宁州□安县（案：可能为定安县）/□且汉□□□相不绝衣冠晋国/□望侯重輿文笔家谱具详焉□/君矼节砺行直道缶辞贫富不易/其交险难岂移其操又门傅草肆/尽八体之奇书代袭□城得六韬/之秘册汪汪焉洋洋焉有此奇行/冠绝时生□□君弱冠拜将仕郎/

印纹砖 发现在营筑墓室的条砖中。长方形，泛灰绿色。砖一面模印纹饰，按其砖面模纹图案

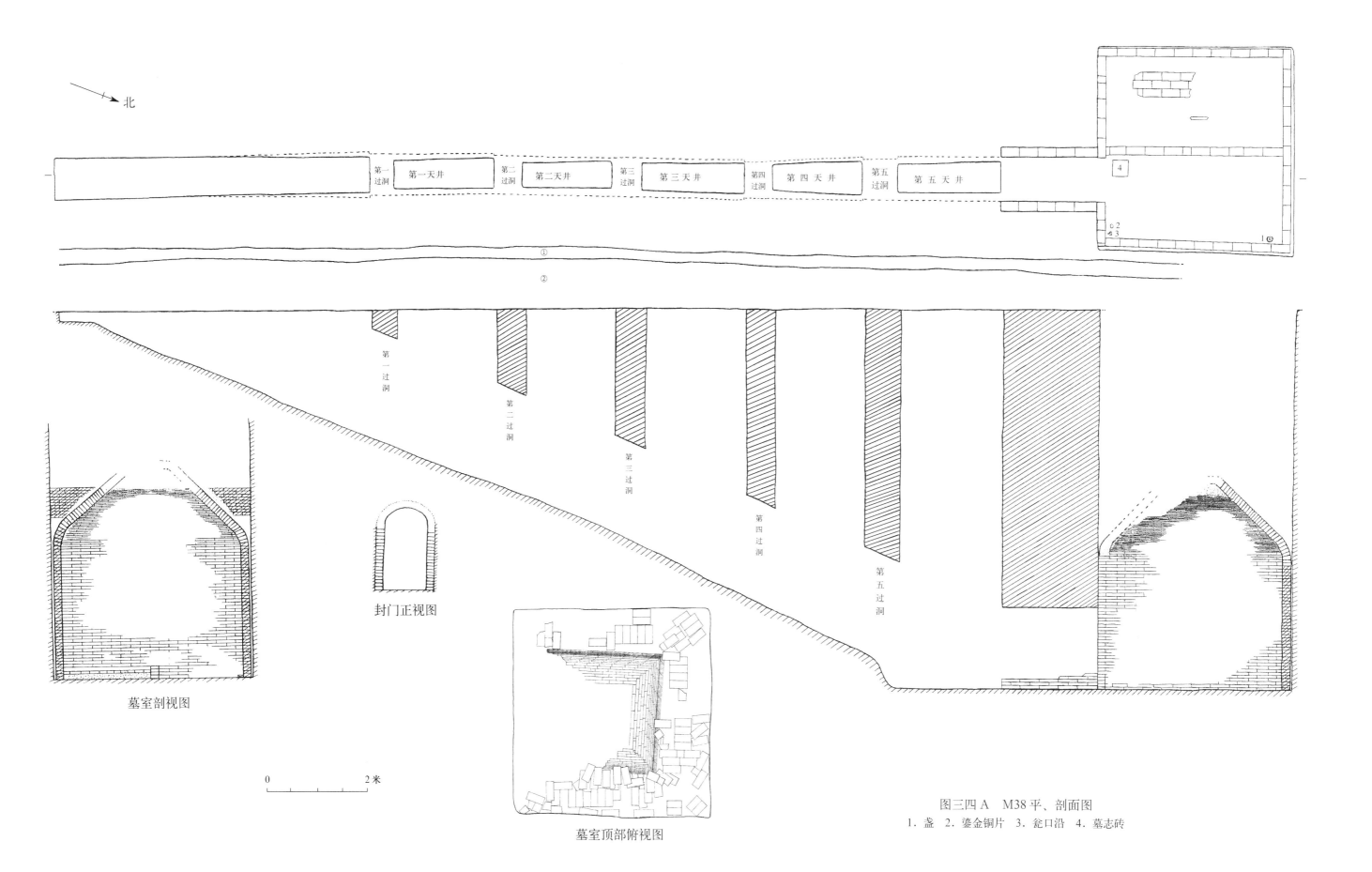

北

第一过洞　第一天井　第二过洞　第二天井　第三过洞　第三天井　第四过洞　第四天井　第五过洞　第五天井

①

②

第一过洞

第二过洞

第三过洞

第四过洞

第五过洞

封门正视图

墓室剖视图

0　　　　　　2米

墓室顶部俯视图

图三四A　M38平、剖面图

1. 盏　2. 鎏金铜片　3. 瓷口沿　4. 墓志砖

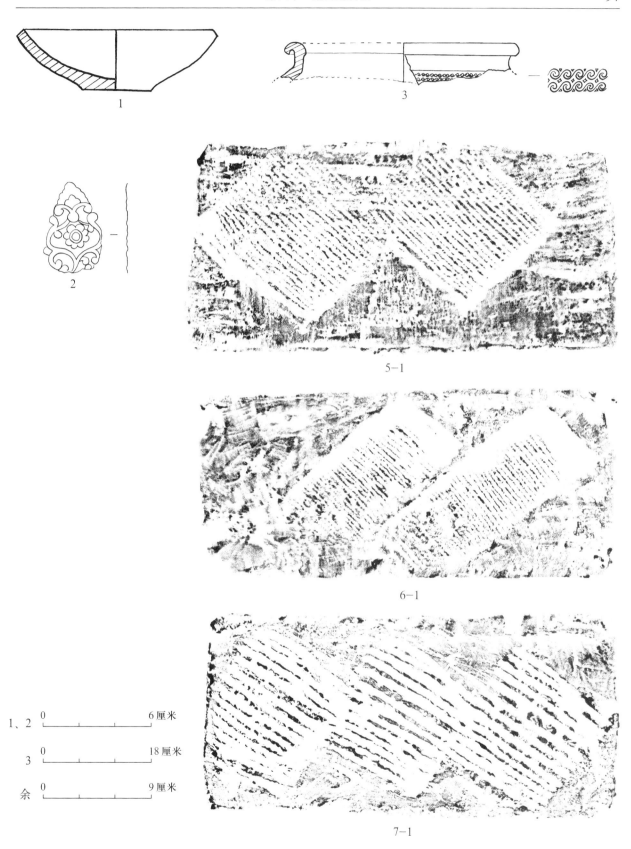

图三四 B　M38 出土遗物
1. 盏　2. 鎏金铜片　3. 瓮口沿　5-1、6-1、7-1. 墓志砖

的不同，分选三种印纹砖予以介绍。标本 M38：5－1，砖一面素面略凹，一面用有规整细绳纹的菱形模子拍压出两个菱形对角图案，印廓见方 10～12 厘米。砖长 33.5～35、宽 14.5～15、厚 6 厘米（图三四 B）。标本 M38：6－1，砖一面素面、中部微拱，一面用有细绳纹的长方形模子斜向平行拍压出两个相靠的图案，印廓长 16、宽 6 厘米。砖长 34.5～35、宽 14.5～15、厚 6 厘米（图三四 B；彩版三○，4）。标本 M38：7－1，砖一面素面较平，一面用有粗绳纹的方模斜向拍压出三个连续相接的方形图案，印廓见方 9.5～11 厘米。砖长 34.5～35、宽 15.5～16、厚 5 厘米（图三四 B；彩版三○，5）。

五　M39

M39 位于墓地南区西北部，墓室东北与 M36 墓室间距约 52 米，北距 M38 墓道南端约 24 米。

（一）墓葬形制

该墓为坐北朝南的洞室墓，平面形状呈刀形。由墓道（含一过洞、一天井）、甬道和墓室三部分组成。墓向 177°。墓葬全长 8.86 米（图三五）。

1. **墓道**　在墓室甬道南面。开口在第②层下，距现地表 1.2 米，平面长方形，南北长 6.02、开口宽 0.56、北端口小底大、底宽 0.66、深 3.22 米。底呈斜坡状，南部较陡，坡度 35° 左右，坡长 5.14、北段长 1.8 米为缓坡。过洞，处在墓道中段与天井之间，其南壁距墓道南端 3.60 米。土洞拱顶。进深 0.48、宽 0.62、顶高 1.62～2.04、底距现地表 3.56～4.1 米。天井，在过洞与甬道之间。开口平面长方形，南北长 1.96、宽 0.56～0.66、深 2.84～3.24 米。底呈斜坡状，坡度 11°。壁面平直。

2. **甬道**　在墓道与墓室之间。土洞拱顶。进深 0.3、宽 0.68、高 1.12、底距现地表深 4.58 米。

3. **封门**　甬道南侧以土坯封堵，土坯横向错缝平铺，土坯残存 8 层。封门土坯墙宽 0.65、厚 0.18、残高 0.74 米。土坯长 36、宽 14、厚 9 厘米左右。

4. **墓室**　南北纵向土洞室，平面形状呈梯形。墓室东壁略向东偏折。东壁南北长 2.5、西壁南北长 2.62、北壁东西宽 0.8、南壁东西宽 1.42 米。四壁平直，修整较规整，残高 1.06 米左右。墓门开在南壁东侧，东西宽 0.66、距西壁 0.74 米。墓顶坍塌，从壁面观察原可能为拱形顶洞室。墓室底距现地表 4.54 米。

（二）葬式葬具

墓室内未发现人骨架及棺木遗迹，仅在墓室东壁中部发现一块卵石和一枚猪犬齿。

（三）出土遗物

卵石　1 块。标本 M39：2，青石质，椭圆形。径 16～26 厘米。

动物牙齿　1 枚。标本 M39：1，猪犬齿。牙齿圆弧，齿根为尖状。长 6.2 厘米（图三五）。

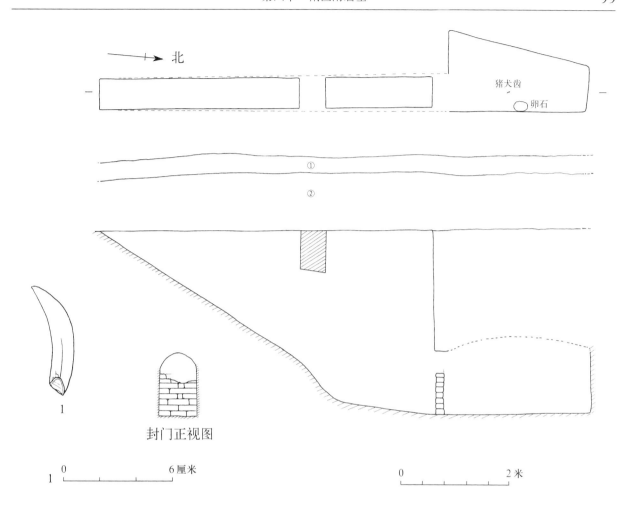

图三五　M39 及出土猪犬齿

六　M40

M40 位于墓地南区的西北部，墓室北偏西与 M39 墓室间距约 14 米。

（一）墓葬形制

该墓为坐北朝南的洞室墓，平面形状呈刀形。由墓道、甬道、墓室三部分组成。墓向170°。墓葬全长9.52米（图三六 A；彩版三一，1）。

1. **墓道**　在墓室甬道南侧。开口于第②层下，距现地表 1.3 米左右。墓道平面南宽北窄，略呈梯形，南北水平长6.46、南端入口处宽0.64、深0.18、北端宽0.55、深2.36、底距现地表3.6米。底呈斜坡状，坡度22°，坡长5.8米。墓道坡底北端为一段长约1.04米的平底。墓道内填土为褐色花土，土质较松软。墓道北端发现盗洞一处，开口于地层堆积第②层下，平面呈不规则圆形，径约0.66～0.8米。盗洞斜向下破坏甬道及封门通入墓室。

2. **甬道**　在墓道与墓室之间。土洞拱顶。进深0.4、宽0.56、高1.18、底距现地表3.52米。

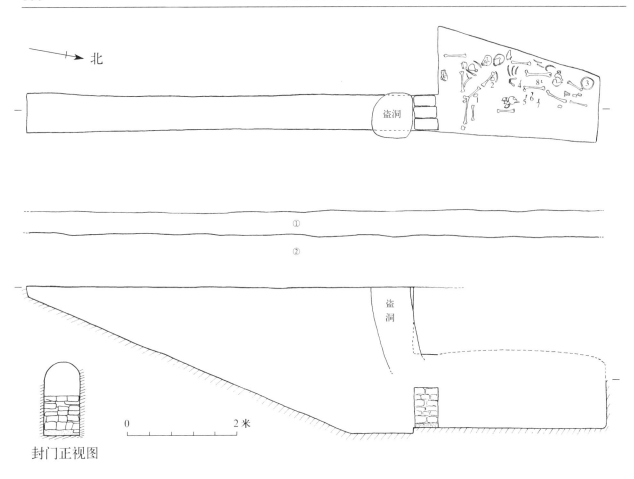

图三六 A　M40 平、剖面图

1、2. 蚌壳　4. 铜针状物　5. 盆口沿　6~8. 铁棺钉

3. **封门**　甬道处用土坯封堵，上部因盗扰被破坏，残存六层土坯，底有一层厚约 0.1 米的垫土层。由下到上，第一层土坯 4 块，第二至六层土坯各为 3 块，土坯纵向平砌。封门土坯墙宽 0.56~0.6、厚 0.4、残高 0.64 米。土坯长 36、宽 20、厚 9 厘米左右。

4. **墓室**　南北纵向土洞室，平面形状呈梯形。墓室东壁平直，与墓道东壁基本处在一条直线上。东壁南北长 2.62、西壁南北长 2.82、北壁东西宽 1.06、南壁东西宽 1.7、四壁残高 0.75 米左右。墓门开在墓室南壁东侧，宽 0.6 米。墓顶已塌落，高度不明，从墓室壁面看，可能为拱形顶洞室。墓室积满淤土及墓顶塌下来的生土块。墓室底距现地表深 3.52 米。

（二）葬式葬具

墓室发现人骨架三具，骨骼扰乱严重，葬式不清。在墓门处的扰土内有幼年小孩的下肢骨及盆骨。在墓门西侧有狗头骨一具。墓室内未发现棺木残迹，仅在人骨周围出土铁棺钉数枚。墓中两具成人骨架经鉴定，一为男性，年龄 20~35 岁；一为成年女性（彩版三一，2）。

（三）出土遗物

有陶片、铜针状物、铁棺钉、蚌壳、漆器。

1. **陶器**　有陶盆口沿残片1块。

陶片　1块。标本M40：5，出土在扰土中。盆口沿残片。泥质灰陶。直口，平沿，方唇。口径38厘米（图三六B）。

2. **铜器**　有铜针状物1件。

铜针状物　1件。标本M40：4，出土在扰土中。针状，一端残断，另一端钝尖，中间稍弯。表面有绿锈。残长5.8、径0.2～0.3厘米（图三六B；彩版三一，4）。

3. **铁器**　有铁棺钉7枚。

铁棺钉　7枚。出土在墓室中部人骨周围。椭圆形钉帽，钉身断面呈方形。标本M40：6，长7.7、径0.4～0.5厘米（图三六B）。标本M40：7，残长6.2、径0.5厘米（图三六B）。标本M40：8，钉帽残缺，钉身弯折呈钩状。残长6.5、径0.5厘米（图三六B）。

4. **蚌壳**　有2个。

蚌壳　2个。出土在墓室中南部。表面光洁。标本M40：1，最大径5、宽4.4、厚1.4厘米（图三六B）。标本M40：2，最大径6、宽5.3、厚1.6厘米（图三六B）。

5. **漆器**　有漆盘1件。

漆盘　1件。标本M40：3，出土在墓室西北角。残破较甚。漆皮呈黑褐色。径约22厘米（彩版三一，3）。

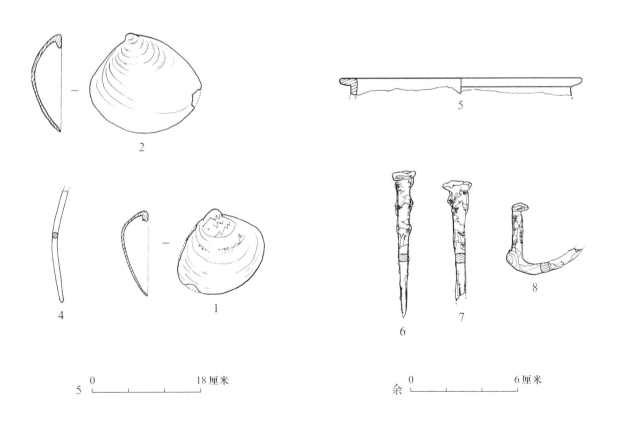

图三六B　M40出土遗物

1、2. 蚌壳　4. 铜针状物　5. 盆口沿　6～8. 铁棺钉

七 M41

M41位于墓地南区中南部，墓室西偏北距M40墓室约66米。

（一）墓葬形制

该墓为坐北朝南的洞室墓，平面形状呈刀形。由墓道、甬道、墓室三部分组成。墓向178°。墓葬全长9.22米（图三七；彩版三二，1）。

1. **墓道** 在墓室甬道南侧。开口在第②层下，距现地表0.8～0.9米。开口平面呈梯形，南宽北窄，南北水平长6.5、南端入口处宽0.8、深0.46、北端口小底大、上口宽0.54、底宽0.7、深2.58、底距现地表3.4米。墓道底部南段呈斜坡状，坡度20°，坡长4.4米，斜坡北端下挖0.5米后与甬道之间是一段长1.9米的平底。墓道北端有一盗洞，开口在地层堆积②层下，平面形状呈椭圆形，径0.86～1.06米。盗洞斜向甬道、破坏封门通入墓室。

2. **甬道** 在墓道与墓室之间。土洞拱顶。南略宽北稍窄，进深0.26、宽0.7～0.8、高1.1米。土坯封门被破坏不存。

3. **墓室** 南北纵向土洞室，平面形状呈梯形。墓室东壁与墓道东壁平直，在一条直线上。东壁南北长2.32、西壁南北长2.5、北壁东西宽0.82、南壁东西宽1.44、四壁残高0.74～0.9米。墓门开在南壁东侧，东西宽0.8、距西壁0.66米。墓顶坍塌，高度不详，从墓室平面看，应为拱形顶洞室。墓室底距现地表深3.4米。

（二）葬式葬具

墓室西侧有人骨架一具。骨骼保存基本完整，头高足低，头南足北、仰身直肢。墓室内无棺木痕迹。骨架经鉴定为男性，年龄25～30岁（彩版三二，2）。

（三）出土遗物

有陶罐、铁刀、漆器。

1. **陶器** 有陶罐1件。

罐 1件。标本M41：1，出土于墓室南部人头骨南侧。泥质灰陶。侈口，沿面平斜，方唇，短颈，斜腹，平底。最大腹径在肩部。口径7.6、最大腹径15.4、底径7.6、高20.8厘米（图三七）。

2. **铁器** 有铁刀1件。

铁刀 1件。标本M41：3，出土在人骨架的右肩胛骨处。残，锈蚀。单面刃，刃身弯曲变形。残长29.4、刃宽3.6、脊厚0.6厘米（图三七）。

3. **漆器** 有漆盘1件。

漆盘 1件。标本M41：2，出土于墓室南部近墓门处。残甚。漆皮呈棕红色。径约14厘米（彩版三二，3）。

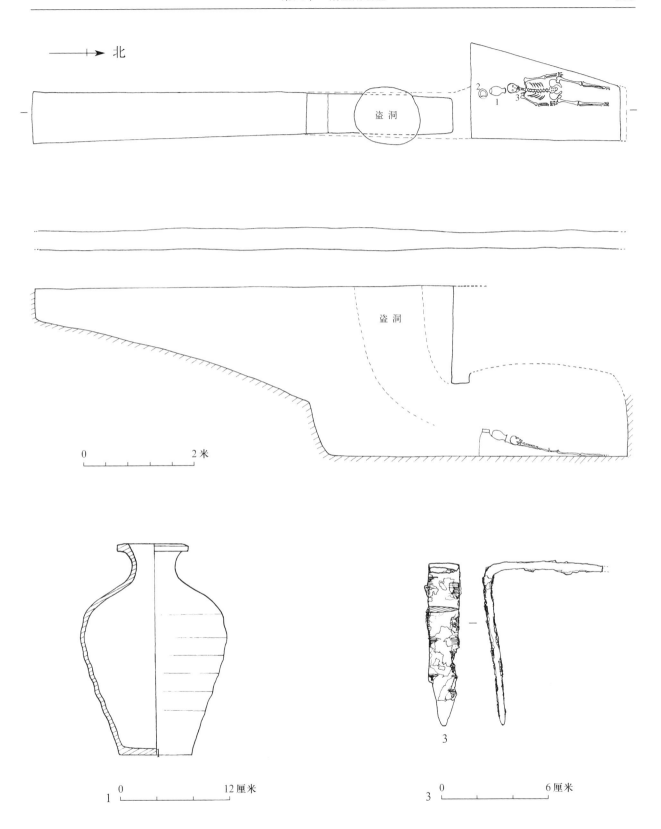

图三七　M41 及出土遗物

1. 罐　2. 漆器　3. 铁刀

八　M42

M42 位于墓地南区的南部，墓室西与 M41 墓室间距近 23 米。

（一）墓葬形制

该墓为坐北朝南的洞室墓，平面形状呈刀形。由墓道、墓室两部分组成。墓向 174°。墓葬全长 9.64 米（图三八 A；彩版三三，1）。

1. **墓道**　在墓室南侧。平面形状呈梯形，南宽北窄。开口南北长 7.04、南端宽 0.86、深 0.55、北端宽 0.6、深 3.8、底距现地表 4.9 米。底呈斜坡状，南段斜坡坡度较大，坡度 35° 左右，坡长5.1 米；北段平缓，坡度约 14°，坡长 2.7 米。东西两侧壁较平直。未发现甬道及封门迹象。

2. **墓室**　南北纵向土洞室，平面形状呈梯形。墓室东壁与墓道东壁平齐在一条直线上。东壁和西壁南北长 2.6、北壁东西宽 1.12、南壁东西宽 1.44、四壁残高 1.05 米。墓门开在墓室南壁东侧，东西宽 0.6、高约 1.4、距西壁 0.87 米。墓顶坍塌，高度不详，可能为拱形顶洞室。墓室底距现地表深4.9 米。

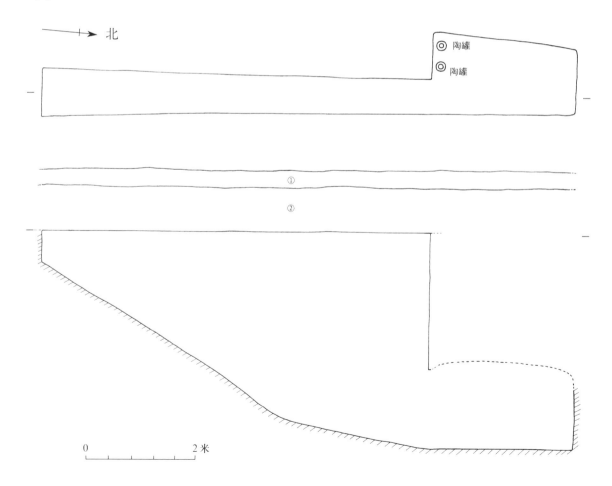

图三八 A　M42 平、剖面图

（二）葬式葬具

墓室内未发现人骨架。有木棺残迹和几枚锈蚀残断成碎块的铁棺钉。

（三）出土遗物

陶器　有陶罐 2 件。

罐　2 件。出土在墓室西南角。泥质灰陶。标本 M42∶1，侈口，方唇，沿面向外平斜，细颈，溜肩，圆腹，平底。素面无纹饰。口径 10、最大腹径 19.4、底径 8.8、高 29 厘米（图三八 B；彩版三三，2）。标本 M42∶2，敞口，圆唇，矮颈，圆腹，平底。口沿内壁及颈部有细密的弦纹，腹上部有一道弦纹。口径 11.4、最大腹径 18.4、底径 7、高 25.8 厘米（图三八 B；彩版三三，3）。

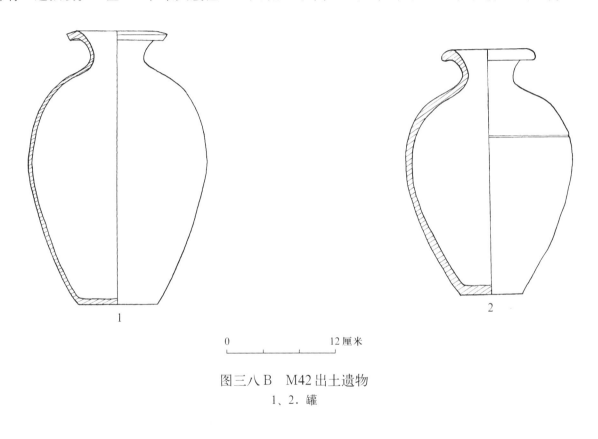

0　　　　　　12 厘米

图三八 B　M42 出土遗物
1、2. 罐

九　M43

M43 位于墓地南区的南部，墓室西距 M41 墓室约 34、西偏北与 M42 墓室相距约 10 米。

（一）墓葬形制

该墓为坐北朝南的洞室墓，平面形状呈刀形。由墓道、甬道、墓室三部分组成。墓向 175°。墓葬全长 8.74 米（图三九 A；彩版三四，1）。

1. 墓道　在墓室甬道南侧。开口在第②层下，距现地表 1 米左右。平面长方形，南北水平长 6.26、宽 0.74、深 0.3（南端）～1.88（北端）米，墓道北端底距现地表深 2.84 米。底部呈斜坡状，坡度约

27°，坡长 6.44 米。墓道东西两侧壁修整得较为规整。

2.**甬道**　在墓道与墓室之间。土洞拱形顶。进深 0.3、宽 0.62、高 1.1、底距现地表 2.86 米。东西两侧壁较墓道两侧壁略窄，均向内收进 0.06 米。

3.**封门**　甬道处以土坯封堵。土坯残留四层，为错缝平砌，第一层土坯 2 块，第二、三层土坯各 3 块，第四层土坯 4 块。土坯封门墙宽 0.68、厚 0.3、残高 0.4 米。

4.**墓室**　大体为南北纵向土洞室，整个墓室向东北拐折。平面形状呈圆角梯形。墓室东壁与墓道东壁相接处成折角。东壁长 1.94、西壁长 2.36、北壁宽 0.9、南壁宽约 1 米。墓门开在墓室东壁与南壁之间，宽 0.64 米。墓顶已坍塌，高度不明，从墓室现存状况推测，原应为拱形顶洞室。墓室底距现地表深 2.96 米。

（二）葬式葬具

墓室西壁下人骨架一具。骨骼保存较完整。骨架头西南足东北，仰身直肢葬。骨架经鉴定为女性，年龄 25～30 岁。

（三）出土遗物

有陶罐、铜钱、银钗、铁剪刀、骨管。

1.**陶器**　有陶罐 1 件。

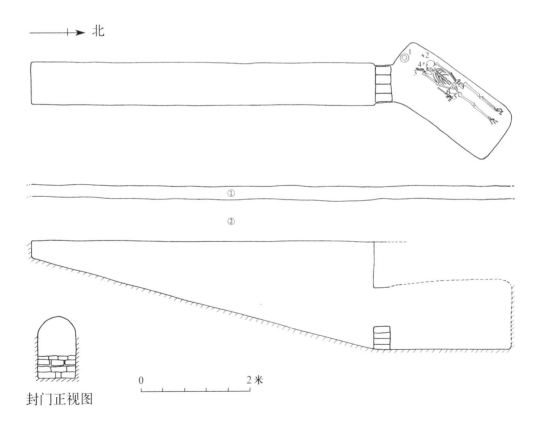

图三九A　M43 平、剖面图
1.罐　2.骨管　3.铁剪刀　4.银钗　5、6.开元通宝

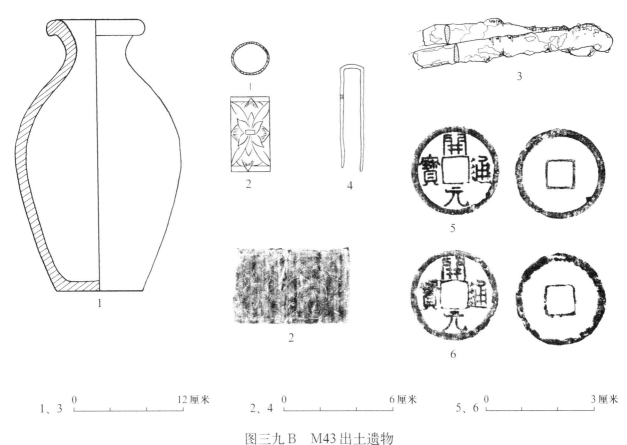

图三九B　M43出土遗物
1. 罐　2. 骨管　3. 铁剪刀　4. 银钗　5、6. 开元通宝

罐　1件。标本M43：1，出土在墓门西侧。泥质灰陶。侈口，方唇，短颈，溜肩，圆腹，小平底。口径10.8、最大腹径18、底径9.6、高28.6厘米（图三九B；彩版三四，2）。

2. **铜钱**　有开元通宝2枚。

开元通宝　2枚。出土在骨架的右手指骨附近。"开"字结构匀称；"元"字上横较短，次横左上挑；"通"字之"走"部前三笔不相连，为三逗点，"甬"字上笔开口较大；"宝"字下部"贝"字中的二横画与左右两竖画不相接。标本M43：5，直径2.4、穿径0.7、郭宽0.2厘米，重4.4克（图三九B）。标本M43：6，直径2.45、穿径0.7、郭宽0.2厘米，重3.6克（图三九B）。

3. **金银器**　有银钗1件。

银钗　1件。标本M43：4，出土在头骨上方。完整。呈"U"形。长5.7、宽1.25、径0.1～0.2厘米（图三九B；彩版三四，4）。

4. **铁器**　有铁剪刀1件。

铁剪刀　1件。标本M43：3，出土在人骨架头骨右侧。锈蚀严重。柄手残，双刃半开。残长22、刃宽1厘米（图三九B；彩版三四，3）。

5. **骨器**　有骨管1件。

骨管　1件。标本M43：2，出土在头骨西南部。呈扁圆形。器表相对两面线刻四叶花纹。长4、径1.8～2.1厘米（图三九B；彩版三四，5）。

一〇　M44

M44位于墓地南区的南部，墓室西北与M42墓室相距约20米，与M43墓室间距约9米。

（一）墓葬形制

该墓为坐北朝南的洞室墓，平面形状呈刀形。由墓道和墓室两部分组成。墓向176°。墓葬全长8.94米（图四〇；彩版三五，1）。

1. **墓道**　在墓室南侧。开口在第②层下，距现地表1～1.08米。墓道南宽北窄，开口平面形状大致呈梯形，南北水平长6.24、南端入口处宽0.76、深0.74、北端宽0.6、深2.16米。墓道底部南段斜坡稍陡，坡度10°左右，坡长3.8米；南段北端下挖0.8米后墓道坡面趋于平缓，坡长2.3米，坡度4°，几乎与墓室底部一样平齐。未发现封门迹象。

2. **墓室**　南北纵向土洞室，平面形状呈梯形。墓室东壁北段相对于墓道东壁略向东偏折。东壁南北长2.72、西壁南北长2.6、北壁东西宽0.8、南壁东西宽1.2米。四壁较平直，南壁保存较好，残高1.3米左右。墓门开在墓室南壁东侧，东西宽0.6、距西壁0.56米。墓顶坍塌，高度不详，推测原可能为拱形顶洞室。墓室底距现地表深3.26米。

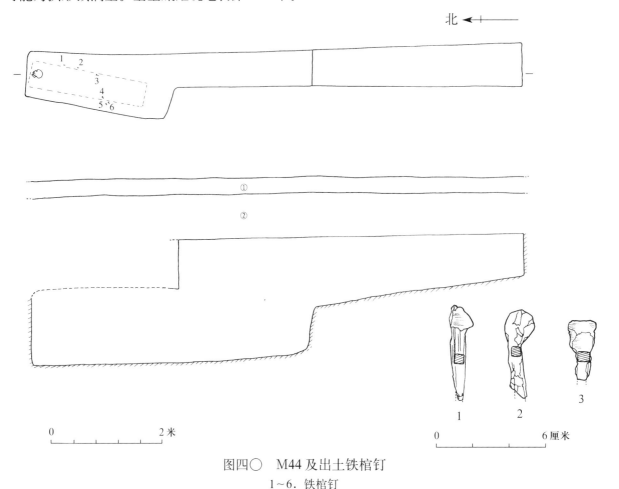

图四〇　M44及出土铁棺钉

1～6. 铁棺钉

（二）葬式葬具

墓室西侧有木棺遗迹，棺木长2.1、宽0.42～0.46、残高0.3米。棺内北端有一具人头骨，未见其他骨骼。葬式不详。头骨经鉴定为男性，年龄45～50岁。该墓不见随葬品。

（三）出土遗物

仅出有铁棺钉6枚。

铁棺钉　6枚。均出土在墓室扰土中，多数锈蚀残断。钉身断面呈方形，其表面附有木质痕迹。标本M44：1，钉帽残失。残长4.9、径0.5厘米（图四○）。标本M44：2，残长4.7、径0.5厘米（图四○）。标本M44：3，钉帽残断。残长3.1、径0.5～0.7厘米（图四○）。

—— M45

M45位于墓地北区的南部，墓室西与M44墓室间距8米。

（一）墓葬形制

该墓为坐北朝南的洞室墓，平面形状呈刀形。由墓道、甬道、墓室三部分组成。墓向约180°。墓葬全长10米（图四一）。

1. **墓道**　在墓室甬道南侧。开口在地层堆积②层下，距现地表1.14米。墓道平面形状呈梯形，南宽北窄，南北水平长7.16、南端入口处宽1、深0.18、北端宽0.62、深3.66、距现地表深4.76米。底呈斜坡状，坡度32°，坡长8.04米。

2. **甬道**　在墓道与墓室之间。土洞拱顶。进深0.3、宽0.64、高1.16、底距现地表4.8米。甬道处未发现封门迹象。墓道北端与甬道间有一盗洞，开口在第②层下，距现地表深1.14米，平面形状呈椭圆形，径约0.6～0.74米。盗洞打破墓道北端西壁及甬道上部。

3. **墓室**　南北纵向土洞室，平面形状梯形。墓室东壁相对于墓道东壁向东错出。东壁南北长2.48、西壁南北长2.62、北壁东西宽1.2、南壁东西宽1.88、四壁残高1米左右。墓门开在墓室南壁偏东处，东西宽0.64、距墓室西壁0.92、距东壁0.3米。墓室东壁南段有一平面为长方形的壁龛，立面为平顶，龛南北宽1.24、进深0.3、高0.7米。墓顶坍塌，推测原可能为拱形顶洞室。墓室底距现地表深4.8米。

（二）葬式葬具

墓室西侧有木棺遗迹，棺木长2.14、北端宽0.44、南端宽0.6、残高0.3米。墓室内人骨两具，骨架比较凌乱，头骨发现于墓室西壁南部，据棺痕及骨骼判断，可能头南足北。头骨经鉴定，一为男性，年龄大于45岁；一为女性，年龄35～40岁。

（三）出土遗物

有铜钱、铁棺钉、漆器残片等。在墓道开口上部的扰土层（编号M45K）内出土有宋代瓷片。

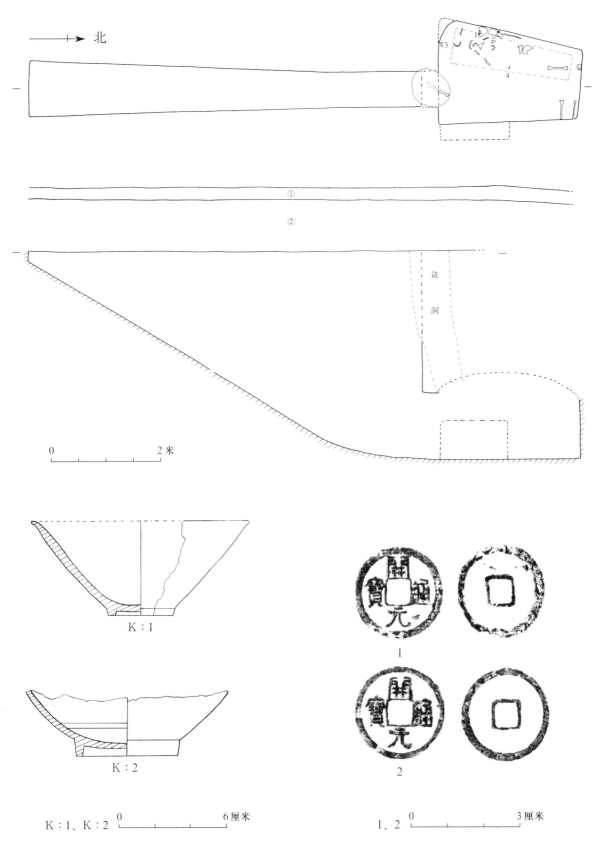

图四一　M45 及出土遗物

1、2. 开元通宝　3. 漆器　4. 铁钉　K：1、K：2. 青釉碗

1. **铜钱**　有开元通宝2枚。

开元通宝　2枚。"开"字结构匀称；"元"字上横较短，次横左斜挑；"通"字之"走"偏旁前三笔不相连，为三逗点，"甬"字上笔开口较大；"宝"字下部"贝"字中的二横画与左右两竖画不相接。标本M45：1，出土在男性头骨口中。直径2.4、穿径0.7、郭宽0.2厘米，重2.8克（图四一）。标本M45：2，出土在女性头骨下。直径2.4、穿径0.7、郭宽0.2厘米，重3.3克（图四一）。

2. **铁器**　有铁棺钉1枚。

铁棺钉　1枚。标本M45：4，出土在墓室中部。锈蚀残断。钉身断面呈方形。残长5.5厘米。

3. **漆器**　有漆片1块。

漆片　1块。标本M45：3，出土在墓室西南侧。漆皮呈棕红色。器形不明。

在墓道开口上部扰土中（编号M45K1）出土青釉碗腹片2件。标本M45K：1，黑灰胎。内外釉。敞口，尖圆唇，斜腹，矮圈足。口径约11.9、底径约3.5、高5厘米（图四一）。标本M45K：2，灰白胎。内外釉。口沿残。斜弧腹，圈足。残口径11、底径5.5、残高3.3厘米（图四一）。

一二　M46

M46位于墓地南区东南部，墓室西与M45墓室间距约5米。

（一）墓葬形制

该墓为坐北朝南的洞室墓，平面形状呈刀形。由墓道（含一过洞、一天井）、甬道、墓室三部分组成。墓向175°。墓葬全长9.06米（图四二；彩版三五，2）。

1. **墓道**　在墓室甬道南侧。开口在第②层下，距现地表1.28米。平面长方形，南北水平长6.06、宽0.64、南端入口处深0.3、北端深3、底距现地表4.28米。底呈斜坡状，坡度26°，坡长5.5米。斜坡北端与甬道之间是一段1.34米长的平底。过洞一处，在墓道中部与天井之间，其南壁距墓道南端3.88米。土洞拱形顶。进深0.46、东西宽0.6、顶高1.8～1.9米。过洞略向东斜偏。天井一处，在过洞与甬道之间。平面呈长方形，南北长1.75、东西宽0.6、深2.64～3米。天井底部为平底，底距现地表4.28米。

2. **甬道**　处天井和墓室南壁墓门之间。为土洞拱形顶。平面形状呈梯形，进深0.84、南端宽0.72、北端宽0.68、高1.14米。甬道南端较墓道宽0.12米。清理甬道内的淤土时没有发现封门墙，在天井内的填土中发现有土坯残块。

3. **墓室**　南北纵向土洞室，平面形状呈梯形。墓室东壁相对于墓道东壁略向西偏折。东壁南北长2.16、西壁略向内曲、南北长2.2、北壁东西宽0.8、南壁东西宽1.5、四壁残高1米左右。墓门开在墓室南壁东侧，东西宽0.68、距墓室西壁0.84米。墓室底与甬道地面一样平，底距现地表深4.26米。

（二）葬式葬具

墓室西侧有南北向棺木遗迹。棺长1.92、南端宽0.6、北端宽0.44米。棺内两具人骨骼扰乱十

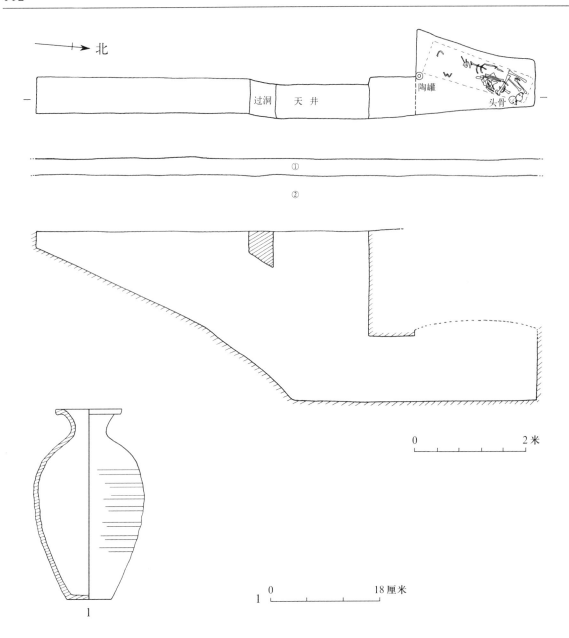

图四二　M46 及出土陶罐

分严重，两具头骨位于木棺东北角，下颌骨处在木棺南部，已看不出原来的葬式。头骨经鉴定，一为男性，年龄 35～45 岁，一为女性，年龄 30 岁左右（彩版三五，3）。

（三）出土遗物

仅出土陶罐 1 件。

罐　1 件。标本 M46：1，出土在墓门西侧。泥质灰陶。侈口，方唇，平沿，束颈，平底。器形瘦长，腹面有凹凸起伏的隐弦纹。底部有刮平胎底而留下的同心弦纹。口径 10.8、最大腹径 18、底径 7.2、高 30 厘米（图四二 B）。

一三　M47

M47位于墓地南区的南部，墓室北偏西与M42墓室间距近12米，东北与M43墓室间距约9米。

（一）墓葬形制

该墓为坐北朝南的洞室墓，平面形状呈刀形。由墓道、墓室两部分组成。墓向177°。墓葬全长7.02米（图四三；彩版三六，1）。

1.**墓道**　在墓室南侧。开口于第②层下，距现地表1.1～1.3米。开口平面形状呈梯形，南宽北窄，南北水平长5.1、南端入口处宽0.66、深0.56、北端宽0.48、深2.24、底距现地表3.58米。墓道底南部呈斜坡状，坡面起伏不平，坡度约22°，坡长4.3米。斜坡北端与墓门之间是一段1米长的平底。未有甬道及封门迹象。

2.**墓室**　南北纵向土洞室，平面形状呈梯形。墓室东壁相对于墓道东壁略向西偏折。东壁南北长1.84、西壁南北长2.02、北壁东西宽0.56、南壁东西宽1.1、四壁残高0.84米左右。墓门开在墓室南壁偏东处，东西宽0.52、距墓室西壁0.42、距东壁0.14米。墓室底距现地表深3.58米。

（二）葬式葬具

墓室西壁下有木棺遗迹，棺木长1.76、残宽0.44、残高0.3米。棺内人骨架一具，扰乱严重，头骨位于木棺的南部，原可能头南足北。头骨经鉴定为男性，年龄25～30岁（彩版三六，2）。

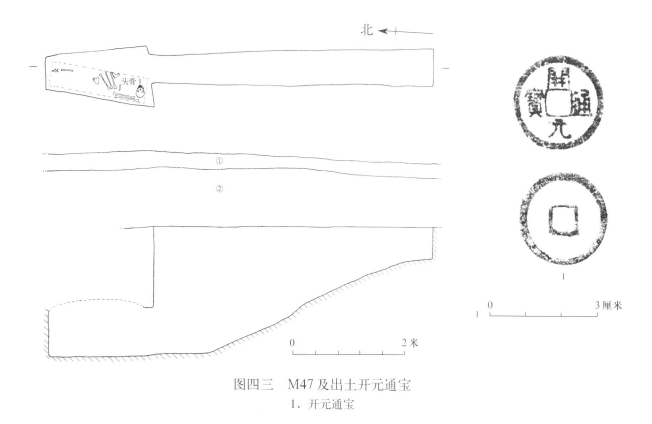

图四三　M47及出土开元通宝
1.开元通宝

（三）出土遗物

仅有开元通宝1枚。

开元通宝　1枚。标本M47∶1，出土于头骨口中。"开"字二竖画显外撇；"元"字上横短，次横略弧左挑；"通"字"走"部前三笔为三逗点，"甬"字上笔开口较大；"宝"字下部"贝"字内二横画短，与左右两竖画不相连。直径2.5、穿径0.7、郭宽0.2厘米，重3.8克（图四三）。

一四　M48

M48位于墓地南区的南部，墓室西略偏北距M47墓室约6米，东偏北距M44墓室约6米。

（一）墓葬形制

该墓为坐北朝南的洞室墓，平面形状呈刀形。由墓道、墓室两部分组成。墓向175°。墓葬全长8米（图四四）。

1.**墓道**　在墓室南侧。开口在第②层下，距现地表1～1.26米。平面梯形，南宽北窄，南北水平长5.62、南端入口处宽0.7、深0.26、北端宽0.62、深2.56、底距现地表3.7米。底为斜坡状，坡度26°左右，坡长4.8米。斜坡北端与墓门之间是一段1.3米长的平底。墓道北端有厚约0.46米的淤土，部分人骨及随葬品处于淤土上部。墓道东西两侧壁面较为粗糙。未见甬道、封门迹象。

2.**墓室**　南北纵向土洞室，平面形状呈梯形。墓室东壁与墓道东壁基本处在一条直线上。东壁南北长2.48、西壁南北长2.5、北壁东西宽0.74、南壁东西宽1.42、四壁残高1.18米左右。墓门开在墓室南壁东侧，东西宽0.62、距西壁0.7、距东壁0.1米。墓顶塌落，高度不详，原可能为拱形顶洞室。墓室底较墓道北段低约0.1、底距现地表深3.92米。

（二）葬式葬具

墓室内木棺迹象不清，只发现少量的棺钉。人骨一具，散处在墓室及墓道内，头骨及部分肢骨发现于墓室东北角，葬式不明。头骨经鉴定为白种人，男性，年龄50～55岁（彩版三七，1）。

（三）出土遗物

有陶器、铜钱。

1.**陶器**　有盖罐1件（彩版三七，2）。

盖罐　1件。泥质灰陶。标本M48∶1，罐身出土在墓道北端的淤土上。侈口，方唇，平沿，缩颈，鼓腹，最大腹径在肩部，下腹斜收，平底。器表有凹凸状浅弦纹。腹部涂饰红彩带纹。口径13、最大腹径21.6、底径8.5、高21.4厘米（图四四）。标本M48∶2，罐盖出土在墓室南部墓门处。子母口，扁平沿，覆钵形盖身，顶部有扁圆形纽，纽下有接痕。盖面有细弦纹。径13、高4.6厘米（图四四）。

2.**铜钱**　有开元通宝1枚。

开元通宝　1枚。标本M48∶3，出土在墓室东南部近墓门处。"开"字间架匀称，二竖画略外撇；"元"字上横细直较长，次横细长左斜挑；"通"字"走"部前三笔呈似连非连的顿折状，"甬"字上笔开口较小；"宝"字下"贝"部中的二横画与左右两竖画相连。背面穿上有半月形隆起，形似指甲痕。直径2.5、穿径0.7、郭宽0.2厘米，重4.1克（图四四）。

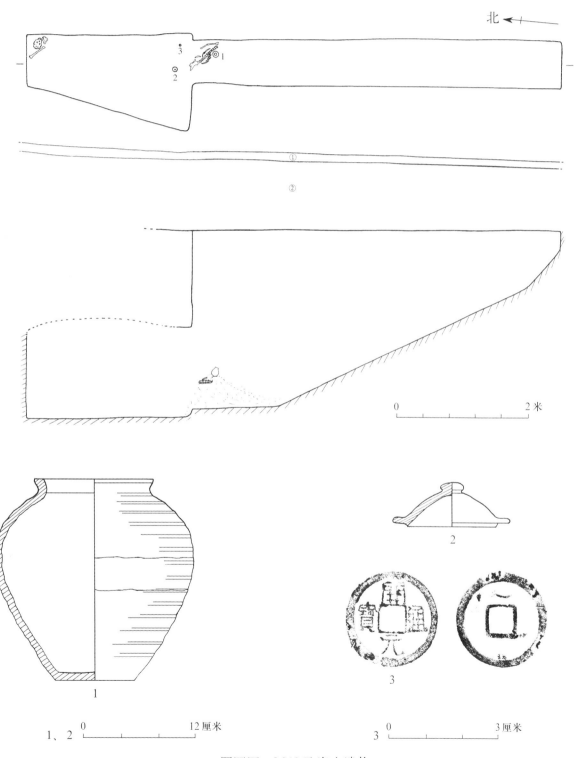

图四四　M48及出土遗物
1. 罐　2. 盖　3. 开元通宝

一五　M49

M49 位于墓地南区东南端，墓室北距 M46 墓道南端约 24、西北距 M48 墓室约 39 米。

（一）墓葬形制

该墓为坐北朝南的洞室墓，平面形状呈刀形。由墓道（含一过洞、一天井）、甬道、墓室三部分组成。墓向 176°。墓葬全长 12.6 米（图四五 A）。

1. **墓道**　在墓室甬道南侧，为有台阶的斜坡式墓道，开口在地层堆积②层下，距现地表 1 米左右。平面长方形，南北水平长 9.46、南端入口处宽 0.62、深 0.4、北端宽 0.66、深 3.93、底距现地表深 4.93 米。底呈斜坡状，坡度约 20°，坡长 7.6 米。斜坡坡面较为平整，是经修整过的生土面。墓道斜坡北段有 2 级台阶，台阶阶面宽 0.2、高 0.4 米，台阶下的一段长约 2 米的底面较为平缓。墓道东西两侧壁修整较为平直。墓道内的填土相对较松软，填土与壁面容易分离。过洞一处，在墓道北段与天井之间，其南壁距墓道南端 7.18 米。土洞拱形顶。进深 0.5、宽 0.58、顶高 1.8～2.54 米。与过洞顶相对应的底部为两级台阶。天井一处，在过洞与甬道之间。平面呈长方形。南北长 1.82、宽 0.6、南端深 3.7、北端深 3.92 米。天井北端有一盗洞，开口在第②层下，距现地表 1 米。洞口平面基本呈圆形，径约 0.8 米。盗洞打破天井东、西壁斜向下通入墓室。

2. **甬道**　在天井和墓室之间。土洞拱顶。进深 0.42、宽 0.64、顶高 1.72～1.76 米。未有封门迹象。

3. **墓室**　南北纵向土洞室，平面形状呈梯形。墓室东壁与墓道东壁平直，处在一条直线上。东壁南北长 2.7、西壁南北长 2.72、北壁东西宽 1.58、南壁东西宽 2.02、四壁较直、残高 1.2 米左右。墓门开在墓室南壁偏东处，东西宽 0.64、距西壁 1.2、距东壁 0.2 米。墓室东壁南段有一壁龛，平面呈长方形，平顶，龛南北长 1.3、进深 0.18、高 0.8 米。墓室顶部塌毁，高度不明，从墓室周壁观察，原可能为穹窿状洞室。墓室底距现地表深约 5 米。墓室北壁偏西处有一盗洞，开口在第②层下，距现地表 1 米深。平面呈椭圆形，径 0.6～0.66 米。盗洞打破墓室北壁斜向下通入墓室。

（二）葬式葬具

该墓盗扰严重，墓室内人骨散乱。墓室西壁下有两具人头骨，靠西侧的下肢骨保存尚好，推测可能头南足北、仰身直肢葬。头骨经鉴定，一具为男性，年龄 40～45 岁，一具为女性，年龄 35～40 岁（彩版三七，2）。

（三）出土遗物

有铜泡钉、铜钱、铁棺钉。

1. **铜器**　有铜泡钉 25 枚、开元通宝 5 枚。

铜泡钉　25 枚。发现于墓室内扰土中。出土时均附着有朽木残块。伞状。表面鎏金。钉帽圆泡形，钉身四棱细尖锥状。尖端弯曲。标本 M49：1－1，帽径 1.4、长 1.8 厘米。附着朽木残片长 2.9

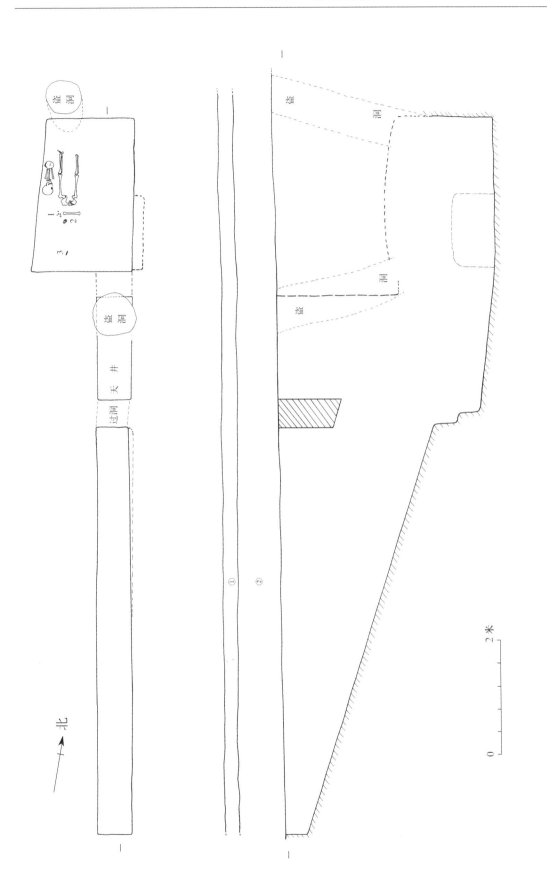

图四五 A M49平、剖面图
1. 铜泡钉 2. 开元通宝 3. 铁棺钉

厘米（图四五 B）。标本 M49：1－2，帽径 1.4、长 1.8 厘米。附着朽木残片长 2.8 厘米（图四五 B）。标本 M49：1－3，帽径 1.3、长 1.7 厘米。附着朽木残片长 2 厘米（图四五 B；彩版三七，4）。

　　开元通宝　5 枚（其中 2 枚残损）。叠压出土于墓室西南部。"开"字方正；"元"字上横较短，次横左挑；"通"字"走"部前三笔为三逗点；"宝"字下"贝"部中的二横与左右两竖画不相接。标本 M49：2－1，直径 2.5、穿径 0.7、郭宽 0.2 厘米，重 3.9 克（图四五 B）。标本 M49：2－2，直径 2.4、穿径 0.7、郭宽 0.2 厘米，重 4 克（图四五 B）。标本 M49：2－3，直径 2.5、穿径 0.7、郭宽 0.2 厘米，重 4.5 克（图四五 B）。

　　2.铁器　有铁棺钉 8 枚。

　　铁棺钉　8 枚。出土在墓室扰土中。钉帽均为圆形，钉身断面有方形和长方形两种。锈蚀严重。标本 M49：3－1，钉长 12.1、钉身径 0.3~0.5 厘米（图四五 B）。标本 M49：3－2，钉长 13.6、钉身径 0.5 厘米（图四五 B）。标本 M49：3－3，钉帽残。残长 13.9、钉身径 0.5 厘米（图四五 B）。

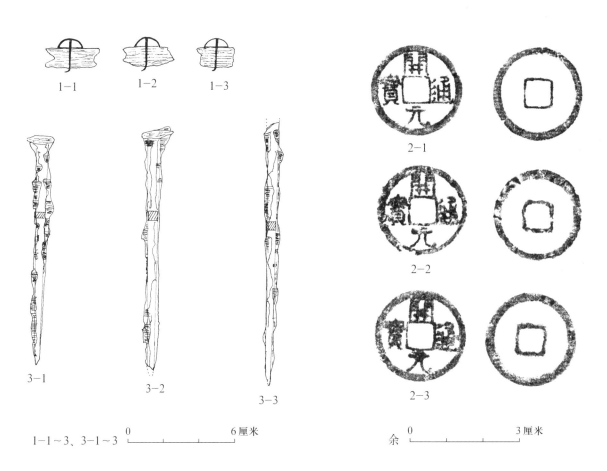

图四五 B　M49 出土遗物

1-1~3. 铜泡钉　2-2~3. 开元通宝　3-1~3. 铁棺钉

第五章　结　语

固原南塬，北周李贤墓志中称其地为"原州西南陇山之足"[1]，固原南郊史氏粟特人家族墓地出土一些墓志中，史索岩墓志称"高平之原"[2]，史道德墓志称"百达之原"[3]，史诃耽[4]与史道洛墓志称"百达原"。史道洛墓志中对此地赞赏有加："南眺岗峦，亘九成之纷纡；北望都邑，萩百雉以纡馀。东邻长平，烟霞之所氛泊；西临修陌，冠盖之所往来。既同青鸟之卜，还符白鹤之相"[5]。这个地理区域界在固原市区（原州区）与其西南的白马山之间、东南侧为清水河支流马饮河切割。整个塬地面积约60平方公里左右，地势平坦，现地貌有规模不等的蚀沟分布。在此区域内汉、北朝、隋唐乃迄明清不同时期的墓葬多有发现，公布已清理的墓葬材料有：于该塬地的西南一带即马饮川以北曾发掘了北周李贤夫妇墓、北周宇文猛墓[6]、北周田弘墓[7]、隋史射勿墓、唐史道德、史道洛、史诃耽、史铁棒、史索岩及梁元珍墓等。本报告介绍的这批汉、隋唐墓葬处在塬地东北部，分布比较密集，有些墓葬出现了上下叠压而葬的景象。而隋唐墓葬的规模、等级等有别于塬地西南面的隋唐纪年墓，出土的遗物资料尤显单薄，有些墓内随葬品甚至荡然无存，仅存墓葬形制，但这批墓葬对隋唐时期固原地区的社会生活、埋葬习俗和制度等仍提供了可资研讨的宝贵信息。

一　固原南塬汉墓

本报告中介绍的固原南塬汉墓 M31 是由长斜坡墓道、封门、甬道、方形墓室构成的土洞室墓，年代根据遗物分析判断为新莽时期至东汉早期。土洞室墓是本地区传统的墓葬形制。远在新石器时代的海原菜园墓地[8]，就已较多地出现土洞室墓葬。春秋战国时期，固原彭堡于家庄[9]、固原扬郎马

① 宁夏回族自治区博物馆等：《宁夏固原北周李贤夫妇墓发掘简报》附李贤墓志录文，《文物》第19页，1985年11期。
② 罗丰编著：《固原南郊隋唐墓地》，第47页，文物出版社，1996年。
③ 宁夏固原博物馆：《宁夏固原唐史道德墓清理简报》附史道德墓志录文，《文物》第30页，1985年11期。
④ 罗丰编著：《固原南郊隋唐墓地》，第72页，文物出版社，1996年。
⑤ 原州联合考古队编：《唐史道洛墓——原州联合考古队发掘调查报告1》，东京勉诚出版社，2000年，图版第32；罗丰：《胡汉之间——"丝绸之路"与西北历史考古》，第490页，文物出版社，2004年。
⑥ 宁夏文物考古所固原工作站：《固原北周宇文猛墓发掘简报》，《宁夏考古文集》，第134～147页，宁夏人民出版社，1996年。
⑦ 原州联合考古队：《北周田弘墓——原州联合考古队发掘调查报告2》，东京勉诚出版社，2000年。
⑧ 许成、李进增：《海原县瓦罐嘴新石器时代墓地》，《中国考古学年鉴·1988年》，第253页，文物出版社，1989年；宁夏文物考古研究所等：《宁夏海原县菜园村遗址、墓地发掘简报》，《文物》第1～14页，1988年9期；宁夏文物考古研究所：《宁夏海原县菜园村遗址切刀把墓地》，《考古学报》第415～445页，1989年4期。
⑨ 钟侃：《固原县彭堡春秋战国墓葬》，《中国考古学年鉴·1988年》，第255～256页，文物出版社，1989年；宁夏文物考古研究所：《宁夏固原于家庄墓地发掘简报》，《华夏考古》第55～63页，1991年3期；宁夏文物考古研究所：《宁夏彭堡于家庄墓地》，《考古学报》第79～106页，1995年1期。

庄①、西吉陈阳川②、彭阳张街村③等墓地发现的一些土洞室墓，墓葬形制既有相似的一面，也有不同的地方。相似处在于墓葬都由墓道和墓室两部分构成，墓道内都放置殉牲；不同处在于有些洞室开在墓道一侧，有些洞室开在墓道一端。两汉时期，年代为西汉中晚期的同心县倒墩子匈奴墓地发掘有六座洞室墓④；盐池县张家场墓地曾发掘五座洞室墓，时代相当于西汉至东汉初年⑤；固原博物馆院内清理有一座西汉晚期长方形竖井式斜坡墓道的土洞室墓⑥；固原市区东南侧九龙山发掘的一座西汉晚期洞室墓，也有长斜坡墓道、甬道、封门、墓室组成，墓室中有木椁⑦。在中卫宣和⑧、半截子山⑨及盐池宛记沟⑩一带亦曾发掘过一些土洞室墓，它们的时代被发掘者认为主要处在西汉中期至晚期阶段。一般认为，土洞墓在汉代乃属于社会中财富、地位均处于最不利的阶层所使用。可能是由于地域的不同，这些墓葬在墓形与营筑细节方面发生有变异，存在着某些差别。这时期的洞室墓形制较前一阶段既有继承又有发展。而像固原九龙山西汉晚期洞室墓、固原南塬东汉早期墓葬M31这种规格比较大的长斜坡墓道洞室墓为固原地区北周、隋唐时期的大型洞室墓的营造作了技术上的准备，奠定了坚实基础。宁夏境内的洞室墓有着演化发展脉络和一些自身的特点。

应该注意的是南塬汉墓M31出土遗物中的一件双耳铁镬。镬的主要功用是作为烹饪炊具和盛食器，多为青铜质。青铜镬滥觞于商周之际，延续时间较长，是欧亚大陆游牧民族文化的一个显著特征。无耳铜镬只见于中国北方，而且数量很少。铜镬从早期的农牧交错地带向农耕区扩张，反映了戎狄迁徙和融入华夏民族的过程⑪。有报道固原地区亦曾出土过几件铜镬实例⑫。固原南塬M31出土的铁镬和在固原发现的其他一些铜镬实物，折射出两汉时期西羌一些族种在固原一带活动的踪迹。

南塬汉墓M26和M37是两座砖室墓。M26由长斜坡墓道、砖封门、砖券拱顶甬道、砖砌方形穹隆顶前室和砖砌长方形纵券顶后室几部分组成，方向南北向；M37由长斜坡墓道、砖封门、砖券拱顶甬道、砖砌方形穹隆顶前室、砖砌长方形纵券顶后室、砖砌长方形纵券顶侧室几部分组成，方向东西向。一些史笈载述表明，汉代墓葬方向的考虑，在堪舆术中当占重要的地位。统计资料显示，南北向之砖室墓比例在两汉各时期中均较东西向者为多⑬。汉代砖室墓之墓道通常有竖井式与斜坡式两类，有的斜坡式墓道为阶梯形。据统计，中原地区多用竖井墓道，秦地区（西北地区）多用斜坡

① 宁夏文物考古研究所等：《宁夏固原杨郎青铜文化墓地》，《考古学报》第13～55页，1993年1期。

② 宁夏文物考古研究所等：《西吉县陈阳川墓地发掘简报》，《宁夏考古文集》，第61～70页，宁夏人民出版社，1996年。

③ 宁夏回族自治区文物考古研究所等：《宁夏彭阳县张街村春秋战国墓地》，《考古》第14～24页，2002年8期。

④ 宁夏文物考古研究所等：《宁夏同心倒墩子匈奴墓地》，《考古学报》第333～355页，1988年3期。

⑤ 宁夏文物考古研究所等：《宁夏盐池县张家场汉墓》，《文物》第15～25页，1988年9期。

⑥ 郑克强：《固原县博物馆北院汉墓》，《中国考古学年鉴·2000年》，第285页，文物出版社，2002年；固原博物馆：《宁夏固原城西汉墓》，《考古学报》第183～207页，2004年2期。

⑦ 樊军、王仁芳：《固原市九龙山汉墓》，《中国考古学年鉴·2004年》，第399～401页，文物出版社，2005年。

⑧ 陈伟：《中卫宣和汉墓群》，《中国考古学年鉴·1992年》，第327～328页，文物出版社，1994年。

⑨ 王惠民：《中卫县半截子山汉墓》，《中国考古学年鉴·2003年》，第361～362页，文物出版社，2004年；王惠民：《中卫县半截子山汉墓群》，《中国考古学年鉴·2004年》，第399页，文物出版社，2005年。

⑩ 杜玉冰：《盐池县宛记沟汉墓》，《中国考古学年鉴·1989年》，第268～269页，文物出版社，1990年；宁夏文物考古所等：《盐池县宛记沟汉墓发掘简报》，《宁夏考古文集》，第91～106页，宁夏人民出版社，1996年。

⑪ 郭物：《青铜镬在欧亚大陆的初传》，载余太山主编：《欧亚学刊》（第一辑），第122～150页，中华书局，1999年。

⑫ 姚蔚玲：《宁夏固原县出土的铜镬》，《考古》第92～94页，2001年第11期。

⑬ 蒲慕州：《墓葬与生死——中国古代宗教之省思》，第98～99页，中华书局，2008年。

墓道，而楚地则竖井与斜坡并用①。前后室砖室墓，前室之宽大于后室之宽为比较普遍的共同趋势。砖室墓在西汉以后日趋发达，东汉时期，砖室墓形制不仅早已定型，同时还在帝国疆域的东西南北范围内得以广泛推广和普及。在砖室墓为主要墓葬形制的东汉时代，砖室墓之发展主要应该是由于夫妇合葬之需要。砖室墓便于达到二次入葬时开墓合葬的目的。按照黄晓芬教授对汉墓构造形制的型式分类标准，这两座砖室汉墓为"中轴线配置型"，即其墓室的平面布局是以墓道、羡道、前室、后室为中轴线呈一直线配置，沿其中轴线左右配列有耳室或侧室。M26为"中轴线配置型前堂后室式"：主室平面多呈正方形，前、后室的建筑和功能区别分明，且前室一般较其他地下空间高大，故称前堂。属于室构造的发展、成熟形制。M37为"中轴线配置型三室式"：在前堂后室构造之前再增加一室或数室，主室构成在三室或三室以上。属于室构造的复杂形制②。中轴线配置型室墓到东汉以后发展成为中国墓葬形制的主流。由穹隆顶前堂和券顶后室组成的中轴线配置型前堂后室式砖室墓在西汉末期开始出现，东汉早期至晚期都比较常见；而中轴线配置型三室式砖室墓主要见于东汉后期，主室顶部构造以穹隆顶为主；东汉晚期，穹隆顶的覆盖空间一般都发展成为弧形高大且圆滑的成熟型构造，这种穹隆顶在矩形平面上所造就的半球体圆顶结构对于模仿和再现天地穹隆形象十分理想，形象表现了中国自古以来"天圆地方"的观念。

固原及宁夏其它地区的单砖室汉墓除外，这类中轴线配置型东汉砖室墓在固原与其周边普遍存在。见报道的，中轴线配置型前堂后室式墓，在固原北苑小区曾发掘有两座③，固原北塬发掘一座④；宁夏吴忠关马湖⑤、韩桥⑥、灵武横城⑦、海原胡湾⑧以及邻近地区如甘肃环县曲子⑨等地，都发现过这种墓葬的典型墓例。中轴线配置型三室式墓，在固原西塬⑩、上饮河⑪、北苑小区⑫、羊坊村⑬及二营陈家洼⑭等地，有报道各发掘过一座，它们在固原城周围呈环状分布；这种类型的墓在彭阳古城发掘有一座⑮，灵武横城曾发掘有六座⑯。固原北塬一带还曾清理有三座中轴线配置型四室墓⑰。固原城与其周

① 蒲慕州：《墓葬与生死——中国古代宗教之省思》，第125页表5-1，中华书局，2008年。
② 黄晓芬：《汉墓的考古学研究》，第23页，岳麓书社，2003年。
③ 耿志强：《宁夏固原北苑小区墓葬发掘简报》，《陇右文博》第15~27页，2007年1期。
④ 宁夏固原博物馆：《宁夏固原汉墓发掘简报》，《华夏考古》第28~40页，1995年第2期。
⑤ 宁夏博物馆关马湖汉墓发掘组：《宁夏吴忠县关马湖汉墓》，《考古与文物》1984年3期。
⑥ 宁夏文物考古所等：《吴忠市韩桥汉墓发掘简报》，《宁夏考古文集》，第107~118页，宁夏人民出版社，1996年。
⑦ 杜玉冰、陈伟：《灵武县横城汉墓》，《中国考古学年鉴·1988年》，第256页，文物出版社，1989年；宁夏文物考古所：《灵武横城汉墓发掘简报》，《宁夏考古文集》，第71~90页，宁夏人民出版社，1996年。
⑧ 田建国：《海原县胡湾汉墓》，《中国考古学年鉴·1986年》，第237~238页，文物出版社，1988年。
⑨ 庆阳地区博物馆：《甘肃环县曲子汉墓清理记》，《考古》第954~955转893页，1986年10期。
⑩ 樊军：《固原市西塬汉墓》，《中国考古学年鉴·2004年》，第401~402页，文物出版社，2005年。
⑪ 宁夏文物考古所固原工作站等：《固原县上饮河东汉墓清理简报》，《宁夏考古文集》，第119~123页，宁夏人民出版社，1996年。
⑫ 耿志强：《宁夏固原北苑小区墓葬发掘简报》，《陇右文博》第15~27页，2007年第1期。
⑬ 樊军、王仁芳：《固原市九龙山汉墓》，《中国考古学年鉴·2004年》，第401~402页，文物出版社，2005年。
⑭ 耿志强：《固原县陈家洼汉墓》，《中国考古学年鉴·1992年》，第328页，文物出版社，1994年；宁夏文物考古所固原工作站：《固原陈家洼汉墓清理简报》，《宁夏考古文集》，第124~127页，宁夏人民出版社，1996年。
⑮ 宁夏固原博物馆：《宁夏固原汉墓发掘简报》，《华夏考古》第28~40页，1995年2期。
⑯ 杜玉冰、陈伟：《灵武县横城汉墓》，《中国考古学年鉴·1988年》，第256页，文物出版社，1989年；宁夏文物考古所：《灵武横城汉墓发掘简报》，《宁夏考古文集》，第71~90页，宁夏人民出版社，1996年。
⑰ a.耿志强：《固原汉墓》，《中国考古学年鉴·1993年》，第253~254页，文物出版社，1995年；宁夏考古研究所固原工作站：《宁夏固原北东汉墓》，《考古》第334~337页，1994年4期。b.耿志强：《固原县北塬汉墓》，《中国考古学年鉴·2000年》，第286页，文物出版社，2002年；樊军：《固原县北塬汉画像砖室墓》，《中国考古学年鉴·2001年》，第315~316页，文物出版社，2002年。c.樊军：《固原县北塬汉墓》，《中国考古学年鉴·2001年》，第314~315页，文物出版社，2002年。

围分布的汉墓发现众多,若计算临时性的抢救发掘却没有整理资料和编写报告的,还有在城市改造、基建工程中未经调查发掘便遭到破坏的汉墓在内,汉墓的分布地点与数量则更为广泛和密集。从公开发表的汉墓材料、信息来看固原缺少西汉中期以前的墓例。固原砖室汉墓在地理位置上远离帝都,属于边疆地带,虽然空间距离相隔甚远,但在墓葬形制及筑造手法上还是与都城地带的砖室墓有许多相同之处。这一方面反映了东汉时期固原地区人口、社会经济的发展状况,同时又从一侧面也反映出汉王朝政令的畅通。

二　固原南塬隋唐墓

(一) 墓葬形制

以固原南塬这批隋唐墓葬的营造方式和构筑质料,将其划分为土洞单室墓与砖砌单室墓两类。

1. 土洞单室墓

土洞单室墓占发掘墓葬的绝对多数,有38座,规格大都较小。墓室大多为拱形顶,少数穹窿顶。全墓俯视,墓葬平面形制有铲形、"T"形、刀形三种。

铲形墓　7座。全墓平面似铲形,即墓室似铲头,墓道(含甬道)似铲把。浅竖井斜坡墓道,无天井。依墓室平面形状特点分两式。

Ⅰ式　2座(M3、M5)。墓室平面几呈方形,周壁掏挖修理得较规整,墓道、甬道在墓室一壁的中间位置。该式两座墓的总长均不到10米,皆有木棺,墓室面积6平方米左右,墓室底距现地面深5米余。但此两座墓的墓向不同,M3南北向,墓室处北、墓道在南,在甬道处有土坯封门;M5墓室与墓道呈西南—东北向。

Ⅱ式　5座(M4、M19、M24、M32、M35)。墓室平面形制不规则,周壁斜折,有的墓室平面呈五边形,如M4、M24等。墓总长多仅6米余,M4与M19总墓较长,为10米左右;墓室面积2~4平方米,均有木棺残迹,墓室底距现地面深4米左右;除M4与M35有甬道外,其它三座墓无甬道或直接在墓室墓门外土坯封门。此五座墓的墓向有所不一,M4、M19、M35墓室与墓道呈西北—东南向;M24和M32大体呈南北向,墓室在北、墓道在南。

"T"形墓　仅2座(M21、M25)。该型墓的墓室与墓道构呈"T"形(曾有作"钉形墓",墓室像钉盖,墓道像钉身),墓室为横长方形,东西长、南北较窄。浅竖井斜坡墓道,处墓室南壁偏东部(M21)或偏西侧(M25),无天井。墓向偏东,大体南北向;墓总长5米余;墓室面积2平方米左右,墓门前有土坯封门。

刀形墓　29座。全墓平面形制如刀形,墓室似为刀身,墓道、甬道似为刀柄。这类墓的墓向基本是南北向,墓室处北,墓道在南。墓室多呈梯形,南北向长,北端较窄,南面较宽。墓道主要为斜坡式。依墓室与甬道、墓道相同一侧壁的位置关系,该型墓分三式:

Ⅰ式　20座(M1、M6、M8、M9、M14、M16、M20、M28、M29、M30、M33、M36、M39、M40、M41、M42、M44、M47、M48、M49)。甬道、墓道都偏于墓室南壁东部,墓室东壁与墓道

东壁成一条直线，可称之为直背刀形墓。这类墓墓向160°～185°，几乎呈正南北向的占一半。墓总长一般7.4～12.2米，墓室面积2平方米左右，还有不足1平方米。墓室底距现地表深多在3.2～5.1米之间，有三座（M6、M8、M30）墓深2米多。墓道大多斜坡状，唯M20的墓道底部为台阶。其中M36规模较大，墓总长16.8米，墓室面积4平方米余，墓室底距现地表5.9米深，墓道有两天井。墓道带天井的墓葬还有M1（一天井）、M9（两天井）、M16（一天井）、M28（一天井）、M39（一天井）、M49（一天井）。M16、M49墓室东壁下有一小长龛。

　　Ⅱ式　6座（M10、M11、M12、M15、M17、M45）。墓室东壁与墓道东壁相错呈两道平行直线，可称其为错背刀形墓。M10的墓道东壁相对于墓室东壁再错向东，其它几座墓的墓道东壁相对于墓室东壁错向西。墓向大致南北向或偏东。墓总长6.6～10.3米。墓室面积1.5平方米左右。墓室底距现地表深3.1～4.3米。斜坡墓道，坡度21°～25°。M17、M45墓室有小龛，其中M17墓道有一天井。

　　Ⅲ式　3座（M7、M43、M46）。墓室东壁与墓道东壁不成一直线或二者连线相折拐呈一钝角，可称之为折背刀形墓。其中M46墓道有一天井。

　　洞室墓的广泛使用是该墓地的主要特征。土洞单室墓葬的平面形制以刀形墓为多，铲形墓次之，"T"形墓最少。刀形墓中墓道有天井的在Ⅰ式墓中较多，计有7座；在Ⅱ式、Ⅲ式墓中出现较少，各1座。墓室一侧壁带小龛者仅见于刀形墓Ⅰ式中的M16、Ⅱ式墓中的M11、M17。刀形墓、铲形墓自初唐至晚唐都有，而斜坡墓道、无龛的中小型刀形、铲形单室土洞墓依刊布的一些中原一带的唐墓发掘材料，一般主要还是盛行于初唐、盛唐时期。M36墓室西侧的棺床是为高起的土台，墓葬在墓室西侧设置棺床的习俗，被认为是盛唐期的一个较为突出的特征[①]。直背刀形墓流行于中唐以后，折背刀形墓约在武宗会昌前后出现并逐渐流行。晚唐时出现了阶梯式墓。这类墓葬形制的等级，其墓主人身份主要为四品—九品以下的中低级官吏和无品的庶人。

　　2. 砖砌单室墓

　　此类墓2座（M34和M38）。全墓平面基本呈"甲"字形，南北向，墓室在北，墓道斜坡式、处墓室南壁偏东侧。两座墓的墓室长与宽均近4米，但构筑规制等有所不同：M34砖砌墓室的四壁外弧，四隅券进式穹窿顶，斜坡墓道有两个天井，墓葬全长21.6米；M38砖砌墓室的四壁方直，四面坡式叠涩顶，斜坡墓道有五个天井，墓葬全长24.6米。

　　砖砌单室墓明显比土洞单室墓的规模要大。土洞单室墓墓道有天井的数量一般为一个，少数墓道有两个天井。砖砌单室墓的墓道最多有五个天井。通过对中原地区大量隋唐纪年墓葬材料的研究，西安地区隋唐墓的重要特征之一是开挖天井，尤其在盛唐以前一段时期内，开挖天井的风俗更为普遍，并且其天井的数量多寡又往往与墓主人的品级高下成正比。具体而言，墓主品级越高，墓形就越大，天井过洞和小龛就越多，各品之间的差别也越大；墓主品级越低，墓形就越小，天井过洞和小龛就越少，各品之间的差别也越小。砖砌单室墓的墓主身份，应五品以上[②]。洛阳地区隋唐墓中，

---

　　① 中国社会科学院考古研究所编著：《偃师杏园唐墓》，第32页，科学出版社，2001年。
　　② 孙秉根：《西安隋唐墓葬的形制》，《中国考古学研究——夏鼐先生考古五十年纪念论文集（二）》，第151～190页，科学出版社，1986年。

直背刀形单室土洞墓出现在盛唐期；墓室平面呈圆角方形、四边略向外弧出、穹隆顶、棺床垒砌在墓室西半部的砖砌单室墓也是盛唐墓制的一个特点；而墓道底部出现阶梯是在中唐期；晚唐的墓室形制多为竖长方形①。对天井的数量问题，一种较为普遍的认识是，天井象征着多进庭院，其数量的多寡往往与被葬人品级的高下有关；也有数量众多的天井则基本上是因施工工程的需要而开凿的看法。傅熹年先生认为："天井实际上也是建隧道型墓在技术上所必须使用的。墓葬由大开挖发展到在有顶的隧道上挖天井，是墓葬形制的转变，有个较长的发展过程。但从施工技术上看，建隧道型墓超过一定长度，为了增加作业面，用以缩短工期和回填土，挖天井就是不可避免的"；"从施工技术角度看，天井最主要的功能还是回填土。它对开挖隧道有便利，但不是非用不可。从墓型发展看，初唐以前最后一个天井与墓室间距离很短……随着墓制向侈华方面发展和施工技术的进步，后期单向开挖的隧道在不断加长"；"这种墓用天井和过洞的办法，从工程技术上看，实即利用竖井开挖隧道的办法。它并不始于墓葬工程，早在汉代就在水利工程中出现了……这种用天井凿隧道的方法，实际上主要是继承了开井渠的传统，以解决开挖隧道型墓所出现的技术问题"②。罗丰先生考察了一些北朝时期墓葬、西安附近唐墓及固原南郊八座隋唐墓的天井情况，认为"天井的主要功能在于墓葬施工与回填的需要，其产生的不容忽视的原因与天井出现地区的地质条件有关。西北地区多为失陷性黄土，结构极差，易塌陷，不适宜构筑长坡洞墓道，故而才在长斜坡墓道上凿天井，以满足人们在构建大规模墓葬上的礼仪需要"，"它们与官品的高下并无直接关系"。北朝墓葬中的天井是由一个向多个发展的。"唐代长斜坡、多天井的墓葬形式，无疑是经过相当长时间的演变，在这一过程中，西魏北周序列的影响，当大于东魏北齐"③。

隋唐墓的墓室面积的通用尺寸，一般认为，大致三品以上官员墓室的长、宽为4~5米；五品以上官员墓室的长、宽为3~4米；九品以上官员墓室的长、宽为2.5~3米；墓室长在2.5米以下通常为庶人使用的墓形。以此标准衡量，该墓地的土洞单室墓主要是庶人墓葬，两座砖砌单室墓的墓主等级可能在五品以上。

（二）出土遗物

发掘的这批墓葬大部分规格不高，且多遭盗扰，各单体墓葬出土遗物较少，有些墓葬仅存骨骼，不见随葬品。总的来看，该墓地出土遗物质地有陶、铜、银、铁、石、骨、漆等。陶质品有生活器皿与俑类，陶器有罐、钵、盏、彩绘罐、彩绘盆、彩绘器盖及三彩钵、纺轮、红陶涂金饰件，俑有武士俑、天王俑、跪拜俑、镇墓兽；铜器有铜镜、铜带扣、铜带銙、铜带尾、铜合页、铜泡钉、铜簪及铜钱"五铢"、开元通宝；银器有银饰品及萨珊卑路斯银币；铁器有铁鼎、铁棺钉、铁棺环及铁剪刀、刃器等。又有石球、骨管、骨笄、漆器、铭文砖、墓志砖。

陶器均为泥制灰陶。陶钵、盆、盏等数量较少。陶罐的总量，其完整器形有18件，出自于墓葬M1、M3、M4、M5、M8、M11、M24、M32、M35、M36、M41、M42、M43、M46、M48，其中

① 徐殿魁：《洛阳地区隋唐墓的分期》，《考古学报》第275~304页，1989年3期。
② 傅熹年：《唐代隧道型墓的形制构造和所反映出的地上宫室》，原载《文物与考古论集》，文物出版社，1987年版。后收入：《傅熹年建筑史论文集》，第245~263页，文物出版社，1998年。
③ 罗丰编著：《固原南郊隋唐墓地》，第142~143页，文物出版社，1996年。

M5的为一件细颈、鼓腹、平底的双耳罐；M48的一件为有盖彩绘罐，其余都为无耳罐。这16件无耳陶罐大体可分三型：

Ⅰ型　4件。侈口、方唇或尖圆唇、束颈粗短、腹圆鼓、多平底，器形显得矮胖。这类陶罐出土于墓葬M4、M11、M35。

Ⅱ型　4件。侈口或敞口、尖唇或方唇、颈部较高、鼓腹、平底略内凹，器形较高，最大腹径在中部略偏高处。这类陶罐在墓葬M3、M8、M24中出土。

Ⅲ型　8件。侈口、圆唇或方唇、束短颈、鼓腹、平底，器形比较瘦长，腹剖面稍呈椭圆形。这类陶罐在墓葬M1、M32、M36、M41、M42、M43、M46出土。

另外在墓葬M16中出土了塔式罐的竹节状纽的罐盖和八字外撇空贯式底座。彩绘罐与塔式罐盛行于中晚唐时期，空贯式底座大概是宪宗元和时期新出现的形式。

俑类没有三彩俑，全部是陶质彩绘俑。陶俑只在墓葬M1与M36中出土。M1中的两件武士俑、人面和兽面两件镇墓俑等个体较小；M36仅一件天王俑，其系修复而成，是固原历年来出土的俑类中规格较高大的一件陶俑。红陶外敷施面饰、衣饰，彩绘脱失都很严重。制作模制、捏塑，一些细部经模制后粘合上去。唐早期一般只有武士俑，高宗时出现天王俑，多为脚踏卧兽，武后及中宗时有脚踏卧兽和俯卧小鬼之分，玄宗时的天王俑以脚踏蹲坐小鬼居多，德宗以后天王俑制作逐渐草率。

墓葬M9出土的一面八瓣葵花形博局纹镜，银白光洁，合金成分中的锡比例较大，颇具特色。从镜形上说，现有资料表明，出土最早的一面葵花形镜是下葬于唐玄宗开元十年（722年）的偃师杏园M1137卢氏唐墓之中[1]，另一面较早的葵花形镜出土在唐玄宗天宝三年（744年）的一座西安纪年唐墓中[2]。葵花形镜出现于盛唐时期，主要流行于唐玄宗天宝年始（742年）至唐德宗贞元年末（805年）的中唐期[3]。以镜背纹饰而言，博局纹镜盛行于西汉晚期至东汉初期，东汉中叶以后，博局纹镜开始衰落，纹饰简化，东汉晚期至魏晋，这种纹饰逐渐消失。隋唐时期的四神镜背面装饰在内区布局有"规矩配置"即由大方格和Ｖ纹分成四区，这种镜背纹饰具有汉代铜镜的传统因素，其所处阶段被认为主要在隋至唐高宗时期[4]。M9的这面葵花形博局纹镜应是盛唐—中唐时袭仿汉代铜镜装饰的纹样而制。

墓地的一半墓葬中有一定数量的钱币出土。M3、M11、M24、M25四座墓葬发现的是隋"五铢"钱，"五铢"二字篆书，笔划精整，"五"字交笔有圆曲与斜直两种，"朱"头方折。其中M3和M24这两座墓出土的"五铢"钱，铢字金旁头呈正三角形，五字中间交笔处呈缓曲；M11和M25两座墓出土的"五铢"钱，铢字金旁头呈斜三角形，五字中间交笔处成直笔，这种钱制作精良，轻重大小比较统一，铜色淡黄，为隋文帝推行的一种标准钱。

开元通宝铜钱的出土数量相对较多。开元通宝或回环读作开通元宝。以开元通宝四字的字形看，主要有两种：

Ⅰ式　M1、M6、M7、M9、M10、M14、M15、M16、M21、M32、M33、M34、M43、M45、

① 中国社会科学院考古研究所编著：《偃师杏园唐墓》，第71页，科学出版社，2001年。

② 孔祥星：《隋唐铜镜的类型与分期》，《中国考古学会第一次年会论文集》，文物出版社，1980年。

③ 徐殿魁：《唐镜分期的考古学探讨》，《考古学报》第299～341页，1994年第3期。

④ 孔祥星、刘一曼：《中国古代铜镜》，第173页，文物出版社，1984年。

M47、M49 这十六座墓葬出土的开元通宝四字钱文的基本特征为："开"字间架疏密匀称、端庄沉稳；"元"字首画为一短横，次画长横左挑；"通"字走部前三笔各不相连、略呈三撇状或近似于顿折状，甬上笔开口较大；"宝"字笔画繁杂但着笔稳重，其"贝"部内为两短横，不与左右两竖笔连接。字体中一些细节的变异，可能是经多次翻砂模制走样的结果。钱币多铸造工整，制作精良，铜质较纯净，面背肉郭俱好，钱文笔画清晰深峻，轮廓规整。比照诸多唐代纪年墓葬中开元通宝的出土情况，这些被看作是武德开元钱的钱文特点，盛行于初唐至盛唐期，其上限为高祖武德四年（621年），下限至玄宗开元年中期，年代为七世纪前期至八世纪前期[①]。固原南郊四座初唐纪年墓所出的开元通宝钱文特征与之相当[②]。

II式　M17、M29、M48 这三座墓葬出土的开元通宝四字钱文笔画比较纤细清秀，"元"字首横加长，有的第二笔左挑明显；"通"字走部前三笔呈似连非连的顿折状，甬字上笔开口较扁；"宝"字的贝部中间双横加长，与左右两竖笔相衔接。钱背穿左或穿上或穿下有凸起的掐文。掐文又俗称为月纹、新月纹、指甲纹或称为眉文。这种掐纹有说是进蜡样时窦皇后甲痕，又云文德皇后甲痕，又说是开元时杨妃甲痕。其言杂出，人与年不相应[③]。纪年唐墓中出土的具备这种钱文特点的开元通宝表明，唐中期是以流通掐文开元钱为主体的阶段，其上限从玄宗开元年晚期始，下限至文宗开成年间，年代从八世纪前半叶至九世纪中叶。M12 出土的两枚开元通宝钱，上述两式钱文特征的钱币各有一枚。

值得特别指出的是，墓葬 M16 出土的一枚开元通宝钱，字体庄重，铸造精美，肉面、周郭细线刻饰花纹，美轮美奂，极为少见。在一些钱币著录见有"花缘"开元通宝，翁树培《古钱汇考》中云："……又得一鎏金开元，轮背皆刻细花，更可宝玩"[④]。有报道，偃师杏园中宗神龙二年（706年）宋祯墓内获一枚铜质开元，其"郭周背面有刻划的锯齿纹"[⑤]，后原简报作者又指出这枚铜质开元"正背皆刻细花"[⑥]。近期报道在浙江湖州唐代遗址中新发现一枚"开元通宝"刻花钱，其钱正面外郭阴刻一周细密的"细索纹"，钱背则在磨平外郭后阴刻一团状的抽象"莲花"[⑦]。唐代钱币上刻花纹不仅仅局限在开元钱上，玄宗开元二十六年（738年）下葬的蒲州猗氏县令李景由墓（M2603）发现一枚货布，器表鎏金，出土于墓主右手中，从发表的该币的线图与照片看，这枚形似王莽钱的正背面及边郭有线刻的花纹[⑧]。此类刻花钱当归属为赏玩物。

墓葬 M15 出土一枚卑路斯银币。以前曾在固原东郊雷祖庙村北魏漆棺墓[⑨]、固原南郊小马庄村隋代史射勿墓[⑩]各出土一枚萨珊卑路斯银币。依有关统计，中国境内发现波斯萨珊银币目前共计 40

　① 徐殿魁：《试论唐开元通宝的分期》，《考古》第 555～560 页，1991 年 6 期；徐殿魁：《唐代开元通宝的主要品类和分期》，《中国钱币》第 6～17 页，1992 年 3 期。
　② 罗丰编著：《固原南郊隋唐墓地》，第 223～227 页，文物出版社，1996 年；罗丰：《胡汉之间——"丝绸之路"与西北历史考古》，第 189～206 页，文物出版社，2004 年。
　③ [清]俞正燮撰：《癸巳存稿》卷十"开元通宝读法"，第 278～279 页，辽宁教育出版社，2003 年。
　④ 转引自丁福保编：《古钱大辞典》（下册），第 1937 页，中华书局影印本，1982 年。
　⑤ 中国社会科学院考古研究所河南第二工作队：《河南偃师杏园村的六座纪年唐墓》，《考古》第 429～457 页，1986 年 5 期。
　⑥ 徐殿魁：《唐代开元通宝的主要品类和分期》，《中国钱币》第 6～17 页，1992 年 3 期。
　⑦ 吴伟强：《湖州唐代遗址出土一枚"开元通宝"刻花钱》，《中国钱币》第 37～38 页，2008 年 2 期。
　⑧ 中国社会科学院考古研究所编著：《偃师杏园唐墓》，第 152 页，图 146-1；彩版 11-2；图版 37-6，科学出版社，2001 年。
　⑨ 宁夏固原博物馆：《固原北魏墓漆棺画》，第 7 页，宁夏人民出版社，1988 年。
　⑩ 罗丰编著：《固原南郊隋唐墓地》，第 16 页，文物出版社，1996 年。

多批，总数在 1900 枚以上，其中卑路斯银币 468 枚[①]。固原南塬 M15 墓葬发现的这枚卑路斯银币，正反两面的浅浮雕主体图案呈约 90 度错位，币面边缘最大空白处穿透有孔眼，可作为银质装饰物看待。注意提到萨珊卑路斯银币正反两面图案错位现象，见于邵磊介绍南京出土的一枚[②]。从公开发表的一些卑路斯银币乃至萨珊朝其它银币的照片、拓片观察，这种现象带有普遍性，仅是两面图案错位程度有异，一般仍多在 90 度左右摆动。羽离子将定边县发现的一枚东罗马金币两面的人像互为颠倒的现象，主要归咎于硬币打压过程中所出现的技术偏差问题[③]，这类具有启发性的见解，对认识萨珊银币两面图案错位情况可能有借鉴的意义。该枚银币新增了见诸报道过的固原出土的卑路斯银币数量，亦应被看作是波斯萨珊朝多次通使中国或者是粟特商人携入的遗留物。

墓葬 M5 出土的一块长方形墓砖，形制普通，刻写文字简单，字体粗率，有隋"开皇二年"（582 年）年号。墓葬 M38 出土的一块方形墨书墓志砖，虽砖面刻划有棋盘格，但书写格式并不太规范，内容简略，按墓砖首行铭文"大周故将仕郎上柱国清河张府君之墓誌"，其墓主应是武周朝的三品官宦。

（三）时代分期

这批路基界面地段内的墓葬，在发掘区带的西北部，即 G1 北侧，墓葬分布稀少，仅有铲形墓 M4、M5 两座；在发掘区带的中北部，即 G1、G2 之间，墓葬排列最为密集，铲形、刀形、"T"形墓葬均有分布（其间有汉砖室墓 M26、洞室墓 M31）；在发掘区带的中南部，墓葬分布稀疏，有砖室墓 M34、M38 两座和刀形墓 M36、M39、M40 三座（其间有汉砖室墓 M37）；在发掘区带的东南部，分布着刀形墓 M41～M49 九座，墓向基本一致。整个墓地中部分墓葬分布相对集中，在墓葬朝向、墓葬形制、随葬品等方面均具有一定的相似性或延续性，不排除存在家族墓葬的可能性。

按照墓葬形制结合其出土的遗物等情况，参考安阳隋墓[④]与西安、洛阳地区隋唐墓葬分期的研究成果，给出各墓葬一个大致的断限：

隋墓：M3、M4、M5、M11、M19、M24、M25、M35。均为土洞单室墓，墓葬平面形制多为铲形，个别呈"T"形与刀形。从这些小型的斜坡墓道土洞墓的形制及随葬品看，应该是一般庶族墓葬，其等级与隋文帝初定礼中的"八品已下，达于庶人"接近。

初唐—盛唐墓：M1、M6、M8、M9、M10、M14、M15、M20、M21、M28、M30、M32、M33、M34、M36、M38、M39、M40、M41、M42、M44、M45、M47、M49。墓葬大多为平面形制呈刀形的土洞单室墓；墓葬平面形制呈"T"形和铲形的土洞单室墓各一座；还有两座是多天井、砖砌单室墓。

中唐—晚唐墓：M7、M12、M16、M17、M29、M43、M46、M48。墓葬平面形制均为刀形的土洞单室墓。

关于墓葬类型、遗物与墓葬时代分期的对应关系，参考下表：

① 孙莉：《萨珊银币在中国的分布及其功能》，《考古学报》第 35～54 页，2004 年 1 期。
② 邵磊：《南京出土萨珊卑路斯银币考略》，《中国钱币》第 56～59 页，2004 年 1 期。
③ 羽离子：《对定边县发现的东罗马金币的研究》，《中国钱币》第 15～18 页，2001 年 4 期。
④ 中国社会科学院考古研究所安阳工作队：《安阳隋墓发掘报告》，《考古学报》第 369～405 页，1981 年 3 期。

表一　　　　　　　　　　　　固原南塬隋唐墓葬类型、遗物与分期对照表

墓葬类型		数量	墓号	重要随葬品	分期
铲形洞室	I式	2	M3、M5	隋五铢、"开皇三年"墓志砖、II型罐、双耳罐、铁鼎	隋
	II式	4	M4、M19、M24、M35	隋五铢、I型罐、II型罐	
		1	M32	I式开元通宝、III型罐	初唐~盛唐
T形洞室		1	M25	隋五铢、铁镜、陶纺轮、蚌壳	隋
		1	M21	I式开元通宝	初唐~盛唐
刀形洞室	I式	17	M1、M6、M8、M9、M14、M20、M28、M30、M33、M36、M39、M40、M41、M42、M44、M47、M49	I式开元通宝、武士俑、镇墓兽、跪拜俑、天王俑、葵花形铜镜、II型罐、III型罐	初唐~盛唐
		3	M16、M29、M48	II式开元通宝、塔式罐罐盖和底座、彩绘盖罐、錾花开元通宝	中唐~晚唐
	II式	1	M11	隋五铢、I型罐	隋
		3	M10、M15、M45	I式开元通宝、波斯萨珊卑路斯银币	初唐~盛唐
		2	M12、M17	II式开元通宝、三彩体、彩绘盆、彩绘器盖	
	III式	3	M7、M43、M46	I式开元通宝、III型罐	中唐~晚唐
单砖室		2	M34、M38	I式开元通宝"大周"时期砖墓志	初唐~盛唐

（四）发掘意义

1.墓地墓葬中的葬具、葬式等反映了隋唐时期的某些丧葬习俗

棺木土葬　以棺椁盛尸埋入土中的土葬是隋唐盛行的最主要葬法，上起帝王贵族官僚，下至平民百姓，死后一般都是择地造坟而葬，一般人使用木质棺，富有者加椁。这批固原南塬隋唐墓，在诸多墓葬的墓室中发现有木棺遗迹，少见椁的迹象，从出土棺钉及棺木痕迹观察分析，所用木棺规格较小，棺板较为单薄。部分墓室内有砖砌或铲削生土而成的棺床台面，用于安放死者遗骸。

合葬、单葬　隋唐时期民间夫妇合葬成风，绝大多数人主张夫妻合葬。理由首先是：夫妇合葬，符合周礼。他们认为："合葬非古，行自周年，遵礼而循，流之唐日"[①]；"合葬非古，肇乎姬旦，积习生常，因为故实"[②]；"合葬非古，周人所述，始兆青鸟，终伤白日，敬遵周公合祔之仪"[③]。其次，认为夫妻合葬为的是在另一个世界里再为夫妻，相依为命。固原南塬隋唐墓地属夫妻合葬的墓葬有

---

① 周绍良、赵超主编：《唐代墓志汇编》，第506页，上海古籍出版社，1992年。

② 周绍良、赵超主编：《唐代墓志汇编》，第966页，上海古籍出版社，1992年。

③ 周绍良、赵超主编：《唐代墓志汇编》，第1709页，上海古籍出版社，1992年。

M3、M9、M17、M29、M36、M40、M45、M49等。当然，隋唐时期也有人不主张夫妻合葬，有云："精气无所不之，安以形骸为累，不须祔葬"①；也有说："若逝者有知，虽异穴而奚妨；若逝者无知，纵合防而岂益！"②。发掘的隋唐墓葬中有相当数量的单人葬，其他因素固然存在，一定程度上也可能是这类观念的表现。

死者口中含钱的习俗　固原南塬隋唐墓地M21、M29、M45、M47墓葬中有钱币开元通宝是出自墓室人骨架头骨口中。而M10、M11、M21、M43等墓葬中有钱币的出土位置是在人骨架右手骨或左手骨附近，原可能墓主人手中握钱。由此反映了固原南塬隋唐墓地存在死者口、手中含握钱币的习俗。关于这种死者含钱的风俗，夏鼐先生的观点是："死者口中含钱的习俗当溯源于我国的内地"，他说："死者口中含钱的习俗，斯坦因认为是与希腊古俗有关。古代希腊人将一枚货币'奥博尔'（Obol）放于死者口中，以便给阴间的渡船人查朗（Charon）作为摆渡钱。这种说法最近仍有人附和。实际上它是受了中国文化西来说的流毒的影响，事实上证明它是错误的。我国在殷周时代便已有死者口中含贝的风俗，考古学上和文献上都有很多证据。当时贝是作为货币的。秦汉时代，贝被铜钱所取代。将铜钱和饭及珠玉一起含于死者口中，成了秦汉及以后的习俗。广州和辽阳汉墓中都发现过死者口含一至二枚五铢钱。年代相当于高昌墓地的河南安阳隋唐墓中，据发掘者说，也往往发现死者口含一两枚铜钱"③。西北大学王维坤教授著文赞成支持夏鼐先生的观点："死者口中含币这种习俗，不仅是隋唐时期在全国范围内普遍流行的一种埋葬习俗，而且是中国土生土长的、并不是来自西方的埋葬习俗"，"隋唐墓葬出土的死者口中含币习俗，很显然是直接来源于秦汉时代的死者口中含币（五铢钱）习俗。如果要再向上追溯的话，那么它的前身就是商周时代的死者口中含贝、含玉习俗和新石器时代的死者口中含贝壳、蚌壳、含石块习俗"。"隋唐时代，新流行的开元通宝、乾元重宝等铜钱不仅代替了前代的口含半两、五铢等铜钱，而且随着中西文化的交流和商品贸易的往来，东罗马金币和波斯萨珊朝银币也加入到了隋唐墓葬的死者口含之列"。不仅如此，他进一步指出："这种死者口中含币习俗并不是先从西亚、中亚传到今天的新疆，然后再传到中原内地，恰恰相反，是通过著名的丝绸之路先从中原内地传到甘肃、新疆，然后再不断地向西传到了中亚和西亚"④。日本富山大学小谷仲男教授曾对新疆吐鲁番阿斯塔那古墓所发现的口中含币习俗进行了研究，撰文对夏鼐先生的观点提出了质疑：从中国埋葬制度的变迁中，虽不能排除含玉（蝉形）、握玉（豚形）会被货币所替代，但是，人们相信具有神秘灵力的玉，和作为交易媒介货币的机能，大致上还是有区别的。这两种随葬品在汉唐墓中是并存的，基本上存在于同时代。口中、手中含握货币的葬法，不属于以上情况，应该考虑是在另外思想背景下的产物。他"觉得死者口中含币这一葬俗，并不是从中原传入吐鲁番，而应该考虑是由吐鲁番传入到中原内地的可能性"⑤。中亚地区过去发现的从公

①　周绍良、赵超主编：《唐代墓志汇编》，第1309页，上海古籍出版社，1992年。

②　周绍良、赵超主编：《唐代墓志汇编》，第1347页，上海古籍出版社，1992年。上引《唐代墓志汇编》几条转引自李斌城等著：《隋唐五代社会生活史》，第219～220页，中国社会科学出版社，1998年。

③　夏鼐：《综述中国出土的波斯萨珊朝银币》，《考古学报》第91～110页，1974年1期。

④　王维坤：《隋唐墓葬出土的死者口中含币习俗溯源》，《考古与文物》第76～88页，2001年5期；王维坤：《丝绸之路沿线发现的死者口中含币习俗研究》，《考古学报》第219～240页，2003年2期。

⑤　小谷仲男撰、王维坤、刘勇译：《关于死者口中含币的习俗（一）（二）——汉唐墓葬中的西方因素》，《人文杂志》1991年5期、1993年1期。

元一世纪至八世纪的许多墓葬中都有死者含金银币的现象。固原南郊隋唐粟特人墓地出土的几枚东罗马金币仿制品及波斯萨珊金银币，发现时均放置于墓主人头部，由于这些墓葬都曾遭盗掘，"钱币可能原来是含在墓主人口中的"，"口中含金银币的习俗是这些人从中亚带过来的，并传至后裔"。中国内地汉唐间的"昭武九姓"人后裔墓中，死者行口手含握外国钱币的作法可与新疆吐鲁番乃至中亚一些墓葬中存有的习俗同等看待，他们或同为中亚人，有共同信仰一种宗教的可能性。而在中国内地广大地区，汉唐时期的不好确定与中亚之间有关系的其它墓葬中死者口手含握钱币的情况，似不能视作是受西方因素影响的结果①。对此问题的研究，尤其是中国学者和日本学者的研究，除了被专家们反复考察过的考古发掘墓葬材料和收集、追加补充有关典籍、实例资料以外，要么是从总体上强调东西方文化交往的广大范围，要么是有所侧重于中国古代文献中记载的相关领域。这些见解，或溯源于古希腊"摆渡钱"，或追溯到新石器时代"口含物"等等，都各有一定的理由和依据，也都有一定的合理成分，说到底无非是都把口含币的习俗归之于一元论和文化传播论，即先是在一个地区产生形成而后再向其他地方传播。用这种观点来解释口含币习俗产生的地域是有局限性的。作为一种埋葬现象，它总是要接受当地盛行的风俗习惯的影响，并且与之相适应。这类习性极易被赋有迷信色彩或蕴涵类似宗教方面的意义，一旦如此，它就成为最善于深入人心的社会意识，具有普遍认同性，它既可突破地区、民族甚至是种族意识的樊篱，也能超越社会政治制度的限制，而容易被不同民族、地区和国度所吸收、接纳。不同地域的人对自身阴间的关注往往在自觉与非自觉的不经意间趋向某种认同或达到某些共识。本报告介绍的固原南塬隋唐墓葬与固原南郊史氏粟特人墓地接壤，这几座有死者口中含币现象的唐墓，M21、M29墓主骨架经鉴定是白种人，就其表现出的含钱风俗不应忽视他们还受到了"胡风胡雨"浸染和当时"俗杂华戎"情况的存在。

另外，M30墓室中单纯葬羊，反映了当时社会可能存在一种羊崇拜的风俗。古人关于羊的故事、对羊的崇尚感知大致有这样几种：

羊为升迁之征。《论衡·遭虎篇》：会稽东部都尉礼文伯时，羊伏厅下，其后迁为东莱太守。

羊为能辨邪恶、亲贤善之兽。《论衡·是应篇》：儒者说云：觟𧣾者，一角之羊也，性知有罪。皋陶治狱，其罪疑者，令羊触之。有罪则触，无罪则不触。斯盖天生一角圣兽，助狱为验。故皋陶敬羊，起坐事之，此则神奇瑞应之类也。

羊为祥瑞且与农事有关。唐刘赓《稽瑞》：羊衔其谷，鸟让其庭。《广州记》曰：裴于广州厅，事梁上画五羊像，又作五谷囊随羊悬之，云：昔高固为楚象，五羊衔草于其庭，于是图其象。《南越志》曰：任嚣、尉佗之时，有五仙骑五色羊执六穗秬以为瑞，因而图之于府厅，交州亦然。

2. 墓地墓葬中多具白种人骨架的发现，从种族人类学的角度，直观、真实地反映了隋唐时期流寓在原州的异族居民的事实。

固原南塬隋唐墓葬M21出土的两具人骨架、M25出土的一具人骨架、M29出土的两具人骨架、M48出土的一具人骨架，经中国社会科学院考古研究所韩康信先生鉴定，他们的头骨颅面形态具有白种人的鲜明特征。体质人类学的研究结果表明，欧罗巴人种分布的最东界达到新疆东部的哈密地

---

① 罗丰编著：《固原南郊隋唐墓地》，第159～163页，文物出版社，1996年。

区①。南北朝迄至隋唐，随着疆域的扩大，华夷血脉的交融，与周边以至远方文明的频繁交往，一些有一副高鼻深目的面孔而被冠之以"胡"的称号。"胡人"的概念既含混不清又时常变化。若从地域上划分，与汉人毗邻而居的北方民族和西域各族，再往西边的中亚人、西亚人乃至欧洲人，都曾包括在"胡人"的范围内。"高昌以西，语言文字，与波斯大秦同属一系，汉魏以来，总呼为胡"，"此土人民，本与波斯大秦同是一族"，"是其形貌言语风俗本同西方，自汉讫唐，蝉嫣未变"②。胡人属印欧人种。据推论，宛西之国中至少有大月氏、大夏、康居、奄蔡等国是欧罗巴种，语言也属印欧语系。两汉魏晋南北朝正史"西域传"所载"深眼，多髯"等体貌特征者有可能是欧罗巴种③。史籍中关于活动在今中亚、西亚一带"昭武九姓"粟特人面貌的记述④，他们有欧罗巴人种的特点。深目、高鼻、多须，构成胡人的外貌特征，也是胡汉之别的自然标准。这些貌异华夏的胡人从西方大批来华约是北魏以降的事，"自葱岭已西，至于大秦，百国千城，莫不款附。商胡贩客，日奔塞下。所谓尽天地之区已。乐中国土风应而宅者，不可胜数。是以附化之民，万有余家。门巷修整，阗阗填列。青槐荫陌，绿柳垂庭。天下难得之货，咸悉在焉"⑤。从四世纪开始，大量的粟特人陆续移居中国，并逐渐向东发展。公元七世纪初中西交通的状况，即中国与拂　（拜占庭）、波斯、西海等域外异邦之间的沟通线路，隋唐文献中明确记载有"拂道"、"波斯道"和"印度道"⑥。迄至盛唐，因经商、传教、留学和入质来华者已不知其数。吐鲁番以东，沿河西走廊到西安、洛阳，又自河西走廊北上到宁夏（固原、盐池）、大同，再奔朝阳，即丝绸之路中国境内的东段的中路、南路和北路，都有胡人移民聚落。当时丝绸之路沿线的胡人聚落，主要居住者是波斯、粟特和塔里木盆地周边王国的移民。由于粟特人是善商贾的民族，东迁贩易者最多，因而这些胡人聚落以粟特胡人数量最多，有的甚至都是粟特胡⑦。北京大学历史系荣新江教授认为在公元三世纪至八世纪，粟特人沿陆上丝绸之路大批东行，在撒马尔干和长安之间、甚至远到中国东北边境地带，经商贸易的同时也沿丝路建立起一个个殖民聚落。粟特人实际上是中古时期丝绸之路上的贸易担当者，所以在史籍中很少看到波斯商人的足迹，在北方丝路沿线发现的大量的波斯银币和少量的罗马金币，应当是粟特人贸易的印证，而不应是钱币源出国的波斯人和拜占庭人⑧。史学大师陈寅恪先生曾举出中亚胡人的逐渐转徙

① Han Kangxin, The Physical Anthropology of the Ancient Populations of the Tarim Basin and Surrounding Areas, in V·H·Mair(ed.), The Bronze Age and Early Lron Age Peoples of Eastern Central Asia, 558~570, Vol.2, 1998.

② 王国维：《西胡考下》，《观堂集林》上册，卷十三，第615~616页，中华书局，1959年版。

③ 参见余太山著：《两汉魏晋南北朝正史西域传研究》中专节论述"两汉魏晋南北朝正史'西域传'所见西域诸国的人种和语言、文字"，中华书局，2003年。

④ 《史记》卷一百二十三《大宛列传》中记："自大宛以西至安息，国虽颇异言，然大同俗，相知言。其人皆深眼，多髯髯，善市贾，争分铢。"第3174页，中华书局点校本；《汉书》卷九十六上《西域传》中有与之几乎完全相同的一段文字，第3896页，中华书局点校本。《北史》卷九十七《西域传》"于阗国"条内记："自高昌以西诸国人等，深目高鼻"；同传"康国"条内亦记："人皆深目、高鼻、多髯"等，第3309、3232页，中华书局点校本。

⑤ [魏]杨衒之撰、周祖谟校释：《洛阳伽蓝记校释》（卷三），第132页，中华书局，1963年。

⑥ 有关"三道"的详细考证，见章巽：《古西域交通道综述》，《章巽文集》，第205~211页，海洋出版社，1986年；史念海：《河山集》（五集），第542~546页，山西人民出版社，1991年；余太山《裴矩〈西域图记〉所见敦煌至西海的"三道"》，载"古代内陆欧亚与中国文化国际学术研讨会"论文集，第77~83页，上海，2005年。

⑦ 池田温：《八世纪中叶敦煌的粟特人聚落》，《欧亚文化研究》第1号，1965年。辛德勇译载：《日本学者研究中国史论著选译》第140~220页，第九卷，中华书局，1993年；张广达：《唐代六胡州等地的昭武九姓》，《北京大学学报》（哲学社会科学版）1986年2期；荣新江：《塔里木盆地周边的粟特移民》，《西域考察与研究》，新疆人民出版社，1994年；荣新江：《北朝隋唐粟特人之迁徙及其聚落》，《国学研究》第6卷，第27~85页，北京大学出版社，1999年。

⑧ 《丝绸之路古国钱币暨丝路文化国际学术研讨会纪要》，《上海文博论丛》第22~24页，2006年4期（总第18辑）。

迁来出于三种背景："其远因为隋季之丧乱,其中因为东突厥之败亡,其近因或主因为东突厥之复兴"[1]。公元七至八世纪九姓胡频频入贡及其移民聚落的增加,还有更深刻的动因,这就是与当时中亚地区的政治形势即阿拉伯人对中亚两河流域的步步进逼、阿拉伯帝国的东向扩张密切相关。诸胡国统治者将卫国和复国的希望均寄托于唐朝,而其百姓则只能背井离乡以躲避战乱。席卷粟特人城邦的"圣战"浪潮,也是导致大批粟特人东迁的原因所在[2]。

墓葬M21、M25、M29、M48发现的六具有西方人种特征的人骨架,是经人骨鉴定而确认的隋唐时期白种人在内地的重要发现。虽然讲到白种人不一定就是粟特人,但是在特定的历史阶段、特殊的地点区域,具体在隋唐时期的固原亦即唐原州,通过这一地区已经发掘的考古资料和大量相关胡人胡事的当代论者的研究成果,认为这几具白种人骨架与原州粟特人聚落有关还是能够成立的。唐代九姓胡,常见载籍著录的有七姓:康、安、何、史、曹、石、米。"蕃人多以部落称姓,因以为氏"[3],又如《古今姓氏书辩证》卷二十四中说"米氏":"西域米国胡人入中国者,因以为姓"[4],这种姓氏与国籍的同一性,"以国为姓"可谓是胡姓汉译的通例,"昭武九姓"就是一组典型的西胡姓氏。其他史籍、碑志和出土文书也都有大量"以国为姓"的事例。唐原州地区的居民构成,据文献记载除吐蕃、党项等外,还有突厥降户和中亚米国人[5],考古材料表明唐原州又有安国人、史国人、康国人。上世纪八十年代,在固原南郊发掘的中亚粟特侨民墓地出土的墓志中有一块"安娘墓志",按墓志载,安娘为中亚安国人后裔[6];南郊墓地中的史道洛妻康氏出身于萨马尔罕,为中亚康国人之后裔。史道洛人骨鉴定的主要数据与蒙古人种有较大差异,其头骨背向蒙古人种而与西方高加索人种趋近,在体质上,西方种族特征被遗传下来[7]。从固原南郊史氏粟特人家族墓地和它们墓志中的某些内容所反映的情况来看,他们维持一种生前聚族而居、死后聚族而葬的习惯。当然他们是属官宦显贵一类。据研究,唐代前期入华粟特人的主要婚姻结构是在粟特人内部通婚[8]。对隋唐时代的文献和碑志中著录过的九姓胡婚例,蔡鸿生先生按其类型分为王室婚姻和民间婚姻两种婚姻形态[9],固原南塬墓葬M21、M29出土的两具异性骨架可能反映了寓居固原的粟特人(后裔)民间联姻的事实。M21、M25、M29及M48墓葬的发现虽然与固原粟特聚落有关,但其丧葬形式内涵是受到强烈的汉文化影响而用棺木土葬的,墓葬形制与所在墓地的同时期其他墓葬洞室形制无异。大量的考古发现

① 陈寅恪撰:《唐代政治史述论稿》(蓬莱阁丛书),第44页,上海古籍出版社,1997年。
② 蔡鸿生:《我和唐代蕃胡研究》,《学林春秋》三编上册,第246~247页,朝华出版社,1999年;李树辉:《唐代粟特人移民聚落形成原因考》,《西北民族大学学报》(哲学社会科学版)第14~19页,2004年2期。
③ 《旧唐书》卷一百四、列传第五十四:《哥舒翰传》,第3211页,中华书局点校本。
④ [宋]邓名世撰、王力平点校:《古今姓氏书辩证》卷二十四,第368页,江西人民出版社,2006年。
⑤ 《宁夏通史·古代卷》,第104~107页,宁夏人民出版社,1993年;罗丰编著:《固原南郊隋唐墓地》,第5页,文物出版社,1996年。
⑥ 罗丰编著:《固原南郊隋唐墓地》,第47~49页,文物出版社,1996年;罗丰:《胡汉之间——"丝绸之路"与西北历史考古》,第451~455页,文物出版社,2004年。
⑦ 原州联合考古队编:《唐史道洛墓——原州联合考古队发掘调查报告1》,第264~295页,东京勉诚出版社,2000年。
⑧ 卢兆荫:《何文哲墓志考释——兼谈隋唐时期在中国的中亚何国人》,《考古》第841~848页,1986年9期;程越:《从石刻史料看入华粟特人的汉化》,《史学月刊》第24页,1994年1期;刘惠琴、陈海涛:《从通婚的变化看唐代入华粟特人的汉化——以墓志材料为中心》,《华夏考古》第55~61页,2003年4期。
⑨ 蔡鸿生:《唐代九姓胡礼俗丛考》,《文史》第35辑,第111~112页,中华书局,1992年;蔡鸿生:《唐代九姓胡与突厥文化》,第22页,中华书局,1998年。

和文献资料业已证明火祆教曾在粟特人中广为流行。根据祆教经典——《曾德—阿维斯陀经》(Zend—Avesta) 的教义，把死尸埋于地里，便使土地不洁，乃是一种弥天大罪[①]。近年来西安、太原地区考古发现的几处粟特墓葬[②]，墓葬中有着一些明显的粟特地区流行的祆教色彩，与汉族的土葬墓显著有别。隋唐时期粟特人入华后因久居而渐习唐礼，自身丧葬形式在中土逐渐汉化。在中原地区发现的确定为粟特人的土葬墓，最早的一例就是固原南郊发掘的隋大业六年（610 年）史射勿墓。隋唐时期入华粟特人的葬式，考古发现的采用土葬方式且祆教色彩蜕化脱变的墓例还有许多，而现存大量唐代粟特人墓志，虽并非所有都可以找到其对应墓地，但也都可视为是采用土葬方式的标志[③]。以往人们热情关注有墓志材料明示的粟特人墓葬。固原南塬隋唐时期墓葬 M21、M25、M29、M48 发现的六具有西方人种特征的人骨架，表明寓居固原的粟特人无论是中上层仕宦还是下层平民，不同的社会阶级都接受土葬制度，死从土葬，已融于汉式葬仪之中。

① 林悟殊：《中亚古代火祆教葬俗》，文载张志尧主编《草原丝绸之路与中亚文明》，第229～237页，新疆美术摄影出版社，1994年。
② 陕西省考古研究所：《西安发现的北周安伽墓》，《文物》第4～26页，2001年第1期；山西省考古研究所等：《太原隋代虞弘墓清理简报》，《文物》第27～52页，2001年1期。
③ 陈海涛：《从葬俗的变化看唐代粟特人的汉化》，《文博》第47～52页，2001年3期。

附表一　　　　　固原南塬汉墓登记表　　　　　单位：米

墓　号		M26	M31	M37
墓　向		175°	80°	95°
总　长		19.74	16.7	22.8
墓道	坡度	13°	14°～30°	25°
	长×宽－深	11.7×1～1.09－0.38～4.02	11.6×1.1～1.45－0.3～4.3	15.4×1.4～1.45（上口） 1.1（下口）－0.1～4.42
封门 宽×厚－高		1.04×0.35－1.52	1.4×0.2～0.38－1.85	1.04×0.7－0.94
甬道 长×宽－高		1.06×0.88－1.27	2.65×1.45～1.75－1.85～2(残)	0.8×1.24－1.48
前室	长×宽－高	2.85×2.85－0.7～2.1(残)	2.7×2.9～3.15－0.2～1.6(残)	2.9×2.9－2.7（残）
	起　券	0.9		1.54
后室过洞 长×宽－高		0.37×0.92－1.34		0.34×1.1－1.15
后室	长×宽－高	3.3×1.9～1.96－1.84		2.88×1.96－1.76
	起　券	1.06		0.82
侧室过洞 长×宽－高				0.34×1.01－1.5
侧室	长×宽－高			2.88×1.38－1.72
	起　券			0.64
骨架数目		3	2	3
出土遗物		陶瓮1，陶罐4，铁剑1，铁釜1，铜指环2，银指环2，漆盒2，琉璃耳珰　2，灯台砖4	陶罐2，陶钵1，陶瓶1，铁镘1，铜钗1，"货泉"11	陶罐1，陶瓮1，铁灯1，铁环首刀1，铁棺钉19，铜带钩1，"五铢"铜钱10，漆器2，琉璃耳珰1，
备　注		盗扰	盗扰	盗扰

　　说明：M26、M37为砖室墓；M31为土洞室墓。表中墓道深指其底部距开口深度；墓室长、宽测量数据不包括四壁厚度；墓室高度指铺地砖底部至墓室顶部或墓室周壁残存最高点。

续附表二

墓号	形制	墓向	总长	墓道				天井	甬道			封门	墓室				骨架				葬式	葬具	出土遗物	时代	备注
				坡度	长	宽	深		宽	进深	高		进深	宽	高	深	数目	头向	性别	年龄					
M32	铲形洞室II式	160°	6.65	17°	5.3	0.4~0.9	0.45~2.08						2.15	0.55~1.22	0.69	3.45	1	西	女	13~16	仰直		III型陶罐1、陶盏1、I式开元通宝2、漆盘(残)1、卵石1	初唐~盛唐	
M33	刀形洞室I式	170°	8	19°	5.25	0.6~0.74	0.37~2.10		0.73	0.75	0.98	土坯	2~2.02	0.76~1.22	0.3	3.5	1	南	男	30±	仰直	木棺	I式开元通宝7、铁刀1、铁棺钉5	初唐~盛唐	
M34	单砖室	170°	21.6	12°	15.94	0.92~1.17	0.17~3.5	2	1.17	1.39	1.88	砖	3.65	3.44	3.77	4.77	1	南	男	25~35	仰直	木棺	陶盏1、涂金花饰8、I式开元通宝2、铜泡钉19、银环形饰3、曲形饰1	初唐~盛唐	穹窿顶砖室
M35	铲形洞室II式	140°	6.28	44°	4.1	0.62~0.9	2.7		0.9	0.28	1.06	土坯	1.8~1.9	2.14~2.74	0.5~1.6	3.98	1	西	男	40~50	仰直	木棺	I型陶罐2、铜带扣1、带铃6、犀孔饰4、铁棺钉4	隋	墓道北端狗骨架1具
M36	刀形洞室I式	165°	16.8	13°	13.2	0.6	0.36~4.76		0.64	0.9	1.47	土坯	2.8~2.84	1.96~2.3	1.9	5.9	2	南	男/女	35~40/40±	仰直	木棺	III型陶罐2、天王俑1、铁棺钉2	初唐~盛唐	墓道西壁龛内羊骨1具
M38	单砖室	165°	24.6	24°	18.84	0.68~0.9	0.2~7.2	5	0.84	1.9	1.54	砖	3.52	3.46~3.54	0.3~4.2	8.2	1				扰乱	木棺	陶盏1、陶瓮口沿1、墓志砖1、鎏金铜片1	初唐~盛唐	四面坡顶砖室
M39	刀形洞室I式	177°	8.86	35°	6.02	0.56~0.66	3.22	1	0.68	0.3	1.12	土坯	2.5~2.62	0.8~1.42	1.06	4.54							卵石1、猪犬齿1	初唐~盛唐	
M40	刀形洞室I式	170°	9.52	22°	6.46	0.55~0.64	0.18~2.36		0.56	0.4	1.18	土坯	2.62~2.82	1.06~1.7	0.75	3.52	3		男/女	25~35成年	扰乱	木棺	陶盆口沿1、铜针状物1、铁棺钉7、蚌壳2、漆盘(残)1	初唐~盛唐	墓门处扰土内有部分小孩遗骨；墓门西侧狗骨架1具
M41	刀形洞室I式	178°	9.22	20°	6.5	0.54~0.8	0.46~2.58		0.7~0.8	0.26	1.1	土坯	2.32~2.5	0.82~1.44	0.74~0.9	3.4	1	南	男	25~30	仰直		III型陶罐1、铁刀1、漆盘(残)1	初唐~盛唐	
M42	刀形洞室I式	174°	9.64	14°~35°	7.04	0.6~0.86	0.55~3.8						2.6	1.12~1.44	1.05	4.9						木棺	III型陶罐2	初唐~盛唐	
M43	刀形洞室III式	175°	8.74	27°	6.26	0.74	0.3~1.88		0.62	0.3	1.1	土坯	1.94~2.36	0.9~1		2.96	1	西南	女	25~30	仰直	木棺	III型陶罐1、I式开元通宝2、银钗1、铁剪刀1、骨管1	中唐~晚唐	
M44	刀形洞室I式	176°	8.94	4°~10°	6.24	0.6~0.76	0.74~2.16						2.6~2.72	0.8~1.2	1.3	3.26	1		男	45~50	扰乱	木棺	铁棺钉6	初唐~盛唐	
M45	刀形洞室II式	180°	10	32°	7.16	0.62~1	0.18~3.66		0.64	0.3	1.16		2.48~2.62	1.2~1.88	1	4.8	2	南	男/女	>45/35~40	扰乱	木棺	I式开元通宝2、铁铁棺钉1、漆器(残)1、漆器(残)1	初唐~盛唐	墓室东壁南部有龛
M46	刀形洞室III式	175°	9.06	26°	6.06	0.64	0.3~3.	1	0.68~0.72	0.84	1.14	土坯	2.16~2.2	0.8~1.5	1	4.26	2		男/女	35~40/30±	扰乱	木棺	III型陶罐1	中唐~晚唐	
M47	刀形洞室I式	177°	7.02	22°	5.1	0.48~0.66	0.56~2.24						1.84~2.02	0.56~1.1	0.84	3.58	1	南	男	25~30	扰乱	木棺	I式开元通宝1	初唐~盛唐	
M48	刀形洞室I式	175°	8	26°	5.62	0.62~0.7	0.26~2.56						2.48~2.5	0.74~1.42	1.18	3.92	1		男	50~55	扰乱	木棺	陶盖罐1、II式开元通宝1	中唐~晚唐	白种人
M49	刀形洞室I式	176°	12.6	20°	9.46	0.62~0.66	0.4~3.93	1	0.64	0.62	1.72~1.76		2.7~2.72	1.58~2.02	1.2	5	2	南	男/女	40~45/35~40	扰乱		I式开元通宝5、铜泡钉25、铁铁棺钉8	初唐~盛唐	墓室东壁南部有龛

注：M1~M34于2003年11月1日至12月31日发掘；M35~M49于2004年3月18日至4月29日发掘。M26、M31、M37为汉墓，另作登记，其余墓葬排列序号中缺号者为钻探未发掘或近代墓葬。表中墓道深指墓道两端底距墓道开口面的高度；墓室高指墓室周壁的残存高度；墓室深指墓室底面距现地表的高度。M34、M38为砖室墓，其他皆洞室墓。

附表二 　　　　　　　　　　　　　　　　　　固原南塬隋唐墓葬登记表 　　　　　　　　　　　　　　　　　　单位：米

墓号	形制	墓向	总长	墓道				天井	甬道				墓室				骨架					葬具	出土遗物	时代	备注
				坡度	长	宽	深		宽	进深	高	封门	进深	宽	高	深	数目	头向	性别	年龄	葬式				
M1	刀形洞室I式	165°	12.13	14°	8.75	0.66~0.78	0.5~3.14	1	0.58	0.8	1.55	土坯	2.64~2.67	1.52~1.9	1.57	4.2	1	南	男	35~40	扰乱		III型陶罐1, 陶盏1, 镇墓兽1, 武士俑2, 跪拜俑1, 残马俑、驼俑各1, I式开元通宝3, 漆盘(残)2	初唐~盛唐	
M3	铲形洞室I式	175°	9.26	11°~18°	6.75	1.1~1.3	0.65~2.4		1.3	0.3	1.2	土坯	1.64~1.65	2.55~2.8	1.24	4.15	2	西	男女	30~40 20±	侧肢	木棺	II型陶罐1, 铜带扣1, 带尾1, 孔环1, 隋五铢3, 铁黑1, 漆碗(残)1	隋	
M4	铲形洞室II式	130°	12	16°~22°	9.04	0.85~1.3	3.7		0.96~1.18	0.98			0.8~1.02	2.05~2.38	0.85~0.95	4.45	1	南	男	35~45	屈肢	木棺	I型陶罐1, 铁棺钉5	隋	甬道内狗骨架1具
M5	铲形洞室I式	120°	9.7	17°	7.04	0.65~1.15	3.6						2.05~2.27	2.55~2.58	0.45~0.95	5.2	1	南	男?	45~50?	仰直	木棺	陶双耳罐1, 铜带扣1, 墓志砖1, 铁棺钉9	隋	
M6	刀形洞室I式	167°	4.7	24°	6.64	0.6	1.67					土坯	1.83~1.92	0.95~1.35	0.73	2.77	1	南		45~60	仰直		I式开元通宝3, 铁剑(残)1	初唐~盛唐	
M7	刀形洞室III式	173°	5.55	30°	3.35	0.7~0.95	0.1~1.17		0.95	0.86	0.65		1.25~1.65	0.95	0.55	2.7	1	南	女	18~20	仰直		I式开元通宝1	中唐~晚唐	
M8	刀形洞室I式	175°	5			0.6							2~2.14	0.55~1.16	0.3	2.25							II型陶罐1	初唐~盛唐	墓道未发掘
M9	刀形洞室I式	168°	11.8	13°~18°	8.33	0.45~0.65	0.57~3.05	2	0.65	0.75	1.45	土坯	2.75~2.8	1.5~1.8	0.97~1.33	4.05	2	南	男女	50~60 30~35	仰直	木棺	铜镜1, 铜合页3, I式开元通宝1	初唐~盛唐	
M10	刀形洞室II式	170°	10.3	15°~23°	7.12	0.85~1.06	0.3~2.38		0.81	0.32	1.1	土坯	2.62~2.7	1.05~1.64	0.1~0.94	3.8	1	南	男	25~35	仰直	木棺	铜带扣1, 铜带铐4, 带尾1, I式开元通宝1, 漆盘(残)2	初唐~盛唐	
M11	刀形洞室II式	185°	4.58	4°	1.82	0.7~0.75	1.05~1.17		0.75~0.77	0.45	0.99	砖	2.28~2.3	0.71~1	0.95~1.05	2.8~3.15	1	南	男	20~25	仰直		I型陶罐1, 陶钵1, 陶碗2, 隋五铢3, 铜带扣1, 铐带5, 铜带尾1, 漆器(残)1	隋	墓室西南角有小龛; 墓室底面铺砖
M12	刀形洞室II式	159°	8.25	21°	5.41	0.6~0.7	0.68~2.2		0.95	0.6	1.08	土坯	2.25~2.35	0.88~1.56	0.75	4.2	1			35~50	扰乱		彩绘盆1, 三彩钵1, 彩绘器盖1, I式、II式开元通宝各1, 铜合页5, 带尾1, 钉状物1, 骨笄1, 蚌壳1, 石珠1	中唐~晚唐	
M14	刀形洞室I式	170°	10.85	9°~24°	7.98	0.86~1.06	0.38~3.38		1.05	0.56	不详	土坯	2.25~2.35	1.2~1.95	0.7~1.1	4.2	1	南	男	45~50	仰直	木棺	铜带扣1, 铜带铐7, 铜带尾1, I式开元通宝3	初唐~盛唐	
M15	刀形洞室II式	165°	6.68	25°	4.33	0.81~0.94	0.06~1.65		0.8	0.4	0.76	土坯	1.8~2	1.22~1.32	1	3.15	1	南	女	15~18	仰直		I式开元通宝2, 波斯银币1	初唐~盛唐	
M16	刀形洞室I式	185°	11.53	12°~24°	8.63	0.6~0.72	0.5~2.84	1	0.65~0.7	0.55	1.33	土坯	2.35~2.45	0.92~1.55	0.8~0.9	4.65							陶器盖、器座各1, I式开元通宝1, 漆盘(残)2	中唐~晚唐	墓室东壁有龛; 墓室内马头骨一具
M17	刀形洞室II式	180°	9.55	16°	6.4	0.7~1.17	0.90~3.1	1	1.18	0.4	1.8		2.75~3.05	1.25~1.75	0.6~1.3	4.3	2		男女	25~35 25~35	扰乱	木棺	II式开元通宝2, 漆盘(残)2	中唐~晚唐	墓室东壁有龛
M19	铲形洞室II式	153°	6.1	21°	4.85	0.85~1	0.3~1.93						1.83~2.2	0.88~1.33	0.8	3.15	1	西南	女	50±	仰直	木棺	铁棺钉3	隋	
M20	刀形洞室I式	185°	9.26	30°	6.51	0.93~1.07	0.6~3.45		0.95	1	1		2.75	1.1~1.35	0.8~1.1	5.1						木棺	铁棺钉3	初唐~盛唐	墓道阶梯式
M21	T形洞室	170°	6.4	19°	4.92	0.65~0.75	0.4~1.53		0.75	0.45	0.9		0.92~0.97	2.26~2.3	0.9	2.85	2	西	男女	30~40 25~35	仰直		I式开元通宝3	初唐~盛唐	两具骨架均为白种人
M24	铲形洞室II式	195°	9.13	17°~30°	6.65	0.85~1.09	0.2~2.1		1~1.1	0.4	1.7	土坯	1.58~2.2	1.75~2.36	1.06	3.92	1	西	男	45~50	仰直	木棺	II型陶罐2, 隋五铢3	隋	
M25	T形洞室	160°	5.2	24°	4.35	0.6~0.73	0.33~1.63						0.83	2.21	0.94~1	2.75	1	西		20~25	侧屈		陶纺轮1, 五铢2, 铁镜1, 蚌壳1, 窄条形铁片5	隋	白种人
M28	刀形洞室I式	173°	11.63	16°~30°	9.15	0.8~0.83	0.15~3.57	1	0.68	0.35	1.53	土坯	2.15	1.1~1.36	0.3~0.6	4.8	1	南	女	成年	仰直			初唐~盛唐	
M29	刀形洞室I式	160°	7.52	27°	5.35	0.51~0.8	0.23~2.85						1.94~2.22	1~1.38	0.7~1.45	4.1	2		男女	30~40 30±	扰乱	木棺	II式开元通宝3	中唐~晚唐	两具骨架均为白种人
M30	刀形洞室I式	160°	7.34	20°	5	0.6~0.73	0.25~1.8					土坯	2.25~2.32	0.9~1.52	0.65	2.85								初唐~盛唐	墓室内山羊骨架2具

附录　固原九龙山—南塬出土高加索人种头骨研究

韩康信

近年来，笔者多次在宁夏古代墓地鉴定人骨。最早是对海原菜园村收集的新石器时代人骨①。后来是对固原于家庄彭堡墓地中出土的相当春秋战国时期的人骨②。其他还陆续鉴定过中卫、中宁的汉代③、吴忠的唐代④、固原开城元代⑤、永宁闽宁村⑥的西夏及固原北周与唐代的田弘墓和史道洛墓人骨⑦⑧，最晚的是银川沙滩的明清时期的伊斯兰墓葬⑨。这些古人骨的鉴定报告已经陆续发表在考古报告的附录中。报告的内容除了对墓葬死者的性别年龄的鉴定、病理创伤等记录外，重点是判定他们的种族类型，从已经鉴定过的人骨资料来看，宁夏虽是中国面积最小的省区之一，但从新石器时代开始的古代种族成分上曾有过不同类型的某些异动，例如从新石器时代的东亚类群到青铜时代北亚类群的出现，以及汉代以后的更晚时期又是以东亚类及其变种的出现。这些都代表了欧亚大陆东部人群内部变化的局部反映⑩。但同时，宁夏在地理位置上又在东西文化交流的丝绸之路东延的一部分，在考古发掘中也发现了不少有西方文化色彩的遗存，尤其在固原地区便有这类遗存发现⑪，因而不能不存疑于文化载体的人口中有没有西方人种的渗进这样的人类学问题。例如宁夏水洞沟是一处20世纪20年代由法国学者发现的一处有西方传统的旧石器晚期文化遗址⑫。但由于至今的多次发掘中从未得到可资种族鉴别价值的古人类化石而未获解答。但就晚近的考古资料如唐代史道洛墓葬的发掘，可以指认该墓葬的主人与中亚的文化之间存在联系。而且从保存虽朽蚀不完整的史道洛头骨的一些形态特点来看，可以认定的印象是非蒙古人种的⑬。但这还是个案的不十分肯定的例子，还不能从人类学上作出可信的认证。但不能不促使我们即使在宁夏这块小范围的地区是否在古代的某一时段开始有西方人种特点居民的移入？如果有，那么他们究竟出现于何时？进入的规模有多大？这些问题除了从考古学文化上追踪外，还可以从古人骨的种族特征上进行调查。

应该指出直到不久前，除了固原的史道洛人骨的个案外，笔者在宁夏的新石器时代、铜器时代直到铁器时代的人骨鉴定中还没有找到具有明确显示西方种族特征的人类学材料。直到2004~2005年，笔者又先后两次到固原鉴定九龙山和南塬两个相距不远古墓地的人骨，从直觉的观察中似乎找到了几具疑似西方种族的头骨。这些头骨的缩写号和墓号分别为YKJM28，YKJM33，GKM21，GKM25和GKM29及GKM48。其中YKJM28，YKJM33，GKM21和GKM29都是男女合葬墓，GKM25和GKM48为单人葬。就人骨保存的情况来说YKJM28的女性头骨保存很差（面部几乎全部残失），因而难以留下其貌的印象。但这些人骨是否如笔者初步的印象果属西方的成员，自然需要从形态学和头骨测量学的专门分析。但这并非易事，因为缺乏软组织的比对依据，只能从头骨的形态特点和测量特征上寻找比对的依据。虽然还很难有统一和完全可信的衡量东西方种族的测量标准，但从一般的认知上可以感觉东西方种族在颅骨学上的差异虽非绝对，但主要表现在面部的某些特征上，龙其是在鼻部和面部突起的强弱上。再结合某些颅形及面部形态观察特征的评估，或可尝试对这些人骨进行种属的分析。

（一）研究材料和方法

本文作者对九龙山、南塬两个墓地出土的90具头骨进行了观察和测量。这些头骨的墓葬时代是多样的，从汉、唐到明、清都有，这些人骨资料的整体研究另有报告。这里要报告的是取自其中的9具头骨，它们是笔者疑为与其他头骨属于不同种系（大人种）的另类成分。这些头骨的具体所属时代及性别和年龄记录如下：

YKJM28	东侧骨架	男	30～40岁	隋唐
	西侧骨架	女	30～40岁	隋唐
YKJM33	北侧骨架	男	35～40岁	隋唐
	南侧骨架	女	25～35岁	隋唐
GKM21	北侧骨架	男	30～40岁	唐
	南侧骨架	女	25～35岁	唐
GKM25		女	20～25岁	北朝
GKM29	东北角骨架	男	30～40岁	唐
	东北角骨架	女	30±岁	唐
GKM48		男	50～55岁	唐

在上述10具骨架中，YKJM28女性头骨十分残失而无法进行有效的观察和测量，仅存的右颧骨非常狭小，颧骨宽（zm-rim orb.）仅为17.5mm。

作为比对，我们首先将上述疑为高加索种的头骨与同一墓区出土的同时代（隋唐时期）头骨在11项观察特征（颅形，眉弓突度，眉间突度，颅顶缝，眶形，梨状孔下缘，鼻棘，犬齿窝，鼻根凹陷，腭形，眶口平面侧视倾斜方向）的出现频率或平均等级进行比较，寻找两者之间是否存在可以感知的种族方向上的差异。

其次用多项（26项）测量特征进行类似的比较，以验证和补充在这些特征上是否也出现种族方向上的偏离。

在进行了上述两方面（观察和测量特征）的对比之后，再采用11项集中于面部的计测特征（鼻指数，鼻尖点指数，鼻根指数，齿槽面角，鼻颧角，颧上颌角，上面高，颧宽，眶高，齿槽弓指数，垂直颅面指数）的变异方向来考察本文侍定种属头骨组可能的大人种属性。

（二）头骨的主要形态和计测特征

YKJM28男性头骨，鼻骨强烈突起和上仰（鼻根指数55.9，鼻尖角55°鼻骨角39.7°），鼻棘尖端虽残但依其基部趋势判估乃属强大（Ⅴ级？）。面部水平方向突度较明显（鼻颧角141.8°，颧上颌角137.3°），面部矢状方向突度平颌（全面角90°）。脑颅类型是短颅—高颅—中颅相结合（颅指数80.6，长高指数75.5，宽高指数93.6）。鼻形狭鼻型（鼻指数45.5）。中—高眶型（眶指数L.82.9，R.86.9），侧面观眶口平面与眼耳平面交角近垂直型，颧骨欠宽（L.24.5mm，R.24.3mm）（彩版三九，4～6）。

YKJM28 女性头骨—头骨多半残，可观察和计测特征缺少，仅右颧骨狭小（17.5mm）。

YKJM33 男性头骨—鼻骨强烈隆起（鼻根指数 54.6），鼻尖上仰（鼻尖角 58°，鼻骨角 29.1°），鼻棘强大（V级）。面部水平方向突出中等—强烈（鼻颧角 141.0°，颧上颌角 127.0°）；眉弓发达（特显级），眉间突度较显（Ⅳ级强），鼻根凹陷深（深级）。侧面观察的眶口平面与眼耳平面交角为垂直型。脑颅形态为短颅—高颅—中颅型相结合（颅指数 83.1，长高指数 80.6，宽高指数 96.6），中鼻型（鼻指数 48.5），中眶型（眶指数 L.80.7，R79.7），面部在矢状方向突度平颌型（全面角 89°），颧骨偏宽（L.27.7mm，R.27.3mm）（彩版三八，7～9）。

YKJM33 女性头骨—鼻骨隆起高耸（鼻根指数 49.1），鼻尖较上仰（鼻尖角 52.5°，鼻骨角 29.1°），鼻棘强大（V级），面部水平方向较突出（鼻颧角 140.5°，颧上颌角 128.5°），中鼻型（鼻指数 48.1），脑颅为短颅—高颅—狭颅型相配合（颅指数 81.0，长高指数 80.1，宽高指数 98.9）。中眶型（眶指数 L.83.4，R.83.9），面部矢状方向突度平颌型（全面角 86.0°）（彩版三九，1～3）。

GKM21 男性头骨—鼻骨突起强烈（鼻根指数 55.5），鼻尖明显上仰（鼻尖角和鼻骨角因鼻尖残而未能测得），鼻棘特显（V级），面部水平方向突度强烈（鼻颧角 139.4°），矢向突出平颌型（估测），鼻型偏阔（鼻指数 52.1），中眶型偏低（眶指数 L.76.7）。可估计的脑颅形状为中颅型（颅指数 78.0）。颧骨不宽（L.25.0mm）（彩版四〇，4～5）。

GKM21 女性头骨—鼻骨明显隆起（鼻指数 44.4），鼻尖部分残，鼻棘弱（Ⅱ级），面部水平方向较突（鼻颧角 141.8°，颧上颌角 126.5°），狭鼻型（鼻指数 46.0），中—低眶型（L.77.7，R.73.4）；脑颅为中颅—高颅—狭颅型相结合（颅指数 76.8，长高指数 81.5，宽高指数 106.2），眶型不完整略近斜方形，颧骨很宽（L.28.0mm），眶口平面与眼耳平面相交约呈后斜型。

GKM25 女性头骨—鼻骨突起强烈（鼻根指数 61.1），鼻尖上仰（鼻尖点角 54°，鼻骨角 33.2°）。鼻棘显著（Ⅳ级强），面部水平方向突出强烈（鼻颧角 138.8°，颧上颌角 124.0°），矢向突度平颌型（全面角 89.0°），狭鼻型（鼻指数 44.5），中眶（眶指数 L.82.4，R.80.2），短颅—正颅—阔颅型相结合（颅指数 80.7，长高指数 72.1，宽高指数 89.3），眶口平面位置近似垂直型，颧骨狭小（L.21.9mm，R.21.3mm）。

GKM29 男性头骨—鼻骨明显隆起（鼻根指数 45.1），鼻骨尖强烈上仰（鼻尖角 49.5°，鼻骨角 38.8°），鼻棘发达（V级），面部水平方向强烈突出（鼻颧角 137.0°，颧上颌角 126.6°），矢状方向突出平颌型（全面角 90.5°），狭鼻型（鼻指数 44.3），低眶型（眶指数 L.71.2，R.70.5）脑颅为接近短颅的中颅型（颅指数 79.7），高颅型（长高指数 69.1），颧骨不宽（L.24.5mm，R.23.8mm）（彩版三八，1～3）。

GKM29 女性头骨—鼻骨中等突起（鼻根指数 32.8），鼻骨上仰较明显（鼻尖角 54.5°，鼻骨角 29.6°），鼻棘突显（V级），面部水平方向强烈突出（鼻颧角 138.4°，颧上颌角 120.5°），矢状突出平颌型（全面角 89.0°），鼻形趋阔（鼻指数 51.3），中眶型（眶指数 R.81.6）；脑颅为中颅—高颅—狭颅相配合（颅指数 75.1，长高指数 76.9，宽高指数 102.3），颧骨偏宽（R.25.6mm），侧面观眶口平面与眼耳平面交角属垂直型（彩版三八，4～6）。

GKM48 男性头骨—鼻骨强烈突起（鼻根指数 53.8），鼻尖较上仰（鼻尖角 65.5°，鼻骨角 27.2°），鼻棘发达（Ⅴ级），面部水平方向突度强烈（鼻颧角131.4°，颧上颌角122.9°），矢向突度超平颌型（全面角94.5°），中鼻型（鼻指数47.9），低眶型（眶指数L.73.5，R.69.4）；脑颅为中颅—高颅—狭颅型相结合。（颅指数76.7，长高指数76.1，宽高指数99.2），具有明显的角形眶（眶指数L.73.5，R.69.4），眶口平面与眼耳平面交角属垂直型，颧骨宽比较宽（L.27.4mm，R.28.2mm）（彩版四〇，1～3）。

　　根据以上10具头骨的形态记录所提供的印象，不计某些个别的变异，它们一般表现的综合特征是具有强烈和比较强烈突起的鼻和上仰的鼻骨，发达的鼻棘，水平方向面部明显突出和矢向突度弱；侧视眶口平面位置更多垂直型。这样一组综合特征与类似具有同类组合特征的欧亚大陆西部人群的头骨比较相似，相反，与具有鼻骨突起和上仰弱，鼻棘发育也弱，面部扁平度强烈更多显突颌及眶口平面位置更多后斜型的欧亚大陆东部人群之间存在明显的形态偏离现象（图1）。

（三）观察特征的组群比较

　　作为以形态特征进一步的比较分析，我们将九龙山和南塬出土的人骨合而为一大组，并将前述10具疑视高加索种的头骨列为"C"组，其余多数头骨列为"M"组。由于C组头骨皆属北朝和更晚的隋唐时期，因此在M组头骨中也选择了隋唐时期的，亦即不包括汉代、宋代和明清时代头骨。

　　表一中列出了九龙山—南塬组（男性组和女性组）中的C组和M组10个项目的观察特征的平均等级和出现频率的比较，同时附列了新疆哈密焉不拉克墓地的C组与M组的同类观察特征的平均等级和出现频率作为比较（注：焉不拉克组中缺女性C组头骨，所以只能列出男性C组与M组）[④]。其目的是通过对C组和M组的10项特征中有哪些项目上可能存在相对的明显组差，并讨论这些组差的种族变异方向。同时指出，本文中做这种比对所用的头骨例数是典型的小例数，它们所代表的平均等级或出现频率在统计学上可能出现某些偶然性，因此还需要更大样本的调查。因此本文提供的数据仅作探查性的调查并讨论其合理性。

　　表中C组与M组之间的">"和"<"及"="符号代表该两对比组之间平均等级和出现率的"大于"，"小于"和"相等"的方向，两组数值差异越大或可能在形态特征上存在种族方向上的偏离。

　　首先考察表一中九龙山—南塬男性组的C组与M组，可以发现C组在眉弓突度、眉间突度、鼻根凹陷、鼻棘、犬级窝五项的平均等级都大于M组，在矢状缝的复杂型、角形眶、梨状孔下缘锐型、眶口平面位置垂直型四项的出现率上也都C组高于M组，只有V形腭型上C组略低于M组。

　　作同样的观察，九龙山—南塬女性组中，C组的眉弓突度，眉间突度，鼻根凹陷，鼻棘四项上平均等级高于M组，只在犬齿窝一项上略低于M组，此外，在矢状缝复杂型和眶口平面垂直型的出现频率上C组也大于M组。但在角型眶，梨状孔下像锐型及V形腭型上没有表现出如男性组中的变化方向。

　　综合以上九龙山—南塬的男、女性各自的C组与M组形态特征的变化方向，在眉弓突度，鼻根凹陷，鼻棘及矢状缝，眶口平面位置的垂直化等六项特征上可能男女组的C组与M组之间出现了共同的变化方向。而其余四项（眶形、梨状孔下像、犬齿窝、腭形）的平均等级或出现率上表现出或反向或偏离差异值不大。

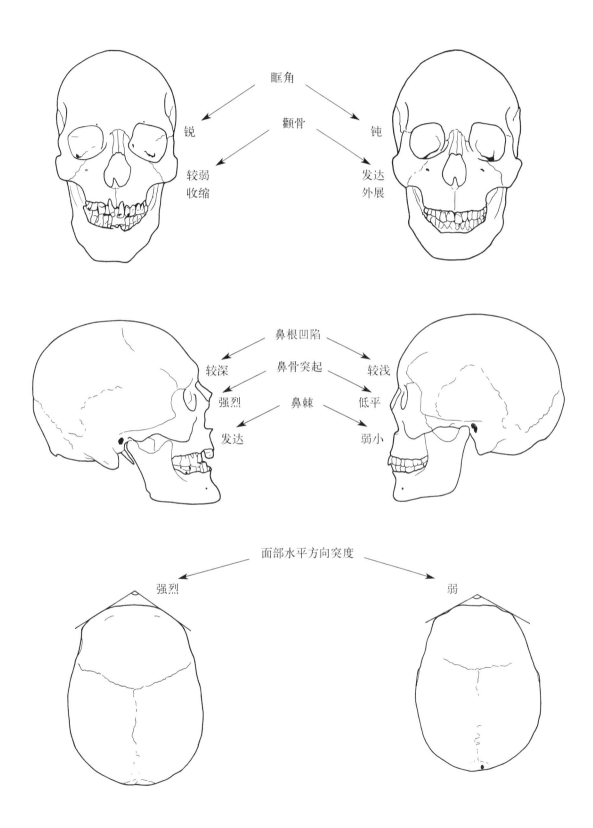

图 1　高加索种（左）和蒙古种（右）头骨差异比较图

对上述九龙山—南塬的C组与M组之间的综合偏离方向是否有意义，我们参考表一中所列新疆哈密焉不拉克的男性C组与M组相同项目的比对（C组也是代表高加索种头骨、M组代表蒙古种头骨）。不难发现，焉不拉克的男性C组在眉弓和眉间突度、鼻根凹陷、鼻棘、犬齿窝、矢状缝、眶形、梨状孔下像、眶口平面位置等九项特征与M组的偏离方向与九龙山—南塬的男性C组与M组之间的偏离方向一致，仅在腭形一项上出现异向偏离。由于焉不拉克头骨缺女性C组的材料，不能观察到是否也有如九龙山—南塬女性C组与M组之间的变异方向。但如果我们将九龙山—南塬女性C组与M组各项特征的变异方向与焉不拉克男性C组与M组的变异方向相比，除了眶形，梨状孔下缘、犬齿窝三项的变差方向不同外，在其余七项上则有相同的偏差方向。换言之，九龙山—南塬女性C组与焉不拉克男性C组与M组的三项（眶形、梨状孔下缘、犬齿窝）的异向也是与九龙山—南塬男性C组与M组的异向相同。所不一致的仅剩腭形一项。这种情况或可说明，九龙山—南塬女性C组与M组同九龙山—南塬男性C组与M组相异向的内容与焉不拉克男性C组与M组相异向的内容（除腭形一项外）也是基本相似的。不过这仅是一种间接的推测。而仅从男性头骨中，九龙山—南塬的C组与M组和焉不拉克C组与M组各自的形态特征的偏离方向基本相同（仅腭形一项不符）的结果来看，可以设想在九龙山—南塬的C组与M组之间的综合偏离方向的客观性，或者说在C组与M组之间存在种族形态的偏离。

表一　九龙山—南塬及焉不拉克C、M组观察特征平均等级和出现率比较

测量项目		九龙山—南塬（C组）		九龙山—南塬（M组）	九龙山—南塬（C组）		九龙山—南塬（M组）	焉不拉克（C组）		焉不拉克（M组）
		男　性			女　性			男　性		
眉弓突度(1～5级)		3.9(5)	>	3.2(17)	1.5(5)	>	1.25(18)	4.2(8)	>	3.1(11)
眉间突度(1～6级)		4.6(5)	>	3.2(14)	2.0(5)	>	1.6(17)	4.1(8)	>	2.7(11)
鼻根凹陷(1～3级)		2.7(5)	>	1.7(17)	1.25(4)	>	1.0(18)	2.4(7)	>	1.7(11)
矢状缝	复　杂	50.0%(4)	>	36.4%(11)	25.0%(4)	>	15.4%(13)	71.4%(7)	>	25.0%(8)
	简　单	50.0%(4)	<	63.6%(11)	75.0%(4)	<	84.6%(13)	28.6%(7)	<	75.0%(8)
眶　形	角　形	60.0%(5)	>	18.8%(16)	50.0%(4)	=	50.0%(18)	62.5%(8)	>	36.4%(11)
	钝　形	40.0%(5)	<	81.3%(16)	50.0%(4)	=	50.0%(18)	37.5%(8)	<	63.6%(11)
梨状孔下像	锐	80.0%(5)	>	37.5%(16)	50.0%(4)	<	61.1%(18)	25.0%(6)	>	1.1%(5)
	钝	20.0%(5)	<	62.5%(16)	50.0%(4)	>	33.3%(18)	50.0%(6)	>	44.4%(5)
鼻棘(1～5级)		5.0(5)	>	3.2(16)	4.1(4)	>	2.25(18)	3.4(8)	>	2.5(9)
犬齿窝(1～5级)		2.8(5)	>	2.3(16)	1.4(4)	<	1.6(18)	2.5(8)	>	0.7(11)
眶口平面位置	垂　直	100.0%(5)	>	38.5%(13)	50.0%(4)	>	31.2%(16)	75.0%(8)	>	18.2%(11)
	后　斜	0.0%(5)	<	61.5%(13)	50.0%(4)	<	68.8%(16)	25.0%(8)	<	81.8%(11)
腭　形	抛物线	50.0%(4)	>	46.2%(13)	50.0%(4)	<	73.3%(15)	16.7%(6)	<	72.6%(8)
	∨　形	50.0%(4)	<	53.8%(13)	50.0%(4)	>	26.7%(15)	83.3%(6)	>	27.3%(8)

注：焉不拉克C、M组的等级和出现率引自文献[14]。

对于这种形态偏离，笔者曾在焉不拉克墓地人骨研究报告中有过分析。即焉不拉克的"C组倾向于眉间突度更强烈，相应的鼻根部更深陷，鼻棘更发达，犬齿窝可能趋向更深，角形眶更明显，眶口平面更常见垂直或前倾，腭形可能相对更狭长。而M组在上述一系列综合特征上，与C组表现相反趋势，即眉弓和眉间突度较弱，鼻根部相对浅平，鼻棘欠发达，犬齿窝较浅，多见圆钝形眼眶，眶口平面更多后倾型，腭形相对短宽等。而这种形态上明显相离趋势的种族人类学意义在于C组更强烈的眉弓和眉间突度，更深陷的鼻根及发达的鼻棘等显然与一般欧洲人种头骨具有比蒙古人种更强烈的男性特征及强烈突出的鼻相平行，眶形上也如此，C组的角形眶特点更为明显，这种眶形在欧洲人种头骨上更为常见，而蒙古人种则更多见眶角圆钝的眶形。与此相联系，C组眶口平面更多垂直或前倾型与他们更多接近欧洲人种'关闭型'眼眶有关，而M组的后斜型眶口平面与蒙古人种多见'开放型'眼眶相联系。换句话说，前一种眶形使人联想其实际眼球相对较小而位置深，而后一种眶形表示其眼球位置更浅而突出。腭形的偏离也符合两个人种在这个特征上的变异方向，即欧洲人种的腭形相对更狭长一些，蒙古人种则更短阔。犬齿窝的显著与否也使C组与M组符合欧、蒙人种的分离趋势。总之，C组与M组在上述一系列综合特征上的差异方向和东西方人种颅骨形态的偏离方向是符合的，证明的个体头骨形态观察所作的形态分组是有根据的"[15]。这样的种族形态分析笔者以为也基本上适用于九龙山—南塬C组与M组的形态偏离，只有腭形一项上有些不合，这或许是观察例数过少出现的偶然情况，尽管其他特征的观察例数也很少，但在绝大多数特征上的偏离方向与焉不拉克的相同恐怕不是偶然的，应该属于东西方种族的形态偏离。

（四）测量特征的比较

对上述C组与M组的形态偏离是否在头骨测量特征上相一致尚需进一步分析。表二中列出了九龙山—南塬C组与M组的26项脑颅和面颅测量特征的数据。作为比对，也列出了焉不拉克C组与M组的相应数据。

根据表二所列各项测量数据，归纳九龙山—南塬C组与M组之间的差异方向为：

1. C组上面高明显比M组低，颧宽也明显比M组狭，中面宽也是如此。这或说明，C组比M组有更狭的面。

2. C组的面宽虽比M组更狭，但在面宽的矢向高度如颧颌点间高比M组更高，这反映C组比M组有更向前凸的面。这一点也反映在C组的鼻颧角和颧上颌角都明显小于M组，这两个角度大小反映上、中面部向前突出的程度。因此C组的面部扁平度明显弱于M组。

3. C组的鼻梁眶内缘宽高和眶间宽高指数、鼻骨最小宽高和鼻根指数、鼻尖点高和鼻尖点高指数、鼻骨突度角等多项测量与鼻骨突起与上仰程度相关的项目上都无例外地比M组更大，鼻尖点角小于M组也反映这一特点。这些说明C组在鼻骨横截面的隆起和鼻尖上仰程度上与M组存在强烈的反差。

4. C组的颧骨高和宽上比M组小。

5. C组的全面角、鼻面角和齿槽面角也都比M组明显更大。而这些角度大小反映面部在矢状方向上的突出程度，角度越大突出程度越小。因此，C组的面部矢向突出比M组为小，都可以归入典

表二　九龙山—南塬及焉不拉克C组与M组测量特征之比较（男性）

测量项目	九龙山—南塬		焉不拉克		测量项目		九龙山—南塬		焉不拉克	
	C组	M组	C组	M组			C组	M组	C组	M组
颅高(17)	140.3(3)	141.7(17)	135.8(8)	133.8(8)	颧骨高 (MH)	左	45.1(5)	46.7(16)	43.3(8)	46.1(10)
上面高(sd)(48)	73.9(3)	76.7(15)	71.2(8)	76.4(8)		右	45.1(4)	46.5(16)	42.8(7)	46.1(9)
颧宽(45)	134.1(3)	138.6(16)	132.5(8)	135.1(8)	颧骨宽(zm -rim.orb)	左	25.8(4)	26.9(15)	25.1(8)	27.6(9)
垂直颅面指数(48：17)	55.0(3)	54.6(14)	51.6(8)	55.5(5)		右	25.9(4)	26.9(16)	25.0(7)	28.0(8)
上面指数(48：45)	55.5(4)	55.4(14)	52.9(8)	54.7(8)	腭长(62)		44.7(1)	45.0(13)	47.7(5)	44.9(4)
中面宽(46)	96.9(4)	100.6(16)	99.9(7)	103.3(7)	腭宽(63)		43.0(3)	43.7(12)	39.5(4)	40.3(6)
颧颌点间高(sss)	26.7(4)	24.9(16)	25.2(7)	22.0(7)	腭指数(63:62)		100.4(1)	98.3(11)	80.3(4)	89.6(4)
眶间宽(DC)	22.4(5)	22.2(15)	21.2(7)	21.2(10)	齿槽弓指数(61:60)		125.6(3)	124.6(13)	111(4)	119.9(4)
鼻梁眶内缘宽高(DS)	12.2(5)	8.4(15)	10.9(7)	9.8(10)	鼻面角(73)		90.9(4)	86.6(16)	86.1(8)	88.8(7)
眶间宽高指数(DS：DC)	55.0(5)	38.6(15)	51.6(7)	46.3(10)	齿槽面角(74)		88.1(4)	80.8(17)	83.1(8)	80.8(6)
鼻骨最小宽高(SS)	4.9(5)	2.6(16)	3.7(8)	2.7(10)	鼻颧角(77)		138.1(5)	145.1(18)	143.4(8)	143.8(10)
鼻根指数(SS：SC)	53.0(5)	33.8(16)	45.9(8)	37.6(10)	颧上颌角	(zm1 <)	128.5(4)	133.4(16)	132.5(7)	138.8(8)
鼻尖高(SR)	22.1(5)	16.5(13)	20.1(7)	16.4(7)		(zm <)	122.5(4)	127.3(16)	126.7(7)	133.8(7)
鼻尖点高指数(SR：O3)	40.6(15)	30.2(13)	37.1(6)	31.6(7)	全面角(72)		91.0(4)	85.6(17)	85.2(8)	86.5(6)
鼻骨突度角(75-(1))	34.0(4)	21.0(10)	28.7(7)	19.9(5)						
鼻尖点角(75)	57.0(4)	67.1(14)	58.7(7)	66.2(5)						

注：焉不拉克C组M组数据引自文献⑭。

型的平颌类型。

6.C组在腭的大小（腭长和腭宽）上与M组没有表现明显的差异，只在腭指数上较高于M组，但测量标本仅为孤例，可能不具代表性。齿槽弓指数两组的差距也仅有一个百分点。

7.颅高一项上，C组与M组差别不大，从绝对值来看都可以归入高颅类型。

综合上述几点，九龙山—南塬的C组比M组在测量项目上的反映是具有更低而狭的面，矢向面部突出更明显，水平方向面突也更强烈，鼻骨更为突出和上仰，颧骨有些弱化。如果参照焉不拉克C组与M组相同项目的数字对比，不难发现两组的偏离方向与九龙山—南塬的C组与M组之间具有相似的偏离方向。仅仅在腭形上有些差异。因此我们有理由说，九龙山—南塬的C组与M组之间不仅在观察特点，而且在重要的面部测量特征上都存在有序的内容也基本相同的形态分析支持了个体头骨和分组头骨的观察特征的分析。

从表三中所列一些大人种的主要面部测量值的变异区间的比对也可评估C组与M组之间形态变异的种族意义⑥。即无论是九龙山—南塬组还是焉不拉克的C组的各项计测值都更多的跌落在欧亚人种（即高加索人种）的变异界值内或仅个别项目虽出界值但也很接近界值。如九龙山—南塬C组的各项平均值在变异范围内或虽越出但接近界值的有鼻指数、鼻尖点指数、鼻根指数、鼻颧角、上面高，颧宽、眶高及齿槽面角（略大于界值上限但在加强平颌的方向上）、垂直颅面指数（接近上

表三　九龙山—南塬、焉不拉克Ｃ、Ｍ组面部测量与大人种之比较（男性）

测量项目	九龙山—南塬		焉不拉克		欧亚人种	亚美人种	赤道人种
	Ｃ组	Ｍ组	Ｃ组	Ｍ组			
鼻指数（54：55）	47.7(5)	48.1(17)	48.6(7)	46.5(9)	43-49	43-53	51-60
鼻尖点指数（SR：O3）	40.6(5)	30.2(13)	37.1(6)	31.0(7)	40-48	30-39	20-35
鼻根指数（SS：SC）	53.0(5)	33.8(16)	45.9(8)	37.6(10)	46-53	31-49	20-45
齿槽面角(74)	88.1(4)	80.8(17)	83.1(8)	80.8(6)	82-86	73-81	61-72
鼻颧角(77)	138.1(5)	145.1(18)	143.4(8)	143.8(10)	132-145	145-149	140-142
上面高(48)	73.9(3)	76.7(15)	71.2(8)	76.4(8)	66-74	70-80	62-71
颧宽(45)	134.1(3)	138.6(16)	132.5(8)	135.1(8)	124-139	131-145	121-138
眶高(52)	33.0(5)	34.8(17)	33.2(7)	33.4(11)	33-34	34-37	30-34
垂直颅面指数（48：17）	55.0(3)	54.6(14)	51.6(8)	55.5(5)	50-54	52-60	47-53
齿槽弓指数（61：60）	125.6(3)	124.6(13)	111.0(4)	119.9(8)	116-118	116-126	109-116

注：欧亚、亚美、赤道人种数据引自文献⑯。

界值）等九项90%的项目，只有齿槽弓指数一项偏离界值明显。相比之下，Ｃ组偏离亚美人种（蒙古人种）和赤道人种（尼格罗—澳大利亚人种）界值的项目明显更多而且偏离界值也更明显。焉不拉克Ｃ组的情况也大致与九龙山—南塬Ｃ组的情况基本相似。与此相反，无论九龙山—南塬还是焉不拉克的Ｍ组大部分或几乎全部项目跌落或接近亚美人种的界值，与欧亚人种和赤道人种界值的跌落接近关系则表现得相对离散得多。

　　总之从以上的几种测值的分析可以证实，九龙山—南塬Ｃ组头骨在具有鉴别价值的面部测量特征的综合倾向上与焉不拉克Ｃ组具有基本相似共同的大种族的偏离方向，他们在人种属性上可能更多倾向于世界西部人群的欧亚人种类群。这一考察结果也支持以观察特征上显示的种族属性的推测。同时也说明，本文最初以主观区分的Ｃ组与Ｍ组的形态分组是有形态测量的根据的。

（五）与新疆境内西方种族头骨之比较

　　如果从地理上讲，宁夏的西方种族成分最可能而接近的来源首先经新疆的丝绸之路段逐渐向东移而到达中国的其他西北地区。因而我们首先用多项头骨测量特征计算与新疆境内古代人各组的形态距离来估算这种关系。据笔者对新疆出土多组头骨组种族属性的初步研究和评估，有以下各组：

　　1. 古墓沟组—墓地位于孔雀河下游北岸第二台地的沙丘地上，距东边已经干涸的罗布泊湖约70公里。墓地的年代测定约3800年前，约相当青铜时代。这组头骨在形态上具有某些古老性状，被认定与"原始欧洲人"（Proto-European）类型接近⑰。

　　2. 焉不拉古Ｃ组—墓地位于哈密地区，距柳树泉不远的焉不拉克土岗地上。年代测定距今约3100～2500年，约相当周至汉代。据研究报告，在这个墓地出土人骨中存在蒙古人种和西方人种成分，焉不拉克Ｃ组即指其中的西方人种的头骨。形态测量的分析，这些头骨与古墓沟的相对较近，但也存在一些差异⑱。

3. 山普拉组—墓地位于塔克拉玛干沙漠的西南缘洛浦地区，年代测定距今约2200 年，约相当西汉时期。报告初步认定，这组头骨在种族类型上更可能与地中海东支（East Mediterranean）的风格相近[①][③]，与蒙古人种的可能性[①]不大。

4. 阿拉沟组—墓地位于吐鲁番盆地边缘的托克逊阿拉沟地区。墓地年代距今约2700～2000 年，相当春秋至汉代。报告分析这批头骨的西方种族成分中存在不同的形态变异，即一部分与长狭颅的东地中海类型接近（East Mediterranean），还有一部分颅形短化又保留某些古老性状而与帕米尔—费尔干类型（Pamir-Fergan）相近，另有一部分也是数量最多的是具有这两个类型之间混合特点的成分[②]。

5. 察吾呼沟Ⅳ组—墓地位于和静县哈尔莫敦察吾呼沟Ⅳ号墓地，其年代距今 3000～2500 年相当西周至春秋时期，头骨形态虽与古墓沟的相对较近，但其面部特征更具现代型的，也与阿拉沟的头骨接近[③][④]。

6. 察吾呼沟Ⅲ组—墓地位置同察吾呼沟Ⅳ号墓地相距仅几公里，年代距今 2000～1800 年，相当汉代。该组颅形短化，其中有三具头骨有人工变形。整组来讲，欧洲人种有些淡化，但基本因素仍属欧洲人种[⑤]。

7. 昭苏组—墓地位于昭苏地区的夏台、波马，墓葬年代距今约 2400～1800 年，相当战国至汉代。头骨形态可能属于短颅型欧洲人种，与周邻的帕米尔—费尔干类型较接近[⑥]。

8. 楼兰组—墓地位于古楼兰城址东部的高台地，墓地时代距今 1800 年，仍相当东汉时期。头骨数量不多，形态类型不单一，其中的欧洲人种成分可能与东地中海类型相对接近[⑦]。

9. 安伽墓—墓葬发现于西安北郊大明宫乡炕底寨村。据墓志系北周时期墓葬。仅 1 具人骨，具有明显高加索人种特征，可能与中亚的短颅化类型相似[⑧]。

表四中列出了上述新疆八组和西安安伽墓一具头骨的12项脑颅和面颅的测量均值，并据此计算

表四　12 项颅面测量特征的比较（男性）

测量项目	九龙山—南塬C	安伽	察吾呼沟Ⅲ	察吾呼沟Ⅳ	古墓沟	焉不拉克C	山普拉	阿拉沟	昭苏	楼兰
1. 颅长	181.8	190	180.5	183.4	184.3	183.3	188.5	184.2	179.9	193.8
8. 颅宽	144.8	148	138.7	136.5	138	133.3	137.6	141.9	150.5	138
8:1 颅指数	79.7	77.9	76.8	74.4	75	72.7	73	77.1	83.8	71.1
17 颅高	140.3	140	142.1	135.8	137.5	135.8	140.2	135.6	135.1	145.3
48 上面高	73.9	73.2	74.7	70.7	68.7	71.3	74.9	71.9	73.4	79.7
45 颧宽	134.1	138.6	134.2	131.1	136.2	132.5	131.7	131.1	139.2	134.4
48:45 上面指数	55.5	52.8	55.6	54	50.6	53.8	56.9	55	52.7	59.5
52:51a 眶指数	81.3	81.8	85.9	83.1	78	83.9	84.5	84.7	82.1	90.2
52:55 鼻指数	47.7	45.3	47.9	48.7	51.5	48.7	46.1	48.2	48.4	45.2
72 全面角	91.0	90	91.4	90.2	85.3	85.2	86.6	85.7	87.3	92.5
75(1) 鼻骨角	34.0	37.7	21.4	25.3	29	27.6	26.5	32.7	28	28.5
32 额倾角	86.0	83	82.7	86	82.2	82	76.4	83.3	83.1	85.5

了包括九龙山—南塬C组在内的各组间的形态距离（Distance）值的数字矩阵（表五）。从中发现，九龙山—南塬组与阿拉沟组的距离最小，其次是昭苏组，再后是察吾呼沟Ⅳ和安伽组、古墓沟组，与焉不拉克C和山普拉及楼兰组相去比较远。用数字矩阵绘制的聚类谱系图也是九龙山—南塬C组与阿拉沟组最先聚类一个小组（图2）。

表五　形态距离矩阵

	九龙山—南塬C	安　伽	察吾呼沟Ⅲ	察吾呼沟Ⅳ	古墓沟	焉不拉克C	山普拉	阿拉沟	昭　苏	楼　兰
九龙山—南塬C										
安伽	4.28									
察吾呼沟Ⅲ	4.49	6.48								
察吾呼沟Ⅳ	4.30	4.98	3.20							
古墓沟	4.43	5.24	4.79	3.34						
焉不拉克C	5.12	6.37	4.01	2.28	2.98					
山普拉	5.25	5.76	3.93	3.98	4.48	3.29				
阿拉沟	2.96	4.22	4.53	3.22	3.53	3.25	3.60			
昭　苏	3.83	4.88	4.38	5.75	5.17	6.38	6.60	4.42		
楼　兰	6.17	6.20	5.37	5.87	7.20	6.04	4.57	6.04	8.37	

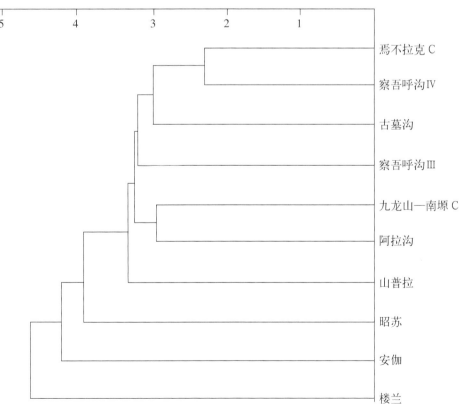

图2　聚类谱系图

前已指出阿拉沟组头骨中存在某种多型变异，即一种是长颅化的约占 16.3%，另一种是短颅化的可能与中亚两河类型（即帕米尔—费尔干类型）或古欧洲类型向中亚两河类型的过渡形式较近约占 40.8%，第三种也是颅型有些短化的前两种之间的混合型约占 32.7%。据苏联人类学家的一种看法，认为短颅化的中亚两河类型的形成因素中有长颅地中海"沉积"[②]，这种现象似乎也表现在阿拉沟头骨中，后者即便去掉相对有代表性的长颅欧洲人种成分，那么短颅型和有短颅化现象的两类也占到全部头骨的73.5%[③]，而短颅化的中亚两河类型在中亚、哈萨克斯坦地区的普遍出现是在公元前700～600年到公元前500～400年的古罗马时期[④]。如果阿拉沟的短颅化倾向是反映中亚两河类型也在新疆境内的一部分，那么宁夏固原境内类似九龙山—南塬C组头骨的种源关系可能与中亚两河地区的种族因素有更密切的关系。相应地与时代更早的原始欧类型和原始长颅地中海型相对疏远。

（六）结论和讨论

本文中出自九龙山—南塬墓地的 10 个 C 组头骨首先按直觉的经验从同一墓地的总共 48 具头骨中分离出来（表六）。这种操作方法有先入为主的嫌疑，也属无奈之举。但重要的是对这种主观先验的印象能否从随后的骨骼形态和测量学上提供种族分类的依据。

1. 首先，报告中的 C 组头骨与同一墓地的其他头骨（M 组）在诸如眉弓和眉间突度、鼻根凹陷、鼻棘、矢状缝及眶口平面位置等多项有鉴别价值的形态特征的量度或出现率上存在明显的差异。而且在这些差异的方向上几乎重复了新疆焉不拉克 C 组与 M 组头骨之间的差异。

2. 在多项测量特征上，九龙山—南塬的 C 组与 M 组之间也存在明显的偏离，主要表现在 C 组的面宽更狭化，但在面部矢向突度上更大，眶间宽的高度上也更高，特别是在鼻骨隆起及上仰程度的测量上（鼻根指数，鼻尖点指数，鼻骨突度角）比 M 组强烈得多，面部水平方向突度（鼻颧角，颧上颌角）比 M 组更强烈突出，相反在矢状方向上（全面角、鼻面角、齿槽面角）明显平颅化，其颧骨也较弱化（颧骨宽和高）。这些差异的方向几乎与焉不拉克 C 组和 M 组之间的完全相似。这些测量特征的偏离支持了最初的形态偏离的合理和存在。

3. 用多项鼻面部测量与三个主要人种的相应项目的变异区间比较，九龙山—南塬 C 组有最多项目的特征处在欧亚人种的变异区间或与界值接近，与其他两个人种（亚美人种和赤道人种）缺乏更多共性。这一测试证明，九龙山—南塬 C 组的种族属性与西方高加索种的关系最密切。也和焉不拉克 C 组的同类测试结果基本吻合。

4. 与新疆境内古代各组的多项颅面计测的综合形态距离相比，九龙山—南塬 C 组与托克逊阿拉沟组的最为接近。后者则和中亚，哈萨克斯坦在约相当公元前700～400年古罗马时期普遍出现的中亚两河类型比较接近。这种类型的一个主要特点是比其更古老的当地长颅化类型趋向短颅化和纤弱化。而这样的短颅化成分在阿拉沟组中占有优势。由此推测九龙山—南塬 C 组头骨的种族属性与中亚两河地的类型更为密切。

5. 顺便指出，按人骨的性别年龄鉴定，在九龙山—南塬的 10 具 C 组人骨除了 GKM25 和 GKM48 为单人葬外，其余 8 具人骨分别出自 YKJM28 和 YKJM33、GKM21 和 GKM29 的成年双人合葬墓。其中除了 YKJM28 女性头骨因过于残缺而无法证实其种系外，其余三座合葬墓大致都属于同一年龄段的

表六　头骨测量表

测量项目	YKJM28 ♂	YKJM33 ♂	GKM21 ♂	GKM29 ♂	GKM48 ♂	M±δ(n) ♂	YKJM28 ♀	YKJM33 ♀	GKM21 ♀	GKM25 ♀	GKM29 ♀	M±δ(n) ♀
1 颅长	179.2	175.5	187.2	178.5	188.5	181.8±5.1(5)	173.0?	168.5	178.5	179.0	173.0	174.4±3.9(5)
8 颅宽	144.5	146.5	146.0	142.2	144.6	144.8±1.5(5)	134.7	136.5	137.0	144.5	130.0	136.5±4.7(5)
17 颅高	135.3	141.5	—	—	143.5	140.1±3.5(3)	130.2	135.0	145.5	129.0	133.0	134.5±5.9(5)
8：1 颅指数	80.6	83.5	78.0	79.7	76.7	79.7±2.3(5)	77.9?	81.0	76.8	80.7	75.1	78.3±2.3(5)
17：1 颅长高指数	75.5	80.6	—	—	76.1	77.4±2.3(3)	75.3?	80.1	81.5	72.1	76.9	77.2±3.4(5)
17：8 颅宽高指数	93.6	96.6	—	—	99.2	96.5±2.3(3)	96.7	98.9	106.2	89.3	102.3	98.7±5.7(5)
9 最小额宽	98.8	96.6	97.6	93.3	107.2	98.8±4.8(5)	—	92.2	97.5	88.4	89.4	91.9±3.5(4)
5 颅基底长	99.6	101.9	—	—	95.0	98.8±2.9(3)	—	99.5	108.6	95.3	96.1	99.9±5.3(4)
40 面基底长	87.7?	93.0	—	—	80.8	87.2±5.0(3)	—	92.2	102.4	93.6	90.0	94.6±4.7(4)
40：5 面突度指数	88.1	91.3	—	—	84.8	88.1±2.7(3)	—	92.7	94.3	98.2	93.7	94.7±2.1(4)
48 上面高(sd)	74.7?	75.6	—	71.5	80.8	75.7±3.3(4)	—	72.7	72.4?	71.1	65.7	70.5±2.8(4)
(pr)	69.0?	72.9	—	68.0	78.0	72.0±3.9(4)	—	70.0	70.0?	68.3	64.0	68.1±2.5(4)
45 颧宽	134.5	135.8?	—	132.0	142.4	136.2±3.8(4)	128.1?	128.6	—	121.9	122.4	125.3±3.1(4)
48：45 面指数(sd)	55.3?	55.7?	—	54.2	56.7	55.5±0.9(4)	—	56.5	—	58.3	53.7?	56.2±1.9(3)
(pr)	51.3	53.7	—	51.5	54.8	52.8±1.5(4)	—	54.4	—	56.0	52.3?	54.2±1.5(3)
48:17 垂直颅面指数	56.2?	53.4	—	—	56.3	55.0±1.2(3)	—	53.9	49.8?	55.1	49.4	52.1±2.5(4)
77 鼻颧角	141.8	141.1	139.4	137.0	131.4	138.1±3.8(5)	—	140.5	141.8	138.8	138.4	139.9±1.4(4)
ZM ＜颧上颌角	130.5	119.1	—	121.6	118.7	122.5±4.8(4)	—	122.0	—	119.5	115.8	119.1±2.5(3)
ZM1 ＜颧上颌角	137.3	127.0	—	126.6	122.9	128.5±5.4(4)	—	128.5	126.5	124.0	120.5	124.9±3.0(4)
52 眶高　　左	35.9	33.5	32.0	29.6	34.1	33.0±2.1(5)	—	33.7	33.4	33.8	32.2	33.3±0.6(4)
右	37.9?	33.0	31.5	28.7	33.8	33.0±3.0(5)	—	33.8	33.4	34.0	32.9	33.5±0.4(4)
51 眶宽(mf)　左	43.3	41.5	41.7	41.6	46.4	42.9±1.9(5)	—	40.4	43.0	41.0	—	41.5±1.1(3)
右	43.6	41.4	—	40.7	48.7	43.6±3.1(4)	—	40.3	45.5	42.4	40.3	42.1±2.1(4)
51a 眶宽(d)　左	40.1	40.1	39.1	39.6	44.2	40.6±1.8(5)	—	38.8	40.6	38.8	—	39.4±0.8(3)
右	39.5	40.4	—	38.2	44.5	40.7±2.4(4)	—	38.4	42.3	38.8	38.1	39.4±1.7(4)
52:51 眶指数　左	82.9	80.7	76.7	71.2	73.5	77.0±4.3(5)	—	83.4	77.7	82.4	—	81.2±2.5(3)
右	86.9?	79.7	—	70.5	69.4	76.6±7.2(4)	—	83.9	73.4	80.2	81.6	79.8±3.9(4)
52:51a 眶指数　左	89.5	83.5	81.8	74.7	77.1	81.3±5.2(5)	—	86.9	82.3	87.1	—	85.4±2.2(3)
右	95.9?	81.7	—	75.1	76.0	82.2±8.3(4)	—	88.0	79.0	87.6	86.4	85.3±3.7(4)
55 鼻高	56.1	57.7	46.8	53.5	60.5	54.9±4.7(5)	—	55.5	55.4	51.7	48.5	52.8±2.9(4)
54 鼻宽	25.5	28.0	24.4	23.7	29.0	26.1±2.1(5)	—	26.8	25.5	23.0	24.9	25.1±1.4(4)
54：55 鼻指数	45.5	48.5	52.1	44.3	47.9	47.7±2.7(5)	—	48.3	46.0	44.5	51.3	47.5±2.6(4)
DS 泪点间高	11.2	11.0	14.1	11.6	13.2	12.2±1.2(5)	—	10.2	10.7	13.4	9.8	11.0±1.4(4)
DC 泪点间宽	24.3	21.2	20.7	20.1	25.8	22.4±2.2(5)	—	22.3	20.7	17.8	19.6	20.1±1.6(4)
SS 鼻骨最小宽高	4.8	4.8	4.9	4.1	6.1	4.9±0.6(5)	—	5.0	3.6	4.2	2.7	3.9±0.8(4)
SC 鼻骨最小宽	8.5	8.7	8.9	9.1	11.3	9.3±1.0(5)	—	10.2	8.0	6.9	8.3	8.4±1.2(4)
32 额侧面角	78.0	94.0	—	96.0	76.0	86.0±9.1(4)	—	82.0	84.0	82.5	87.5	84.0±2.2(4)
72 全面角	90.0	89.0	—	90.5	94.5	91.0±2.1(4)	—	86.0	85.0	89.0	89.0	87.3±1.8(4)
74 齿槽面角	88.0	85.5	—	84.0	95.0	88.1±4.2(4)	—	83.0	82.5	79.5	91.0	84.0±4.3(4)
75 鼻尖角	55.0	58.0	—	49.5	65.5	57.0±5.8(4)	—	52.5	—	54.0	54.5	53.7±0.8(3)
75(1) 鼻骨突度角	39.7	30.1	—	38.8	27.2	34.0±5.4(4)	—	29.1	—	33.2	29.6	30.6±1.8(3)
SS:SC 鼻根指数	55.9	54.6	55.5	45.1	53.8	53.0±4.0(5)	—	49.1	44.4	61.1	32.8	46.9±10.1(4)
DS:DC 泪点高宽指数	46.2	51.9	67.9	57.6	51.2	55.0±7.4(5)	—	45.7	51.8	75.0	49.9	55.6±1.4(4)

西方种族成分。这或反映了这些西来的居民已经长期定居在固原地区并主要维持种族内的婚姻关系。

6. 另一个值得注意的是在我们统计的从九龙山—南塬墓地北朝、隋唐出土并经鉴定的人骨个体共48具（男25，女23），而这10具C组个体即占了其中的20.8%。虽然这一比例的统计意义尚有待讨论，但也可窥测在这个历史时段已经迁移至此的西来人口或已有相当的规模了。此外，据笔者在包括固原地区的宁夏地区几处汉代墓地的汉代人骨中尚未见可资信的西方人种的成分。这或可暗示这些由西方东迁人口进入包括宁夏的西北地区的时间较晚，大概在北朝前后至隋唐时期更多。作为反衬的是新疆境内的西方种族有时代更早的，规模也更大和多波次，但他们在秦汉以前已知最东进的古人类学证据已到了东疆地区，但暂时没有大规模人口再向东的推进，因为在甘青地区的自新石器时代到金属时代墓地人骨的大量考察没有发现诸如新疆、宁夏境内发现的那样明确的西源种族成分。由此推测，宁夏境内的这些西方种族大概是在秦汉以后的较晚的时候陆续进入，由少到多并有相对集中在固原地区栖居的现象。

最后，笔者顺便提及除人骨以外的个别考古出土物件，即YKJM33的男性头骨有围绕头部的金箔制冠状饰物（图3），饰带的正中部有半月形拥抱球状物造型，半月下向左右伸出类似"飘带"状，

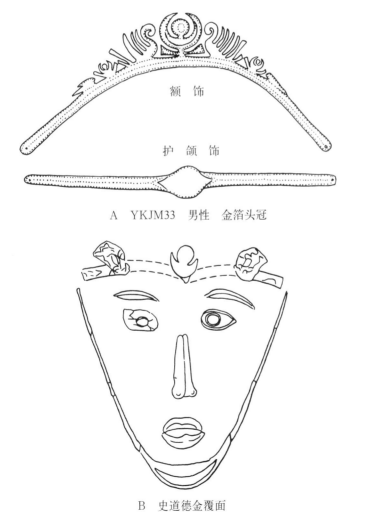

A　YKJM33　男性　金箔头冠

额　饰

护　颌　饰

B　史道德金覆面

C　公元7～8世纪呼罗珊骨灰罐顶盖上绘画
（中亚托普拉克·卡拉出土）

D　卑路斯王

E　萨珊卑路斯Ⅲ式王冠

F　伊嗣侯王冠

图3　头部冠状饰物

在冠带的左右是一对对称排列的有些像"天鹅"状翼状物和一对小型半月拥抱的小球状造型。其后又是左右对称排列的类似小鸟的制形。此外在此冠带的左右两侧又有一向下行围绕下颌的额带（图3，A）。这样的冠带和颌带过去在固原史道德墓中出土的所谓金覆面的额饰和颌护饰相似（图3，B）。据报告，史道德的护额饰的主题也是一个半月拥护一个圆球的造型⑫。护颌饰在颏部分为前后两叉而略有不同，但其意涵显然是相同之物。这种金覆面风俗最可能与中亚人崇拜日月的风俗有关⑬。而无论是史道德还是YKJM33的死者在亡故后的埋葬习俗上都保留了与其祖先崇尚日月的传统。而考古学家们从遗存和文献上考证固原的史家墓葬与中亚粟特人有联系⑭。而九龙山YKJM33墓葬虽无墓志出土，但也从考古和人类学上明确了他们的种族和文化习俗与中亚两河地区的联系，是人类学的鉴定支持考古鉴定的一个例证。

从中亚的考古遗存中还可以找到YKJM33和史道德饰品的类似母题。如公元七至八世纪呼罗珊宗教文化的骨灰罐上的绘画，除了有对死者举哀的场面外，在骨灰盒顶盖上在门的上方绘有一个月牙相拥一个圆形太阳，其左右各有一片叶状物向两侧伸展呈欲飞状（图3，C）。有的学者认为这样的画面表达了对死者死后永生的宗教意涵。而这类举哀图多次发现于信奉祆教的粟特甚至信奉佛教的库车。在这方面，呼罗珊人认为人死后有离开肉体的灵魂存在。有一个骨灰盒的铭文是这样写的："这个盒子属于斯带尤克（提希扬的儿子）的灵魂所有。愿他们的灵魂长眠在永恒的天国之中"⑮。在许多中亚的萨珊银币的王冠上，有半月拥太阳或变形为星状的母题及其左右同时有翼状物者也屡见不鲜⑯（图3，D、E、F）。

参考文献：

① 韩康信：《宁夏海原菜园村新石器时代人骨的性别、年龄鉴定与体质类型》，《考古学论丛——中国社会科学院考古研究所建所40周年纪念》，190～181页，科学出版社，1993年。

② 韩康信：《宁夏固原彭堡于家庄墓地人骨种系特点之研究》，《考古学报》，109～125页，1995年1期。

③ 韩康信：《中卫、中宁汉代人骨研究》（待发表）。

④ 韩康信等：《宁夏吴忠西郊唐代人骨鉴定研究》，《吴忠西郊唐墓》附录二，326～361页，文物出版社，2006年。

⑤ 韩康信：《开城墓地出土人骨》，《固原开城墓地》第四章，139～176页，宁夏文物考古研究所编著，科学出版社，2006年。

⑥ 韩康信：《闽宁村西夏墓地人骨鉴定报告》，《闽宁村西夏墓地》附录一，157～173页，科学出版社。

⑦ 韩康信：《固原北周田弘墓人骨研究》，《北周田弘墓——原州联合考古队发掘调查报告2》第十章，70～77页，《人骨鉴定》，东京勉诚出版社，2000年（日本）。

⑧ 韩康信：《固原唐代史道洛墓人骨研究》，《唐史道洛墓——原州联合考古队发掘调查报告1》第五章，264～295页，《人骨》，东京勉诚出版社，2000年（日本）。

⑨ 韩康信：《银川沙滩墓地》，肆《人骨测量及鉴定》，58～74页，科学出版社，2006年。

⑩ 韩康信：《宁夏"北方系"文化居民种族属性讨论》（待发表）

⑪ 罗丰：《固原南郊隋唐墓地》，文物出版社，1996年。

⑫ Licent E, Teithard de Chardin P, Le Paleolithigue de la chine.L' Anthropologie, 1925,(25)，P.201～234.

⑬ 同注⑧。

⑭ 韩康信：《新疆哈密焉不拉克古墓人骨种系成分研究》，《考古学报》，371～390页，1990年3期。

⑮ 同注⑭。

⑯ 雅·雅·罗京斯基、马·格·列文：《人类学基础》，莫斯科大学出版社，1955年（俄文）。

⑰ 韩康信：《新疆孔雀河古墓沟墓地人骨研究》，《考古学报》，361～384页，1986年3期。

⑱ 同注⑭。

⑲ 韩康信、左崇新：《新疆洛浦桑普拉古代丛葬墓头骨的研究与复原》，《考古与文物》，91～99页，1987年5期。

⑳ 韩康信:《新疆洛普山普拉古代丛葬墓人骨的种系问题》,《人类学学报》,239~248 页,1988 年 3 期。

㉑ 邵兴周等:《洛浦山普拉出土颅骨的初步研究》,《人类学学报》,26~38 页,1988 年 1 期。

㉒ 韩康信:《阿拉沟古代丛葬墓人骨研究》,《丝绸之路古代居民种族人类学研究》,71~175 页,新疆人民出版社,1993 年。

㉓ 韩康信等:《新疆和静察吾呼沟三号和四号墓地人骨种族特征研究》,《演化的证实——纪念杨钟健教授百年诞辰论文集》,23~38 页,海洋出版社,1997 年。

㉔ 韩康信等:《察吾呼三号、四号墓地人骨的体质人类学研究》,《新疆察吾呼——大型氏族墓地的发掘报告》第 10 章,299~337 页,东方出版社,1999 年。

㉕ 同注㉓、㉔。

㉖ 韩康信、潘其风:《新疆照苏土墩墓古人类学材料的研究》,《考古学报》,503~523 页,1987 年 4 期。

㉗ 韩康信:《新疆楼兰城郊古墓人骨人类学特征的研究》,《人类学学报》,227~242 页,1986 年 3 期。

㉘ 韩康信:《北周安伽墓人骨鉴定》,《西安北周安伽墓》附录一,92~102 页,文物出版社,2003 年。

㉙ B·B 金兹布尔格,T·A 特罗菲莫娃:《中亚古人类学》,科学出版社,莫斯科,1972 年,(俄文)。

㉚ 同注㉓。

㉛ 同注㉙。

㉜ 同注④。

㉝ 同注⑪。

㉞ 同注⑪。

㉟ 同注⑪。

㊱ 克林凯特著、赵崇民译:《丝绸古道上的文化》,新疆美术摄影出版社,1994 年。

㊲ 夏鼐:《中国最近发现的波斯萨珊朝银币》,《夏鼐文集》下册,18~31 页。社会科学文献出版社,2000 年。

后　记

　　固原南塬汉唐墓地的田野发掘工作人员有杜李平、陈晓桦、王仁芳、马东海、王金铎、胡永祥、余军等。本报告的编写由余军主持。陈晓桦、余军编写了第一章；王仁芳编写了第二章、校对附表等；陈晓桦编写第三、四章隋唐墓部分；余军编写了第五章，并对全书进行了统稿。墓葬总分布平面图由余军测绘；墓葬平剖面图和器物图由屈学芳、孙海涛绘制和清描；张莉、钟雅玲负责出土文物修复及有关遗物拓片；郭晓红电脑输录了第一、二、三、四章的最初文稿、新补了部分钱币拓片；边东冬拍摄了文物照片；部分墓葬与出土文物照片由董宏征摄影；墓葬人骨架年龄、性别由中国社会科学院考古研究所韩康信先生鉴定，附录也是由韩康信先生编写。

　　固原南塬汉唐墓地的考古发掘工作自始至终得到了原州区人民政府、固原博物馆、固原市原州区文物管理所的大力支持和协助。报告初稿经由钟侃先生、宁夏文物考古研究所罗丰所长审阅，提出了宝贵的修正意见。英文提要由中央民族大学黄义军女士翻译。日文提要由东京大学博士研究生角道亮介先生翻译，中国社会科学院考古研究所朱岩石先生审校。谨在此一并致谢！

　　由于水平和经验所限，难免存在许多不足之处，诚望各位同行和读者提出批评与建议。

编　者

2008 年 9 月

Abstract

Guyuan, successively referred to as Gaoping or Yuanzhou, is located to the northwest of Chang'an, which had been a strategic locale and major prefecture along the Silk Road. Nanyuan of Guyuan is called Gaopingpzhiyuan (tall and even tableland) or BaidaZhiyuan (tableland with ways radiating in all directions) in the epitaphs from Nanyuan Sogdian tombs of the Shi family cemetery. In the southwest of Nanyuan there had ever excavated the tombs of Lixian and his wife, Yu Wenmeng, Tianhong of Northern Zhou Dynasty, Shi Shewu of Sui Dynasty, Shi Daode, Shi Daoluo, Shi Kedan, Shi Tiebang, Shi Suoyan and Liang Yuanzhen of Tang Dynasty. This report aims to introduce three Han toms and forty Sui and Tang Tombs unearthed in the northeast of Nanyuan from 2003 to 2004.

Among three Han tombs, Toms No.31 is a cave-chambered tomb constituted of long ramp, tomb gate, corridor and square chamber and dated from Xinmang Period to early Eastern Han Dynasty. A two-eared iron fu found in the tomb and other bronze fu previously unearthed in Guyuan mark the trace of ethnic groups belonging to west Qiang. Made of bricks and dated to middle and late Eastern Han Dynasty, Tomb No.26and No.37 respectively consist of two or three chambers arranged in a straight line and characterized by bilateral symmetry

Forty Sui and Tang tombs fall into two categories: cave-chambered and brick-chambered single tombs. Among them, the former numbers thirty-eight in all, accounting for the overwhelming majority and owes smaller size. The latter concludes two larger-scale tombs with long ramp and several shafts. The layout of single cave-chambered tomb includes shapes of spade, character "T" and knife. The spade-shaped tombs number seven in all and fall into two types. The T-shaped type only has two tombs. The knife-shaped tombs number twenty-nine in all and can be divided into three types, in which one or two shafts could be found along the ramp or a small long niche can be seen in the lower part of east chamber wall.

Research finds that Tomb No.3-5, 11, 19, 24-25, 35 are all dated to Sui Dynasty and tomb occupants are identified as commoners. Tomb No.1, 6, 8-10, 14-15, 20-21, 28, 30, 32-34, 36, 38-42, 44-45, 47,49 are tombs dated from early Tang to the flourishing period of Tang Dynasty. Tomb No7, 12, 16-17, 29, 43, 46, 48 are tombs dated from middle Tang to late Tang Dynasty and the status of the deceased are thought to be intermediate and lesser officials or commoners without ranks.

All looted or destroyed, these tombs still contain a number of burial objects which can be classified into the following categories: pottery, bronze, iron, silver, stone, bone and lacquer and so forth. Falling into daily-used wares and figurines, pottery wares cover jars, bowls, big bowls, small bowl, cover of wares, tri-color bowls, spinning rings, gilded red pottery decorations. Pottery figurines have warriors figures, figurines of a Lokapala, figurines of a kneeler and tomb guardians. Among bronze artifacts, there found mirrors, belt buttons, joint part, round nails, hairpin and coins of wuzhu and Kaiyuantongbao. Iron ding, coffin nails, coffin loops, scissors, knives and silver artifacts such as stirrup-shaped article, decoration and silver coins of Peroz in Sassanian Empire are also contained in the burial objects. Additional, there still unearthed stone ball, bone pipe and hairpin, lacquer wares, inscribed tomb bricks and bricks bearing epitaphs.

The coin Kaiyuantongbao is relatively more than other bronze coins. According to the two different characters on them, these two kinds of Kaiyuantongbao are deemed to be circulated respectively from prophase of 7th century to prophase of 8th century and from first half of 8th century to middle 9th century. Furthermore, a rare Kaiyuantongbao is found in tomb No.16, which was elaborately cast with carved designs in fine lines on both surface and brim of the coin and a piece of sliver coin of Peroz in Sassanian Empire is unearthed from tomb No.15.

The burial furnishings and postures of the deceased reflect the burial custom in Sui and Tang Dynasty such as the use of wooden coffin, joint or single burial, coins put in the mouth or hand of tomb occupants and so on. The six skeletons of Caucasian found here is the first case of the white of Sui and Tang Dynasty sighted in China Mainland. In an ethnic anthropology perspective, these tombs factually witness foreigners who had ever immigrated into Yuanzhou. From both historical literature and archaeological evidence the tomb occupants here are thought to concern with the ethnic group of Sogdian immigrants settled in present Guyuan. These tombs will provide precious data for the social life, burial custom and cultural exchange between China and the west world in Guyuan region in Sui and Tang Dynasty.

固原南塬汉唐墓地（要旨）

　　固原は隋唐時代においては高平や原州などと称された、長安の西北に位置する戦略的な要衝であると同時にシルクロードの重要拠点でもあった地である。固原南塬にある史氏ソグド人家族墓から出土した一連の墓誌では、当台地は「高平の原」「百達の原」と称されている。台地の西南一帯では以前より発掘が行われており、北周の李賢夫婦墓、宇文猛墓、田弘墓、隋代の史射勿墓、唐代の史道徳・史道洛・史訶耽・史鉄棒・史索岩・梁元珍の各墓などが存在している。本報告書では2003年〜2004年度に当台地北東部で発掘された3基の漢墓および40基の隋唐墓について紹介する。

　　3基の漢墓のうち、31号墓は長く傾斜する墓道、墓門、甬道、方形墓室から構成される土洞墓であり、その年代は新代から後漢前期ごろである。当墓出土の鉄製双耳鍑は、すでに固原で発見されているいくつかの青銅製の鍑とともに、両漢時代に西羌の一部族が固原一帯で活動していたことを示す証拠といえよう。26号墓と37号墓はともに磚室墓であり、26号墓は「中軸線配置型前堂後室式」、37号墓は「中軸線配置型三室式」であり、後漢後期の墓である。

　　隋唐墓は計40基発掘され、土洞単室墓と磚築単室墓との二種類に分類することができる。そのうち土洞単室墓は38基で、発掘された墓の大多数を占め、墓の規模は比較的小規模である。磚築単室墓は2基、どちらも長い傾斜墓道と多天井を有し、比較的大規模な墓である。土洞単室墓の平面形には凸字形・T字形・刀形(訳者注：刀形は中華包丁タイプである)の三種類がある。台形墓は計7基あり二タイプに分類でき、T字形墓は計2基、刀形墓は計29基で三タイプに分けられる。墓道に一つか二つの天井を持つ墓や墓室の東壁下部に小型の長方形壁龕を有する墓も一部存在する。これらの墓に対する検討の結果、3・4・5・11・19・24・25・35号墓は隋代墓であり、被葬者の身分は一般的な庶民階級であると考えられる。1・6・8・9・10・14・15・20・21・28・30・32・33・34・36・38・39・40・41・42・44・45・47・49号墓は初唐から盛唐にかけて、7・12・16・17・29・43・46・48号墓は中唐から晩唐にかけての墓であり、被葬者の身分は四品から九品以下の中下級官吏と無品の庶民と見なされている。

　　これらの墓はすべて盗掘の被害を受けている。出土遺物には土器、青銅器、鉄器、銀器、石器、骨器、漆器などが挙げられる。土製品には生活用の土器と俑の類があり、土器では罐、鉢、盆、盞、器蓋、三彩鉢、紡錘車、紅陶塗金製装飾品が、俑では武士俑、天王俑、跪拝俑、鎮墓獣が出土した。青銅器では鏡、帯金具、蝶番、小型鋲、簪、五銖銭、開元通宝が出土し、鉄器では鼎、棺釘、環金具、鋏、有刃器が出土している。銀器では馬鐙形器や装飾品、ササン朝ペローズ王期の銀貨がある。他に石球、骨管、骨笄、漆器、銘文磚、墓誌磚などが出土した。当墓地から出土した開元通宝の量はかなり多く、銭文の特徴から、七世紀初から八世紀初にかけて流通したものと八世紀前半から九世紀半ばにかけて流通したものとの二種類に分類することができる。16号墓出土の一枚の開元通宝は鋳造が精緻であり、銭面と外縁に細線で文様を施している。このような例は極めて少ないものである。15号墓からはササン朝ペローズ王期の銀貨が一枚出土した。

　　出土した埋葬用具や埋葬方法からは、隋唐時代の木棺直葬の習俗や合葬・単葬の習俗、死者の口中に銭を含ませたり手に銭を握らせるといった習俗などが看取される。墓中から発見された6点の白色人種の人骨は、現状では人骨鑑定によって確認された初めての隋唐時代の中国国内出土白色人種人骨である。体質人類学の観点から見れば、このことは隋唐時代に原州に異民族が仮居していたという事実を如実に物語っており、この種族と、歴史書の記載および考古学的発掘調査によって既に証明された固原のソグド人集落との間には関連性があるものと考えられる。当墓地は、隋唐時代の固原地区における社会生活や埋葬習俗、および中国と西方地域間の文化交流などの方面において貴重な資料を提供するものである。

1. M34 发掘现场（西北—东南）

2. M37、M38 发掘现场（北—南）

彩版一　墓地发掘现场

1. M26（北—南）

2. M26 封门（南—北）

3. M26 前室（南—北）

彩版二　M26

1. 陶瓮 M26：1

4. 陶罐 M26：4

2. 陶罐 M26：2

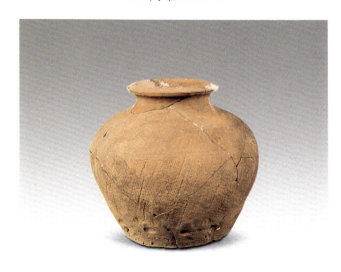

3. 陶罐 M26：3

5. 铁剑 M26：13

6. 铁棺钉 M26：14－1～5

彩版三　M26 出土遗物

1. M31（西—东）

2. M31封门（东—西）

3. M31墓室（西—东）

彩版四　M31

1. 陶罐 M31：6

2. 陶罐 M31：4

3. 陶钵 M31：3

4. 铜钗 M31：5

5. 陶瓶 M31：2

6. 铁镊 M31：1

彩版五　M31 出土遗物

1. M37 墓室顶部（东南—西北）

2. M37 封门（东—西）

1. 陶瓮 M37∶2

2. 陶罐 M37∶3

3. 铜带钩 M37∶10

4. 铁环首刀 M37∶4

5. 铁灯 M37∶1

6. 铁灯底部 M37∶1

7. 铁棺钉 M37∶12

8. 漆器口沿箍圈 M37∶6

彩版七　M37 出土遗物

1. M1（北—南）

2. M1墓室（北—南）

4. 跪拜俑M1：11

3. 陶罐M1：4

5. 马俑头M1：18

6. 驼俑头M1：17

彩版八　M1及出土遗物

4. M1：7（局部）

3. M1：7（背面）

2. M1：7（側面）

1. M1：7（正面）

8. M1：12（局部）

7. M1：12（背面）

6. M1：12（側面）

5. M1：7（正面）

彩版九　M1 出土武士俑

5. M1：12（正面）

4. M1：8（局部）

3. M1：8（背面）

2. M1：8（侧面）

1. M1：8（正面）

8. M1：6（局部）

7. M1：6（背面）

6. M1：6（侧面）

5. M1：6（正面）

彩版一〇　M1 出土镇墓俑

1. M3墓室（东—西）

3. 陶罐 M3：1

4. 铁鼎 M3：3

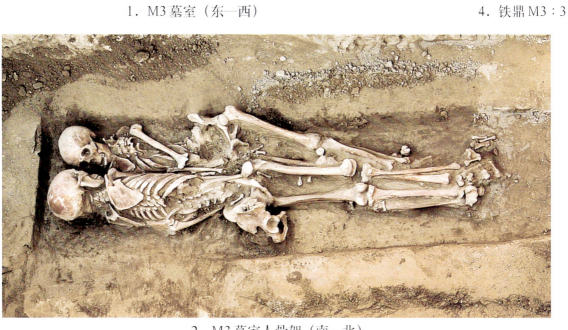

2. M3墓室人骨架（南—北）

彩版一一　M3及出土遗物

1. M4（西北—东南）

3. 陶罐 M4：1

4. 铁棺钉 M4：2

2. M4 墓室（西北—东南）

彩版一二　M4 及出土遗物

1. M5（西南—东北）

2. 陶双耳罐 M5：1

3. 铜带扣 M5：2

4. M6（北—南）

彩版一三　M5、M6 及出土遗物

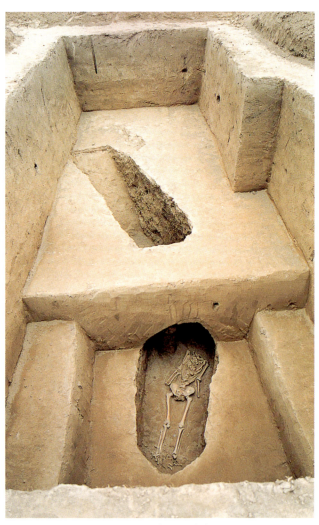

1. M7（北—南）

2. M7墓室（北—南）

1. M9（北—南）

2. M9封门（北—南）

3. 铜镜 M9：1

4. 铜合页 M9：2

彩版一五　M9及出土遗物

1. M10墓室（北—南）

4. 陶钵 M11：3

2. 陶碗 M11：1

3. 陶碗 M11：2

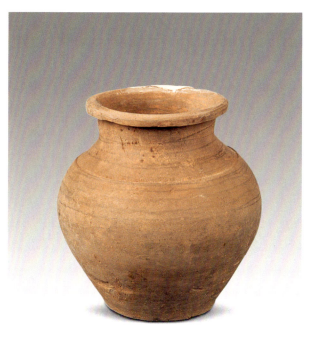

5. 陶罐 M11：4

彩版一六　M10 与 M11 出土遗物

1. M12（北—南）

2. M12墓室（南—北）

彩版一七　M12

1. 三彩钵 M12：14

4. 石珠 M12：13

2. 彩绘盆 M12：11

5. 蚌壳 M12：1

3. 彩绘罐盖 M12：2

6. 骨笄 M12：12

彩版一八　M12 出土遗物

1. M15（北—南）

3. M16墓室马头骨（北—南）

2. 波斯萨珊卑路斯银币 M15：1（正面、背面）

5. 罐盖 M16：2

4. 开元通宝 M16：1（正面、背面）

彩版一九　M15、M16及出土遗物

1. M17（北—南）

2. M19（北—南）

3. M21（北—南）

彩版二〇　M17、M19、M21

1．M24（北—南）

3．M25 墓室（东—西）

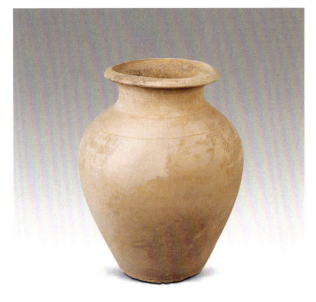

2．陶罐 M24：1

4．陶纺轮 M25：3

5．铁镜 M25：2

6．蚌壳 M25：4

彩版二一　M24、M25 及出土遗物

1. M28（北—南）

2. M29（北—南）

3. M30（北—南）

4. M33（北—南）

彩版二二　M28、M29、M30、M33

1. M34（北—南）

2. M34墓室封门（南—北）

3. M34墓室顶部结构（由墓室内向上仰拍）

彩版二三　M34

1. M34墓室北壁及棺床（南—北）

4. 印纹砖 M34：9

5. 印纹砖 M34：8

2. M34墓室西侧棺床及人骨架（东南—西北）

6. 印纹砖 M34：10

3. 陶质涂金花饰 M34：4

彩版二四　M34及出土遗物

1．M35墓道北部及墓室内人骨架（东南—西北）

2．M35墓室人骨架及遗物（北—南）

3．M35墓道封门南侧的狗骨架（东—西）

彩版二五　M35

1．陶罐 M35：12

2．陶罐 M35：13

4．铜鞓孔饰 M35：1

5．素面铜带 M35：6、7

6．素面铜带 M35：8～10

3．铜带扣 M35：11

7．镂空铜带饰 M35：5

彩版二六　M35 出土遗物

1．M36墓室（北—南）

2．M36墓室西侧棺床及人骨架（北—南）

3．M36墓室内天王俑出土情况（西南—东北）

4．陶罐 M36：1

彩版二七　M36及出土遗物

3. M36：2（側面）

2. M36：2（局部）

1. M36：2（正面）

彩版二八　M36 出土天王俑

1. M38墓道及天井（南—北）

3. M38墓室南壁及甬道（北—南）

2. M38墓室西部棺床
（东—西）

彩版二九　M38

1. 陶盏 M38：1

2. 鎏金铜片 M38：2

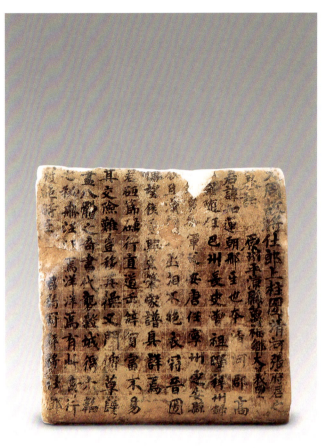

3. 墓志砖 M38：4

4. 印纹砖 M35：6

5. 印纹砖 M35：7

彩版三〇　M38 出土遗物

1. M40（北—南）

2. M40 墓室（南—北）

3. M40 墓室内漆器出土情况（北—南）

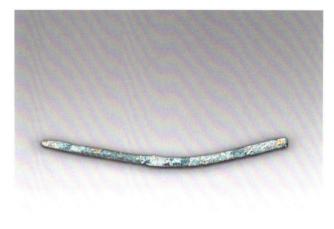

4. 铜针状器 M40：4

彩版三一　M40 及出土遗物

1. M41（北—南）　　　　　　　　　　2. M41 墓室（北—南）

3. 墓室内漆器出土情况

1. M42（北—南）

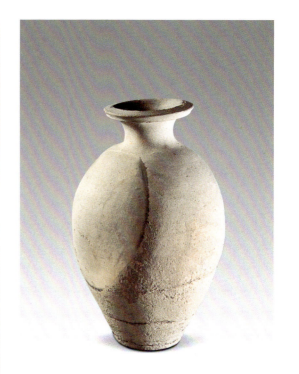

2. 陶罐 M42：1

3. 陶罐 M42：2

彩版三三　M42 及出土遗物

1. M43（北—南）

3. 铁剪刀 M43：3

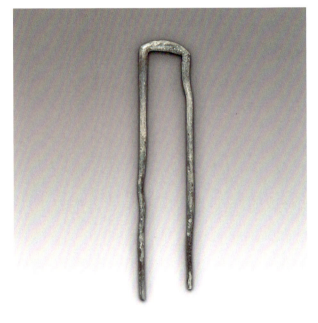

4. 银钗 M43：4

2. 陶罐 M43：1

5. 骨管 M43：2

彩版三四　M43 及出土遗物

1. M44（北—南）

2. M46（北—南）

3. M46墓室（北—南）

彩版三五　M44 和 M46

1. M47（北—南）

2. M47墓室（北—南）

彩版三六　M47

1. M48 墓室（西—东）

2. M49 墓室（北—南）

3. 盖罐 M48：2

4. 铜泡钉 M49：1

彩版三七　M48、M49 及出土遗物

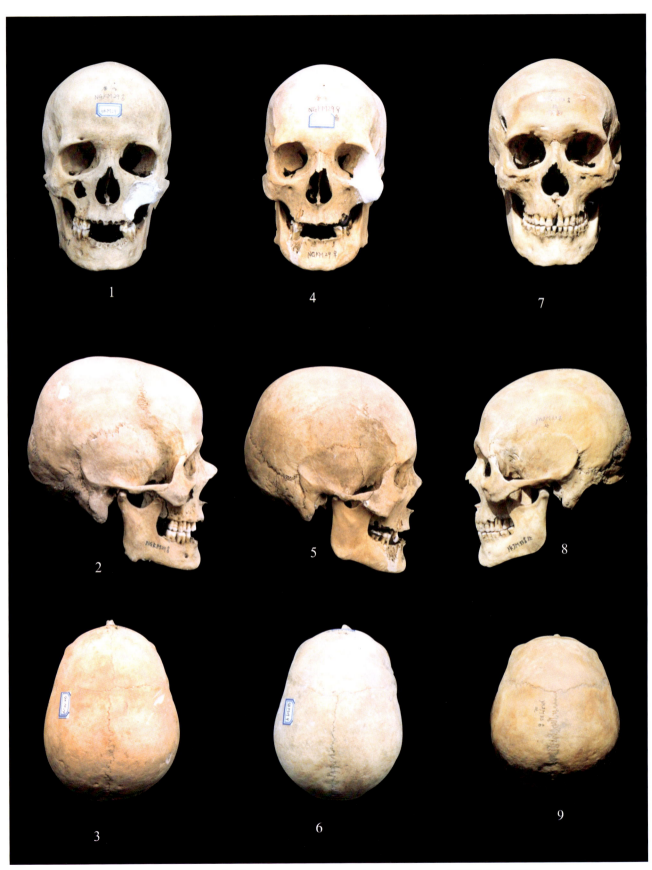

1~3．GKM29（男）　　4~6．GKM29（女）　　7~9．YKJM33（男）

彩版三八　白人头骨

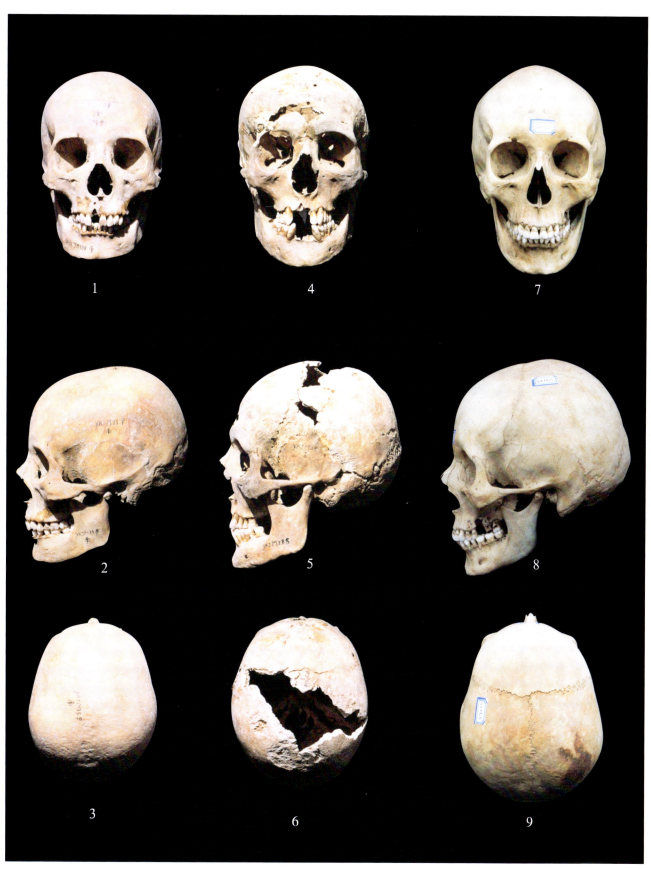

1~3. YKJM33 (女)　　4~6. YKJM28 (男)　　7~9. GKM25 (男)

彩版三九　白人头骨

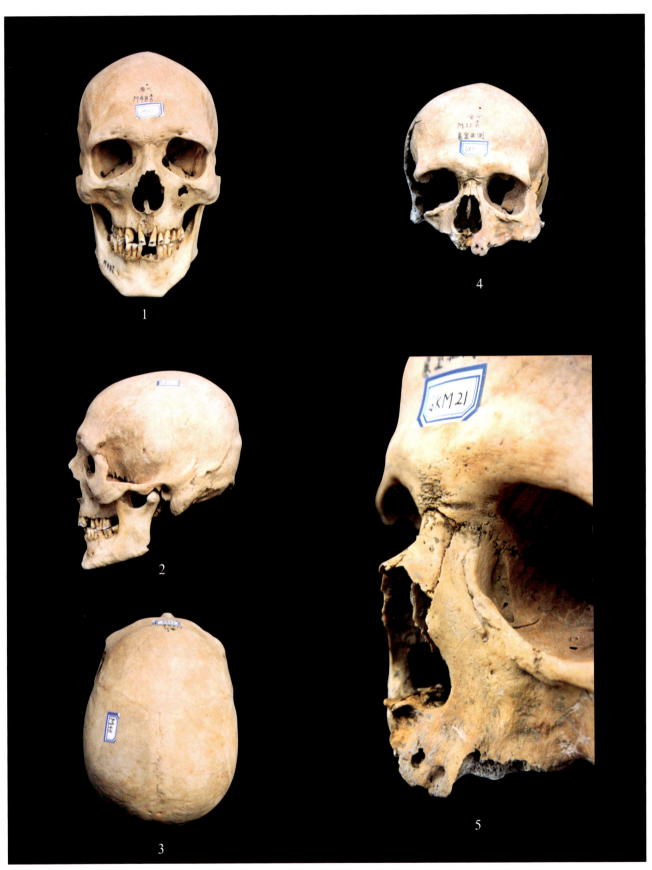

1~3. GKM48（男）　4. GKM21（男）　5. GKM21（男，局部放大）

彩版四〇　白人头骨